创业基础

宋来 朱姝 倪炜 主编

華東理工大學出版社
EAST CHINA UNIVERSITY OF SCIENCE AND TECHNOLOGY PRESS
·上海·

图书在版编目（CIP）数据

创业基础 / 宋来，朱姝，倪炜主编. — 上海：华东理工大学出版社，2022.8

ISBN 978-7-5628-6812-5

Ⅰ. ①创… Ⅱ. ①宋… ②朱… ③倪… Ⅲ. ①大学生—创业 Ⅳ. ①G647.38

中国版本图书馆CIP数据核字（2022）第132685号

项目统筹 / 左金萍
责任编辑 / 左金萍
责任校对 / 石　曼
装帧设计 / 徐　蓉
出版发行 / 华东理工大学出版社有限公司
地址：上海市梅陇路 130 号，200237
电话：021 - 64250306
网址：www.ecustpress.cn
邮箱：zongbianban@ecustpress.cn
印　　刷 / 上海展强印刷有限公司
开　　本 / 787 mm × 1092 mm　1/16
印　　张 / 18.25
字　　数 / 355 千字
版　　次 / 2022 年 8 月第 1 版
印　　次 / 2022 年 8 月第 1 次
定　　价 / 49.00 元

前言
Forword

“创业基础”课程的教学内容以教授创业知识为基础，以锻炼创业能力为关键，以培养创业精神为核心。

教授创业知识，是指通过创业教育教学，使学生掌握开展创业活动所需要的基本知识，包括创业的基本概念、基本原理、基本方法和相关理论，涉及创业者、创业团队、创业机会、创业资源、创业计划、政策法规、新企业开办与管理，以及社会创业的理论和方法等。

锻炼创业能力，是指通过创业教育教学，系统培养学生整合创业资源、设计创业计划以及创办和管理企业的综合素质，重点培养学生识别创业机会、防范创业风险、适时采取行动的创业能力。

培养创业精神，是指通过创业教育教学，培养学生善于思考、敏于发现、敢为人先的创新意识，挑战自我、承受挫折、坚持不懈的意志品质，遵纪守法、诚实守信、善于合作的职业操守，以及创造价值、服务国家、服务人民的社会责任感。

“创业基础”课程与教学改革要解决的重点问题，一是改革教学方法和教学评价方式，着重解决学生学习的积极性和主动性、学生实践的有效性等问题；二是打造教学资源，加强在线课程的建设，编写配套教材，制作配套案例教材，形成线上线下结合的内容体系，较好地反映出“创业基础”课程的内容积累和实践探索，更好地打造创新创业教育的基础课程。这也是我们编写《创业基础》教材的初衷。

在本书编写过程中，编者在前期多年课程教学的基础上，针对教学实践中反馈出来的问题，经过反复讨论，最终形成了本教材的以下三点特色。

（1）定位明确。作为创业教育的基础课程，本教材始终遵循2W1H原则：What——是什么？Why——为什么？How——怎么做？即准确定义概念、阐明基本知识；恰当运用基本理论分析主要原因；着重掌握基本流程和基本方法。充分发挥“创业基础”课程在学校创新创业教育体系中的基础性作用。

（2）案例鲜活。本教材中的大部分案例选择了大学生的实际创业案例，更加贴近大学生创业诉求，实现从以知识传授为主向以能力培养为主的转变、从以教师为主向以学生为主的转变、从以讲授灌输为主向以体验参与为主的转变，调动学生学习的积极性、主动性和创造性。

（3）方式灵活。本课程在教学过程中，注重强化师生互动、因材施教、教学相长，注重培养学生批判性和创造性思维。注重进行基于问题导向、需求导向和行动研究的教学改革。开展讨论式、探究式教学，激发学生丰富的想象力，增强学生学习内驱力，以信息化技术促进教师教学方式、学生学习方式的转变，改变教师灌输式教学、学生被动式接受的学习现状。教师可根据教学需要，灵活选择教学内容，在本教材的专栏、延展性阅读模块，补充相应的教学资料，或引导学生自行查阅相关资料。

全书写作分工如下：由宋来、朱姝、倪炜根据教学大纲制订编写方案，第一章由崔美娜执笔，第二章由倪炜执笔，第三章、第四章由朱姝执笔，第五章由陈庆升执笔，第六章由沈峰执笔，第七章由关奕檬、朱姝执笔，第八章由宋来、王维军执笔。宋来、朱姝对全书进行统稿。

大学生创业教育正受到前所未有的关注。本书在写作过程中参考了大量国内外同行和创业者、企业家的著作、文章、案例，对互联网中的资料以及学界的研究成果进行了借鉴与引用，在此向原作者表示诚挚的感谢。尽管编写人员在教材编写的探索过程中付出了巨大努力，但是由于水平和能力所限，教材中也存在诸多缺陷和不足，希望专家和读者批评指正，以便再版修订时予以完善。

编　者

2022年7月

目录

Contents

第1章 创业概述

学习目标

学完本章后，你应该能够：

- 了解创业也是一种就业选择
- 理解创业与创业精神的内涵
- 了解创业与职业生涯发展之间的关系
- 了解创业是一个怎样的过程

我们正处在一场静悄悄的创业革命中——它是全世界人类创造力和创业精神的胜利。我相信它对21世纪的影响等同于或超过19世纪和20世纪的工业革命。

——杰弗里·蒂蒙斯

创业在当前可谓是一个“热词”，无论是国家所提倡的“大众创业，万众创新”，还是新闻中讲述的一个个令人热血澎湃的创业故事，无一不激励着广大年轻人，尤其是大学生们。创业是一把双刃剑，它可能带来荣耀、财富、成功、地位、声望……但也可能带来窘迫、破产、失败、落寞、名誉扫地……那么，究竟什么是创业？创业与职业生涯发展的关系是什么？对大学生讲创业是否合适？真正的创业应该是怎样的？创业是一个怎样的过程？创业的要素有哪些？如何准备创业？如何管理初创公司？……这些都是每一位立志创业之士在行动之前需要考虑的问题，也是本课程希望向大家传递的理念。我们希望通过本课程的学习，教会大家遵循2W1H原则，即What——是什么？Why——为什么？How——怎么做？并准确定义概念、阐明基本知识；恰当运用基本理论分析主要原因；着重掌握基本流程和基本方法，从而掌握创业的内涵，构建一个崭新的“创业教学生态系统”。

本章，我们将为大家打开创业之门，从创业的概念开始为大家讲述关于创业的要点，为将来的创业活动奠定基础。

案例导读

30秒“飞喵换电”！“95后”大学生不断刷新电动自行车“充电速度”

他是一名在校研究生，也是一名创业者。他带领团队（图1-1）历经3年多的探索和实践，基于“30秒站点换电”替代“8小时直充系统”的思路，解决电动自行车的充电痛点，用“飞喵换电”项目重新定义电动自行车出行。

他就是“2019—2020年全国大学生创业英雄100强”获得者、华东理工大学艺术设计与传媒学院的2018级硕士研究生楼振罡。

图 1-1　“飞喵”团队成员

瞄准痛点，深度洞察用户需求

楼振罡是一名创业者，也是一名体验设计师。他说：“设计来源于观察，需求来源于感知。”他的创业项目正是诞生于他对生活的细致观察之中。

据了解，在我国，电动自行车社会保有量接近3亿辆，堪称“国民级出行工具”，但其也面临着一个巨大的难题——充电。“半路上没电了，让人很焦虑。”“充电桩着实难找！”“放在楼道里充电太危险啦！”据中华人民共和国应急管理部消防救援局统计，全国每年平均发生电动自行车相关火灾约2 000起。

对此，楼振罡认为，安全意识不能总是靠一次次火灾和一桩桩悲剧来唤醒，创新才是最有效的“灭火器”。于是，自2018年开始，楼振罡和团队成员就利用课余时间走访了上海、浙江两地的20余所高校，对全国18个城市进行了实地考察和个案访谈，拍摄和搜集了大量真实场景资料，并着手分类研究一线、二线和三线城市的电动自行车用户需求。

经过近一年的深入调研后，他们发现，电动自行车的充电难题主要表现为充电时间长、充电空间拥挤、“拉飞线”存在安全隐患等，其归根结底是充电桩不足以及充电效率过低的问题。

找到问题的症结后，团队成员利用服务设计工具绘制出细致的用户旅程图，细分出每个环节的用户接触点和情绪变化。经过头脑风暴，他们有了初步构想：充电并不是必需环节，那么能不能像加油站一样，设立站点提供秒换电池服务，提高出行效率呢？

探索3年，换来30秒“飞喵换电”

千万次的空想不如一次说干就干的行动！2018年9月，在学校组织的创业培训活动启发下，楼振罡和团队规划了从人工换电小规模试点、自动换电系统研发，再到扩大市场路径的创业落地时间节奏。

第一步，楼振罡和团队本着精益创业的方法，利用最小可行性原型产品，与厂商合作进行了小成本的人工换电试验，以快速掌握用户接受度：开设实体店售卖具有换电功能的电动自行车，通过人工手动进行换电。这次试验很成功，他们14天便卖出了300辆换电车，这既验证了用户需求，也发现了其中亟须降低人工运营成本的问题。

楼振罡率队又开始了第二步探索。这次，他们要做的是自助换电柜。于是团队架构了商业模式，完成了产品框架梳理和产品设计，并准备开始技术研发。但一个问题出现在眼前：钱从哪里来？考虑到创业初期风险较大，团队成员一致讨论决定：自投资金近20万元，以实现产品研发落地。

随后，为了找到最合适的供应方和生产方，在第1个月中，他们这个在实业家眼中的“小团队”跑了20多家厂商，但都没达成合作意向。甚至住宿的钱都快用完了，他们也差点半途而废。所幸，最终有一个合作方看到了他们换电业务的前景，和他们签署了合作协议。

3个月后，热插拔万能接口、换电柜、换电车、XPower电池芯和寻站小程序等成果出炉。作为核心技术，热插拔万能接口打通了铅酸和锂电池的接口，仅需2分钟，就能够将传统电动自行车改成“飞喵换电车”。利用这项技术，可改装市面上80%的铅酸电池电动自行车，这是换电车能够在存量市场上推广的功臣。

短短2个月，楼振罡团队就布置了线下4个站点，日均换电近百次。与传统的充电模式相比，他们的换电模式更具优势：用户无需购买电池，按次付费，更省钱；30秒换电，里程翻倍，更便捷；充电智能监控，更安全。这些成绩也更坚定了他们的信心。

2019年7月，楼振罡成立公司，并进行了第三代、第四代产品的迭代和市场拓展。学院和学校双创中心的老师对楼振罡的创业项目十分关心，不仅提供了创业指导，同时也在电池能源、柜体设计、投资入驻等专业领域，提供了咨询和资源对接，这使得楼振罡团队得以快速顺利地推进项目。

经过多轮沟通谈判，最终“飞喵换电”项目获得了众多青睐，并与社区充电龙头企业、园区、外卖物流方顺利达成合作，现已在华东地区落地换电站点10个、拥有用户1 300余名、保障11万次换电0安全事故、节省88万小时充电时长、助力1 000余组铅酸电池规范回收……

2020年12月，“飞喵换电”项目在第十二届“挑战杯”中国大学生创业计划竞赛中荣获全国银奖，团队成员的辛勤探索得到了认可。

创业不孤单，在奋斗中蜕变

对于创业公司来说，团队的重要性不言而喻。“飞喵换电”团队的伙伴们各有所长、分工明确，且拥有共同的奋斗目标。

服务体验设计专业出身的楼振罡，把自己定位为公司的服务品控官：“我们做的是新服务，一定要提供超越旧服务的体验，才能冲抵用户的置换成本。”同时，他还负责项目整体策划、文档撰写。另一位合伙人则拥有极强的市场开拓能力，能够高效地建立良好的合作伙伴关系。还有的伙伴精于财务管理，严格把控，对每一笔支出都精密筹划。团队每个成员都清楚自己的岗位职责，并为之尽心尽力，每个工作分支都让人放心。

在创业路上，楼振罡接触到了形形色色的人：有生产厂的老板，有运营推广的各级代理，有专业的设计团队，有阅历颇深的投资人……不同的人处事方式迥异，看待问题的角度和深度也各不相同，这都让他领悟颇多。从在校生、设计者到创业者，他觉得自身最大的改变在于思维。“最初，好多地方都不懂。而在与厂家、投资人和用户的沟通协调中，我逐步建立了大局意识，拓展了视野的广度，加深了思考的深度。”

“创业者是勇敢的，为了自己相信的东西，投入钱、投入时间，为之欣喜、为之担忧。这个称号不是对我一个人的认可，而是对创业者这个群体的认可。创业者不止百强，每个人都可以是创业者，只要你有相信的东西。”谈及获得“2019—2020年全国大学生创业英雄100强”称号的感触，楼振罡如是说。

目前，“飞喵换电”团队开始探索废电池治理问题。楼振罡团队将收集的废弃铅酸电池集中回收，再编码、分级，供货给电池回收厂。“‘飞喵换电’是几个年轻人对城市治理交出的答卷。目前，70%的废弃铅酸电池进入黑色回收链，极易造成铅污染。国家号召2025年铅酸电池规范回收率要达到70%，我们力争能创建一个保障人民生命安全、助力智慧城市建设、助推绿色低碳发展、更多地提升人民幸福感的公司。”楼振罡说道。

从推出换电车，到改装现有车，再到建立集中回收体系，这个“95后”浙江男孩，带领着一个平均年龄25岁的团队，现已在华东地区落地电动自行车换电站点10个，并不断刷新“充电速度”。

资料来源：https: //h5. newaircloud. com/detailArticle/15661937_30593_dyjy. html?app=1&source=1

1.1　创业与创业精神

1.1.1　创业精神的含义

1. 中国传统文化中创业的含义

“创业”一词，在中国历史中可谓源远流长。

①《孟子·梁惠王下》中提到“君子创业垂统，为可继也”。

② 在中国传统文化中，创业就是“创立基业”“创建功业”的意思。

③ 在中国传统文化中，有“创业难，守业更难”之说，表明了所创之“业”并非一般意义上的事务，而是可以长期运行的“基业”。

2. 现代社会中狭义的创业

现代社会的一个重要特征是以企业为社会经济的基础。这一特征起源于18世纪中叶发生在英国的工业革命，当代经济社会中的众多概念也来源于西方社会。

从其来源来看，狭义的创业就是英文“start up”，即创办企业。

专栏1-1

“星期八便当”

孙浩铭，华东理工大学商学院物流管理专业2005级本科生，“星期八便当”创始人。

作为一名毕业于华东理工大学的学生，孙浩铭经常会回到当年读书的奉贤校区，走一走，看一看，坐一坐。除了那些熟悉的环境和场景，他看到在炎炎烈日下，抑或是在狂风暴雨中，学生们下楼取餐的情景；也看到曾经学校后门街上的一个个简陋厨房，在糟糕的卫生状况下制作出来的快餐；还看到那些已经黑掉的油仍在一遍一遍地被使用着来制作食物……他发自内心地想为学弟学妹们做些事情。于是，“星期八便当”应运而生。它的宗旨在于送餐到寝，孙浩铭对企业提出的要求是快速送达，零元起送，用健康的食材和调料，切实打破快餐外卖行业的种种弊病，让客户吃得放心、吃得舒心。

在运营过程中，“星期八便当”也遇到了各种各样的问题与挑战：高温天、台风天、考试周……但孙浩铭从未退缩，而是充分运用自己所学的专业知识，凭借对校园地形的熟悉，并根据不同时间段的客流，制定了最便捷的运送路线，以确保及时送餐。

为保证便当的食品安全、口味纯正，孙浩铭与中粮集团签订了合作协议，由中粮集团提供相应的食材和调料，严把品质关。

与其他外卖不同的是，“星期八便当”的送餐员全部是在读学生。每栋宿舍楼有一名送餐员，公司将便当交接给送餐员，由送餐员负责送到寝室。这样既方便了公司业务拓展，又能为学生提供勤工助学岗位。

“星期八便当”营业后，因其贴心、快捷的服务获得了广大学生的认可和肯定。短短一年，“星期八便当”就以华东理工大学为大本营，拓展出多个高校校区级分店，并在原来的基础上对产品进行研发，对原有产品口味进行改良，并对配送能力进行提升。

每年开学，孙浩铭都会给每一位订餐的客户亲笔写一封感谢信，他认为，他所做的一切，就是为给客户带来更优质的用餐体验。

3. 创业的定义

众多研究者从各个不同角度对创业做出过定义，李志能等在综合各种研究的基础上，对创业做出了如下定义："创业是一个发现和捕获机会并由此创造出新颖的产品或服务和实现其潜在价值的过程。……创业必须要贡献时间和付出努力，承担相应的财务的、精神的和社会的风险，并获得金钱的回报、个人的满足和独立自主。"

上述定义包括以下几个方面的含义：

（1）创业包括一个创造的过程——它创造出某种有价值的新事物。这种新事物必须是有价值的，不仅对企业家本身是有价值的，而且对其开发的某些目标对象也是有价值的。这里的目标对象可因企业家所处行业的不同或其创造的事物的不同而不同。

（2）创业需要贡献必要的时间，付出极大的努力。要完成整个创业过程，要创造新的有价值的事物，就需要贡献大量的时间，而要获得成功，不付出极大的努力是不可能的。

（3）承担必然存在的创业风险。创业风险可能有各种不同的形式，这取决于创业的领域，但通常的风险不外乎财务风险、精神层面的风险和社会领域的风险等方面。

（4）给予企业家创业的回报。作为一个企业家，最重要的回报可能是由此获得的独立自主以及随之而来的个人的满足。对于追求利润的企业家，金钱的回报无疑也是最重要的，对其中的许多人来说，所拥有的财富成为衡量成功的一种尺度。

4. 创业精神的定义

所谓创业精神是指以创新精神为指导，把创新观念转化为创新实践蓝图的思维操作意识。创业精神还可以理解为某个人或者某个群体通过有组织的努力，以创新的和独特的方式追求机会、创造价值和谋求增长，着重于一种创新活动的行为过程，其主要含义为创新，也就是创业者通过创新的手段，将资源更有效地利用，为市场创造出新的价值。

对于上述定义，至少包含以下两个方面的含义：

（1）就其本意而言，创业精神就是指成功创业的企业家所具有的一种独特的精神力量。依靠这种精神力量的支持，使企业家在特定环境下，及时把握机会，不断克服创业过程中遇到的各种困难，最终走向成功。

（2）对创业精神的理解可以概括为两点：第一，如果个体表现出创新、承担风险和主动进取的行为，那么他就具有创业精神；第二，创业精神体现在为了开发机会而利用集中独特的系列资源创造新的价值的过程中。

1.1.2 创业精神的要素与特征

1. 创业精神的要素

北京大学的马浩教授在对现有研究的综合分析和整理的基础上，对创业精神的要素和含义进行了系统归纳，其主要内容有以下四个方面。

（1）远见卓识：企业家的心智模式

创业精神首先是一种远见卓识，是一种一致的、连续的看待世界的方法。它是一种独特的心智模式。这种心智模式对资源和机会赋予不同的价值，它鼓励创新、创造，鼓励改变规则、独树一帜。

企业家的心智模式贯穿于所有创业活动中，体现在商业、政治、体育或个人职业生涯提升等各个领域；也体现在企业内部创业和创建新企业两个方面。另外，对企业家的远见卓识应从多个层面进行分析，包括从企业家个人、企业家群体，到部门或区域，甚至整个国家。

（2）敢为人先：热爱创新的积极态度

敢为人先的精神包含激情和执着这两个关键要素。

激情：对机会的利用可以使对高成就感有强烈激情的人脱颖而出。

执着：执着对于创业来说不只是良好的品质，当遇到不熟悉的问题，或面对某种不确定性时，真正的企业家会表现出对绝望的乐观、惊人的适应力和不动摇的坚持。

（3）执行力：行动才是关键

执行力包含说服力和孜孜不倦的追求精神。

说服力：创业主要的一种行为是说服。说服是一种领导力，是让别人达到不会自愿达到的状态。说服是将创业的前景转嫁他人，并使之信服这一前景就是未来的过程。这种前景可以是一种新产品，一项新服务，一种新的生活、购物或交流的方式。说服就是推销，推销也是创业的重要因素之一。无论是兜售想法、吸引支持者、说服不信服者，还是争取摇摆不定的选票，真正的企业家具有奇特的能力，能根据自己的目的影响他人的感知和行动，动员各种资源以达到自己的创业前景。企业家对此自然地认为，推销是创业天生的因素。

孜孜不倦的追求精神：创业就是对机会和资源无止境的追求。创业企业没有建立的话就没有失败可言。但要成功，企业家必须时刻行动，寻找机会，等待突破，依靠所有可以被吸引的不同资源继续前进。企业家对此自然地认为，天助自助者。创业是某些人而不是其他人利用他们发现的机会的原因、时机和方式。好运偏爱有准备的头脑。

（4）绩效：结果导向

企业家受结果驱动。他们会关心、发现和利用有利可图的机会。他们立志利用自己的前景打造未来，来实现个人对社会的影响，并产生回报。

创业精神的四要素概要如表1–1所示。

表1–1　创业精神的四要素概要

要　素	内　涵
远见卓识	**对创新和创造的独特的心智模式：一定有更好的方法**
目的	强烈的使命感和清晰的前景：人自然有其目标
战略战术	成功的方程式：这都在战略计划之内
敢为人先	**对创新坚定的拥护：我们可以与众不同**
激情	渴望成就、创造、使之发生：追逐梦想
执着	顽强的信念：绝不放弃
执行力	**行动才是关键：去做吧**
说服力	用自己的前景使别人信服的能力：推销是创业天生的因素
追求	努力地吸引注意力、创造需求、获得社会资源：天助自助者
绩效	**结果驱动：用自己的方式做事**
人	为提高和丰富人们的生活而创新：创业是服务于他人
利润	创新产生回报：创造经济价值是社会责任

2. 创业精神的特征

对创业精神的研究，起源于人们对具体的成功创业者的研究。现实生活中，每个成功创业者都具有其独特的个性特征，也都具有其独特的成功经历，这就导致了不同时期从不同视角出发的研究，对创业精神的特征有不同的描述。

德鲁克（Drucker）认为，创业精神的核心在于创新，但这种创新应该是系统化的。他认为，创业精神可以存在于各种类型的企业中，包括政府和非营利机构。创业精神是行为而非个性特征，凡是能够大胆决策的人都有可能经过学习而成为企业家，并且表现出创业精神。

米尔德（Milled）认为，如果企业家表现出勇于创新、承担风险和行动领先的行为，那么就可以认为企业家具有创业精神，创业精神不仅可以指企业家的个性特征，也可以指企业家的行为特征。

斯蒂文森（Stevenson）认为，创业精神是指为了开发机会而利用集中独特的系列资源以创造新的价值的过程。

柯文（Covin）等认为，创业精神是指企业创新、风险承担和行动领先的行为。具体来说，企业创新是指企业创造新产品或改进现有产品以满足当前或未来的市场需求，风险承担是指企业参与结果非常不确定性的商业冒险或战略行动的意愿，行动领先的行为是指率先向市场推出新产品、服务或技术以击败竞争对手的行为。

归纳以往的各种观点，可以认为，创业精神一般具有以下四个方面的特征。

（1）高度的综合性。创业精神是由多种精神特质综合作用而成的，诸如创新精神、拼搏精神、进取精神、合作精神等都是形成创业精神的特质精神。

（2）三维整体性。无论是创业精神的产生、形成和内化，还是创业精神的外显、展现和外化，都是由哲学层面的创业思想和创业观念、心理学层面的创业个性和创业意志、行为学层面的创业作风和创业品质所构成的整体，缺少其中任何一个层面，都无法构成创业精神。

（3）超越历史的先进性。创业精神的最终体现就是开创前无古人的事业，创业精神本身必然具有超越历史的先进性，即想前人之不敢想、做前人之不敢做。

（4）鲜明的时代特征。不同时代的人们面对着不同的物质生活和精神生活条件，创业精神的物质基础和精神营养则各不相同，创业精神的具体内涵也就不同。

专栏1-2

创业项目评审会

华东理工大学大学生创新创业项目评审会正在进行。

小张是华东理工大学化工学院二年级硕士研究生，他的导师是我国著名催化剂专家李教授。李教授同意将其最近取得的一项科研成果提供给小张拟创办的企业使用。

评审会上，小张详细介绍了该科研成果的技术特点及其先进性，并提出，计划申请20万元创业基金，并自筹10万元，以总计30万元的资本创办企业，将该新技术推向市场。

小张汇报结束后，几位评审专家对该项目展开了讨论。

专家1：“这个技术非常好，我了解李教授以及他的研究，该技术目前已经在一些企业中推广，取得了很好的效果，如果操作得当，这个项目还是非常有希望成功的。”

专家2:“项目确实非常好，不过，我感觉小张是不是太老实了?”

专家1:“是的，这个孩子做事非常踏实，在李教授的科研团队中，他是非常优秀的，也很听话。”

专家3:“这个项目是不是先放一放，我感觉这个团队是一个优秀的科研团队，但是，在创业精神上还很不足。”

1.1.3 创业精神的测量

对具有创业意愿的个人本身以及资金提供方而言，创业者或者创业团队的创业素质、创业精神和创业能力状况都将影响到其未来利益，因此，对创业素质和创业精神的测量和评估就成为大家共同关心的问题。

近年来，国内外众多学者对创业精神测量的方法、内容等进行了研究，提供了许多有价值的测量工具。

我国西安电子科技大学的彭璐等展开了一项专门针对大学生创业素质测评的研究，形成了针对我国的大学生创业素质指标体系及权重分配表（表1–2）。

表1–2 大学生创业素质指标体系及权重分配表

一级指标	权重	二级指标	权重 W_A	
			二级权重	从属一级权重
创业意识 B1	0.060	创业意愿C1	0.071	0.004
		创业动机C2	0.026	0.002
		创业价值观C3	0.038	0.002
		自我定位C4	0.140	0.008
		危机意识C5	0.429	0.026
		竞争意识C6	0.297	0.019
创业精神 B2	0.100	创新精神C7	0.282	0.028
		敬业精神C8	0.160	0.016
		冒险精神C9	0.253	0.025
		务实精神C10	0.152	0.015
		团队精神C11	0.110	0.011
		时间观念C12	0.044	0.004

续 表

一级指标	权重	二级指标	权重 W_A	
			二级权重	从属一级权重
创业能力 B3	0.395	组织能力C13 专业知识C14 沟通能力C15 心理素质C16 公关能力C17 感召力C18 判断决策力C19	0.144 0.021 0.056 0.383 0.056 0.123 0.216	0.057 0.008 0.221 0.151 0.022 0.049 0.085
创业品质 B4	0.174	坚韧性C20 自信心C21 独立性C22 诚实守信C2 敢为性C24 合作性C25 责任心C26	0.261 0.196 0.133 0.206 0.062 0.100 0.043	0.045 0.034 0.023 0.036 0.017 0.017 0.007
创业环境掌控力 B5	0.271	人际资源拓展力C27 环境适应力C28 机遇把握能力C29 资金获取能力C30 法律政策把握力C31	0.498 0.213 0.138 0.102 0.049	0.135 0.058 0.037 0.028 0.013

研究者对该表的相关指标说明如下：

（1）创业意识是指在创业实践活动中对人起动力作用的个性心理倾向。在对大学生创业素质的调查中，把衡量大学生创业意识的指标设定为创业意愿、创业动机、创业价值观、自我定位、危机意识、竞争意识。

（2）创业精神是指创业者自身所具备的能帮助其完成创业过程并取得创业成功的精神品质，它能够使创业者在逆境和艰苦的创业环境中仍然保持积极的创业心态。六个衡量创业精神的指标分别是创新精神、敬业精神、冒险精神、务实精神、团队精神、时间观念。

（3）创业能力是指“自我谋职”能力，这种能力与市场行为相结合，就是小型企业的创建与经营，或者说创业能力是指一种能够顺利实现创业目标的特殊能力。大学生创业能力指标为组织能力、专业知识、沟通能力、心理素质、公关能力、感召力、判断决策力。创业能力是创业素质中最外显的部分，是成功创业的必备素质。

（4）创业品质主要是指创业的心理品质，可划分为七个指标进行衡量：坚韧性、自信心、独立性、诚实守信、敢为性、合作性、责任心。创业品质是创业素质中相对稳定的心理品质，较多地体现了创业者遗传性和长期形成的特质。创业品质是大学生创业素质的保证。

（5）创业环境掌控力主要是指创业者把握创业时机、创造较有利的创业条件的能力。创业环境掌控力指标可设置为人际资源拓展力、环境适应力、机遇把握能力、资金获取能力、法律政策把握力。创业环境掌控力是体现创业者与外部环境沟通的能力。

1.2 创业革命

1.2.1 创业的兴起

1873年，是中国近代工业史上一个值得纪念的年份。这一年，以继昌隆缫丝厂的诞生为标志，在古老的自然经济占统治地位的封建社会里，第一次出现了民族资本主义的曙光。该厂的创办人陈启源作为中国历史上第一个近代民族企业家被载入史册。

中国工业发展史上有很多令人难以忘记的开拓者，如张謇、张之洞等。作为中国进入工业时代的奠基人，他们历经了长期的磨难，备尝艰辛，给中国近现代经济事业留下了一批宝贵的财富。另外，中华人民共和国建设初期的创业英雄们，也奠定了改革开放以后经济高速发展的基础，使创业活动得到了空前的飞速发展。党的十七大明确提出："就业是民生之本。要坚持实施积极的就业政策，加强政府引导，完善市场就业机制，扩大就业规模，改善就业结构。完善支持自主创业、自谋职业政策，加强就业观念教育，使更多劳动者成为创业者。"2014年9月夏季达沃斯论坛上，李克强总理提出，要在960万平方公里土地上掀起"大众创业""草根创业"的新浪潮，形成"万众创新""人人创新"的新态势。2018年9月，中华人民共和国国务院（以下简称"国务院"）下发《国务院关于推动创新创业高质量发展打造"双创"升级版的意见》。一个创业时代已经拉开了序幕。当今时代的显著特征就是知识成为比土地、劳动、资金更有意义的关键性生产要素，同时物质资本的地位相对下降，人力资本的地位相对上升，而创业者则是稀缺的知识和人力资本的杰出拥有者和创造者。因此，经济转型是创业热潮兴起的深层次原因。

创新创业是每个社会成员改变命运、追求卓越的一种途径，是组织不断成长的方式，是国家取得核心竞争力的关键。

在国外的创业史上，为世人评论最多的当属“硅谷”。创新是硅谷不断产生新公司的原动力，一个研究成果、一篇优秀的毕业论文，甚至一个好的想法都可以促成一个公司的创立。目前，硅谷是世界上最先进人才和尖端技术的聚集地，在这个科技园区中，共有40多位诺贝尔奖获得者，有数以千计的科学院院士和工程院院士，拥有数以万计的技术公司。

创业者们会创造、塑造、认识并捕捉各种商业机会，在创造巨大价值和财富的创业过程中，发挥他们的智慧和能量。在我们看来，“这是一个最坏的时代，也是一个最好的时代；这是一个令人绝望的冬天，也是一个充满希望的春天；我们面前什么都没有，我们面前也什么都有”。我们正面临着这样一个极具不确定性的创业时代，或许每个人都有选择一种新的生活方式的机会，都有通过创业来实现人生价值的可能性，因而产生了很多创业精英。

专栏1-3

状元张謇投身社会创业事业

张謇，江苏南通人，为清末光绪年间的状元。甲午战争爆发后，日军侵华，北洋水师全军覆没，李鸿章被迫签订《马关条约》，割地赔款，丧权辱国，帝国主义更掀起瓜分狂潮，中国处于亡国灭种边缘。张謇虽为状元郎，却无意于官场角逐，常常夙夜难眠，为国家命运徘徊辗转。

终于有一天，一名外国人的一番话使他恍然大悟：“中国非真能实现普及教育、公共卫生，大兴实业，推广慈善，必不能共和，必不能发达。行此四事，一二十年后，必跻身一等国；能行二三事，亦不至落三等国。”

为了能实现“匡济天下”的抱负，张謇抛弃官职，下海经商，踏上实业救国之路。张謇此举风险极大，稍有不慎便可能身败名裂，因此以“舍身饲虎”形容也不为过。但为天下苍生，他义无反顾，大有“我不入地狱，谁入地狱”的悲壮。出于“天地之大德曰生”的儒家理念，他将所创办的实业命名为“大生”，历经数十年商海沉浮，大生纱厂成为中国民族资本主义的骄傲。创办实业不过是张謇获取资金的途径，他真正醉心的是教育、慈善事业的振兴。

南通为张謇故乡，在晚清乱世中饱经战火蹂躏、灾害摧残，民生凋敝，满目疮痍，张謇为了能拯救父老乡亲于水火，倾尽财力和心血。

张謇兴办了许多慈善机构。为帮助穷困潦倒的妇女，1896年，他出资设立儒寡会，优恤士族妇女；为拯救被溺杀的婴儿，1904年，他发起建立新育婴堂，收容婴儿千余名；为救助无依老人，1912年他创办了养老院；为安置无业贫民，1914年，他募资开办贫民工厂，招收贫民百余人；为救助误入风尘的女子，1915年，他支持警察局设立济良所，帮助娼妓改过自新；为帮助残疾人获得独立生存能力，1916年，他购地兴建残疾院和盲哑学校，教授残疾人生存技能；1916年，他将养济院改成栖流所，收养乞丐。张謇创办和支持建立的慈善救助机构还有为死亡而无处安葬的贫穷者提供帮助的义冢，面积达540亩①。除此之外，张謇还创办了女红传习所、医院、博物馆、图书馆、剧场、公园等公益机构。

兴办慈善事业需要大笔资金，张謇除将大生纱厂每年盈利拨出相当部分作为慈善专项基金外，还在百忙之中，卖字筹资。育婴堂创办时，资金难以维持，于是张謇在报纸登广告，一卖就是数年，所筹资金捐给育婴堂。张謇还利用自身影响力，号召政府拨款资助慈善事业。同时，他注重慈善机构改革，教养结合，让弱势群体自力更生、丰衣足食。尽管如此，张謇仍是负担沉重，在二十年岁月中，张謇为慈善事业捐资一百五十万元，负债五十万元。

在张謇的努力下，南通从一个落后、封闭的县城转变为如陶渊明笔下的“世外桃源”一般，百姓安居乐业，街道秩序井然，许多慕名前来考察的外国友人被良好的社会风貌与优美的自然风光所陶醉，称其为“人间天堂”。南通成为中国近代城市的典范。

1.2.2 创业对经济的影响

在美国，大众出版界和媒体普遍认为占支配地位的大型公司是美国经济强盛的关键。毕竟，在第二次世界大战后的全球性卖方市场下，这些公司确实成为了企业巨人，并且直到二十世纪六七十年代，它们似乎一直不受竞争对手的影响，新公司根本不可能战胜它们。

美国小企业管理局指出，2005年美国新增企业数量为67.2万家，创美国历史新高，甚至比声名狼藉的网络公司的创立还要高出12个百分点。2015年，美国市值超过10亿美元的初创公司有80家，而到2022年1月，美国有900多家科技初创公司的市值都超过10亿美元。受新型冠状病毒肺炎疫情（以下简称“新冠肺炎疫情”）影响，个人和企业

① 1亩=666.67平方米。

对科技产品的依赖性增强，这给科技初创公司创造了发展机会。投资者表示，在人工智能、核技术、电动汽车、太空旅行等领域取得的突破性进展将改变世界。疫情过后，社会对食品配送、远距离办公设备、远距离医疗服务等领域的需求量会增加。在硅谷以及其他地方，高价值、现金充裕的初创公司正在以极快的速度扩张，并试图在各个领域推翻老牌公司。

据统计，2021年美国科技初创公司筹集了3 300亿美元，几乎是2020年的两倍，其中估值超过10亿美元的科技初创公司比过去五年的总和还要多。数据显示，2021年美国科技初创公司的首轮融资资金中值约为1 300万美元，相较2020年的1 000万美元增长了30%。而科技初创公司在结束私募融资，进行公开上市之后，市值最高能达到7 740亿美元，投资回报率是上一年的3倍。

2022年1月，有三家科技初创公司的估值更是达到了令人瞠目的水平：仅拥有90名员工，售卖NFT（non-fungible token，非同质化代币）的公司OpenSea，其估值已达到133亿美元；数字白板公司Miro的估值为177.5亿美元；支付公司Checkout.com的估值更是达到400亿美元。

这些数据有力地说明，新创企业正支撑着美国经济，美国经济是一种创业型经济。

我国的创业活动对经济的影响也是十分显著的。作为创业的重要结果，不断涌现出的个体、私营企业在拉动经济增长，拓宽就业渠道，扩大对外开放，优化产业结构，加快城镇化、工业化进程等方面发挥着积极作用，已经成为推动我国经济体制改革和经济发展的重要力量，成为中国特色社会主义的生力军。

根据中国青年创业就业基金会数据，2019年，中国创业群体年龄分布区间为18～69岁，其中，25～40岁创业者最为普遍。56%的创业活动属于首次创业。大学本科是创业者受教育水平的主流层次，占比50.9%，研究生和博士分别是4.6%和0.6%。

数据显示，2017—2019年，中国累计新注册企业271万家，其中仅2018年一年间就新增101万家新注册企业，2019年1—4月新增255 105家新注册企业。从行业分布来看，初创企业多分布在互联网和高新科技行业，占总初创企业的69.5%。科技信息技术是热门方向，注册资本在100万元以下的占70%，数量为1 781 130家；注册资本在100万至500万元的占21%，数量为530 012家；注册资本在500万至1 000万元的占9%，数量为233 703家。

目前，新冠肺炎疫情正推动商业模式从流量走向深度价值挖掘，人工智能、大数据、云服务、区块链在后疫情时代迎来了新一轮快速发展机遇，对新创企业而言，创业机会就在科技赋能和资源整合的落地过程之中。

专栏1-4

一年全球超1 000家企业用户，以好口碑打造工业软件王牌服务

2022年是莫莽创业的第16年。

2009年，硕士毕业于同济大学汽车学院车辆工程专业汽车电子方向的莫莽毅然开始了毕业即创业的生活。其实早在2006年，莫莽就已在创业领域小试牛刀，那是他第一次创业，从事健身器材领域的仪表研发、制造，最终因为各种制约无疾而终。

谈及多年的坚持，他用最淡然的语气说着最坚定的话："还是对创业有一定热情，希望做一些别人做不到的事，希望能够开拓新的领域去做自己想做的。"

创业热情，是一种伟大的力量。至少在莫莽身上，我们能看见这份热情带来的回报。

2020年4月，莫莽的上海同星智能科技有限公司发布核心产品——基础工业软件"同星TSMaster虚拟仪器软硬件平台"，一款面向自动控制、科学测量、智能制造等领域，具有硬件跨品牌、软件跨平台特点的虚拟仪器平台。这款产品一经投入使用，便在行业内收获了一大批"粉丝"，迄今为止，已有超1 000家企业开始使用这款创新软件。

能如此快速在业内受到关注认可，这是莫莽第4次转行创业时完全没有想到的，"其实，这款产品我们并没有主动地去做一些推广，客户都是行业内人士使用后互相推荐，然后主动找到我们的"。

瞄准国内"卡脖子"行业，破除痛点

2021年7月16—18日，首届工控中国大会暨工业软件产业链供需对接会在苏州举行，中国工程院院士钱锋在会上提到，工业软件是现代工业制造的"大脑"，是智能制造的"核芯"，但也是中国实现制造强国过程中的"薄弱一环"。工业软件是中国制造业的短板，国产高质量工业软件较为匮乏，也是被国外"卡脖子"的问题。

这一困境早在2018年就引起了国家重视，"工业互联网"概念已多次被写进《政府工作报告》，其中2021年《政府工作报告》中特别提出，发展工业互联网，搭建更多共性技术研发平台，提升中小微企业创新能力和专业化水平。种种政策保障无疑充分显示了国家层面对工业互联网助力制造业高质量发展的重视程度。

目前，新冠肺炎国内工业软件提供的服务并不能满足企业需求，于是大量企业选择高额选购国外软件。在基础软件价格本就高昂的前提下，外国供应商却不愿花费更大精力为不同企业提供定制化服务。

看准这一行业痛点，莫莽和两位合伙人决定在提供软件基础服务的同时，为企业提供升级化的定制服务——由企业提出希望获得的软件功能，莫莽及其合伙人在开发相应功能后提供相应服务。这种供需关系为他们吸引了众多客户，也在不断的创新中丰富了软件功能。

莫莽团队正是看准了国家发展规划、把握机遇、善用所长，才投身到工业软件产业创业中。而他更在意的是，中国需要有自己的软件所属权，不能总依赖于进口，只有将工业软件生产权牢牢掌握在自己手里，我们才能有更强硬的底气应对国外工业化挑战，同时提升中国制造的国际影响力。

"农村包围城市"打法赢得先机

"其实，我们也是被迫走上'农村包围城市'的道路。"

莫莽团队在创业前就了解到，国外设备厂商长久以来已经自上而下占领了品牌优势，包括高端用户优势，这一点是他们团队望尘莫及的。另外，据莫莽前期考察发现，国外同类型基础软件价格在十几万到二十几万元不等，加之后续更高级的软件服务，一次消费至少几十万元。所以他们选择在研发出软件后，直接在"极客"自媒体和行业内的用户群里推广。通过行业用户群，他们将基础功能免费提供给工程师使用，获得认可后再开展更进一步的合作。

"但是实际上，这种裂变的效果反而出乎我们的意料。在这个过程中，一方面我们收获了直接的企业客户；另一方面我们本身没想到的是，引起了行业里一些权威专家的关注，这都超越了我们原来预计的效果。"

用基础软件当作敲门砖，在得到客户认可后，继续提供更为强大的硬件服务，这样的推广方式帮助莫莽团队赢得了行业内的众多用户。"我们需要跟客户建立信任，并且我们也做到了。所以从去年下半年开始就有很多客户主动找我们，希望我们帮他们做一些定制化的东西，或者说开发新功能。"

从细分领域切入，铸造壁垒，并逐步扩展外延

当然，对于企业用户来说，纯粹的低价并不能吸引其长期互利，实现产品利益最大化，帮助其破解技术难题才是关键所在。针对这一特点，莫莽团队在推出产品1年后，开始逐步开拓新资源合作模式，希望针对行业应用，如专业技术方、分销商、渠道方、集成商等，寻求合适的合作伙伴，用不同方式和渠道将整个市场做大。

“这个领域，全球第一的设备供应商是德国的企业，疫情平稳后，我们也希望能够带着产品到国外，尤其是去德国和美国参加展销，期望能够获得市场顶级企业的认可。”

慢下来，做产品，这条路艰辛且坚定

2017年8月至今，莫莽的创业公司在同济大学科技园的大楼上“盘踞”了4个春夏秋冬。起初创立公司时，他将方向定为“自动驾驶车辆平台”的开发研究，但这项需要持续高成本投入的创业项目未能让公司获得等价收益，最重要的是这并不是莫莽创业的初心。

莫莽的团队由2名博士、1名硕士组成，虽然他们完全有能力、有实力去直接做一些挣钱快的项目，但在创业这条路上，他们选择了厚积薄发——自主生产研发软件，并在客户反馈中不断更新。创业起步阶段，为了能让2名软件的主要研发者全身心投入，莫莽一人包揽了除软件生产外公司管理、宣传、财务等所有事务性工作。

工业软件研发本身属于技术难度较大的领域，加之所做产品属于“高精尖”产业范畴，所以自主研发就成了“高门槛、长周期”的工作。“这也是为什么我们国家没有那么多的人愿意去做。虽然当我们拥有足够大规模的用户之后能产生一定的经济效益，但是在初期我们必须要守住市场其他高回报的诱惑，就是一步一个脚印地把基础打好。”

一年时间，产品服务超1 000家企业，并吸引了国外客户的注意，这是对莫莽团队的持之以恒地付出最有力的肯定。

“我们现在做的这个事情，实际上确实也是需要情怀和使命感的，它需要很长时间的积累，积累才能看到回报。”

这种坚守不仅需要创业者极大的耐心和意志，更需要创业者家人的支持：“我非常感谢我的合伙人和我们的家人能理解支持我创业，因为他们我才能坚定地去做自己想做的事。”

如今，莫莽团队所生产的基础工业软件已经在汽车、船舶等高端领域应用。

为了能够广纳人才、拓宽知名度，莫莽今年还将自主研发的产品向全国高校推广。“学生是未来行业里的主力军，未来工程师都有可能从他们中间诞生，所以希望能够将我们的软件推广进拥有专业基础知识的学生群体中，一方面是培养用户习惯，另一方面也是希望能够在高校中挖掘人才。”

采访中，莫莽不止一次提到，我国工业软件自主研发落后于国外的现状，他感叹于德国等发达国家顶尖的工业制造技术，但也对中国制造充满信心。

“非常幸运，我们国家已经十分重视‘卡脖子’工业软件问题，这种缺失对工业安全来说是致命的问题，我们也很幸运地赶上了国家政策扶持，如园区会开设相关创业培训课程、邀请老师一对一帮助我们解答问题，避免走弯路……这些都是我在多年前创业时享受不到的福利。包括在创业基金会申请的天使基金，都是对我们这种'野生创业团队'最大的帮助。"

莫莽总是称自己为"野生创业团队"，从一人孤独前行到有幸遇到志同道合的另外两位合伙人，再到创立小型公司，十几年的创业经历让他更加坚定，执着走在创业路上。

"我们希望能将TSMaster打造成像上海的城市精神那样'海纳百川、追求卓越、开明睿智、大气谦和'，"采访的最后莫莽如是说，"希望我们披星戴月的努力，能为中国制造的由大变强，做一点小小贡献。"

全球市场，那才是中国制造业的星辰大海。

资料来源：https：//www. stefg. org/serve/detail. aspx?id=106

1.3 创业与职业生涯发展

1.3.1 职业生涯发展的基本理论

1. 生涯的定义

"生涯"即人生的发展道路，人或事物所经历的途径，也可指个人一生的发展过程，一生中所扮演的系列角色与职位。

舒伯（Super）认为，生涯是生活中各种事件的演进方向和历程，它统合了人一生中的各种职业和生活角色，由此表现出个人独特的自我发展形态。生涯也是人自青春期至退休后，一连串有报酬或无报酬职位的综合。从生涯定义大体上可以看出，生涯是指与工作相关的整个人生历程。生涯是一个非常宽泛的概念，除了工作和职业之外，它还涵盖了人一生所从事的各种活动。生涯的发展是以个人为中心的，只有在个人寻求它的时候它才存在。

生涯不是一个静止的点，而是一个动态的过程；不只是人生的某个阶段，而是会贯穿始终、相伴人的一生。受个人的家庭背景、人生经历、社会环境等因素影响，每个人生涯的发展也是个性化的发展，每个人都有属于自己的独特的生涯。

2. 职业生涯发展的阶段理论

舒伯系统地提出了有关职业生涯发展的基本规律，并将人生职业生涯发展划分为成长、探索、建立、维持和衰退五个阶段。

（1）成长阶段（0 ～ 14岁）

成长阶段属于认知阶段，是生理、心理发展时期，个体在这个阶段形成了塑造自我概念的态度和行为。个体以幻想、兴趣为中心，对自己所理解的职业进行选择与评价。在该阶段中，孩童开始发展自我概念，学会以各种不同的方式来表达自己的需要，且经过对现实世界的不断尝试，修饰其自身的角色。这个阶段发展的任务是发展自我形象，发展对工作世界的正确态度，并了解工作的意义。

（2）探索阶段（15 ～ 24岁）

探索阶段属于学习和打基础的阶段，逐步对自身的兴趣、能力，以及对职业的社会价值、就业机会进行考虑，开始进入劳动力市场或开始从事某种职业。该阶段的青少年或青年，通过学校活动、社团活动、打零工等机会，对自我能力及角色、职业进行了一番探索，因此选择职业时有较大弹性。这个阶段发展的任务是使职业偏好逐渐具体化、特定化，并实现职业偏好。

（3）建立阶段（25 ～ 44岁）

建立阶段属于选择、安置阶段，对选定的职业进行尝试、变换，以至逐步稳定。由于经过上一阶段的尝试，不合适者会谋求变迁或进行其他探索，因此该阶段较能确定在整个职业生涯中属于自己的职位，并在31 ～ 40岁，开始考虑如何保住该职位并固定下来。这个阶段发展的任务是统整、稳固并求上进。

（4）维持阶段（45 ～ 64岁）

维持阶段属于升迁和专精阶段，个体在工作中已经取得了一定的成绩，并维持现状，提升自己的社会地位。个体仍希望继续维持属于自己的工作职位，同时会面对新的人员的挑战。这一阶段发展的任务是维持既有成就与地位。

（5）衰退阶段（65岁及以上）

衰退阶段属于退休阶段，职业生涯接近尾声或退出工作领域。由于生理及心理机能日渐衰退，个体不得不面对现实，从积极参与转为隐退。这一阶段往往注重发展新的角色，寻求以不同方式来替代和满足需求。

大学生涯是整个人生的重要阶段，3 ～ 7年不等的大学生活往往为个人日后发展奠定了坚实的基础。个人在大学就读期间主修某一专业方向，是为今后的职业发展做准备。因此，大学生涯亦可称为职业准备阶段，是职业准备期。这是个人职业生涯的起步阶段，也是决定能否赢在起点的重要阶段。

3. 影响职业生涯的因素

在我们的定义中，“与工作有关的经历”是很广泛的，所有的职业生涯都受到主观因素和客观因素的影响，两者共同形成了个人职业生涯的基础。

主观因素：对与工作有关的事件的主观解释，如工作志向、期望、价值观、各种需求，以及对特殊工作经历的感受。

客观因素：客观事件或情境，如工作岗位、工作职责或行为，以及与工作相关的各种决策。

需要注意的是，仅考察客观事件并不能提供对个人职业生涯全面、丰富的理解；反之，完全依靠主观感受和价值观，也不能对某一种职业生涯的复杂性做出公正的评判。因此，主观成分和客观成分都是必不可少的，如图1–2所示为影响某职业生涯的主观因素和客观因素。

4. 创业教育对大学生职业生涯规划的意义

（1）创业教育能增强大学生自我认知的敏锐性

创新意识是良好思维品质的核心特征，创业教育能培养大学生的创新意识和创业精神，从而大大提高大学生的思维品质。创新意识在引导大学生发现客观世界新生事物的同时，也启迪大学生客观对待人的生理、心理和性别等差异，对自身的兴趣和特长更加敏感，敢于发现、肯定和主动培养自己的优势，挖掘自身潜力，不断尝试新的领域，在职业生涯规划中扬长避短，个性化地设计自己的职业生涯。而不是人云亦云，按照一个模式发展，从而错失培养自身优势的良机。

创业精神则使大学生在创业实践中不断开拓进取、锐意创新，有助于大学生发现自我、实现自我。

（2）创业教育能引导大学生主动进行职业探索

职业是一个发展的概念，职业生涯是一个动态发展的过程。职业生涯规划不是一成不变的计划，而是个体在自我认知的基础上，基于对未来职业的前瞻性和全局性认识，对客观世界发展变化的主观预期和主动适应。个体的人生态度和价值观是相对稳定的，而外在的职业却是不断变化的，尤其是在知识经济时代，新兴职业不断出现，适应不了社会需要的职业会被迅速淘汰。

创业教育有助于引导大学生主动地进行职业探索，积极地规划未来，以良好的心态，在职业生涯发展中不断调整自我、更新自我、完善自我，以适应外部职业环境的变化，使自身的职业规划与社会发展互动。

（3）创业教育能提升大学生职业生涯发展的高度和广度

创业教育有利于培养大学生的求异思维，使大学生带着创业的思路去就业，以创业

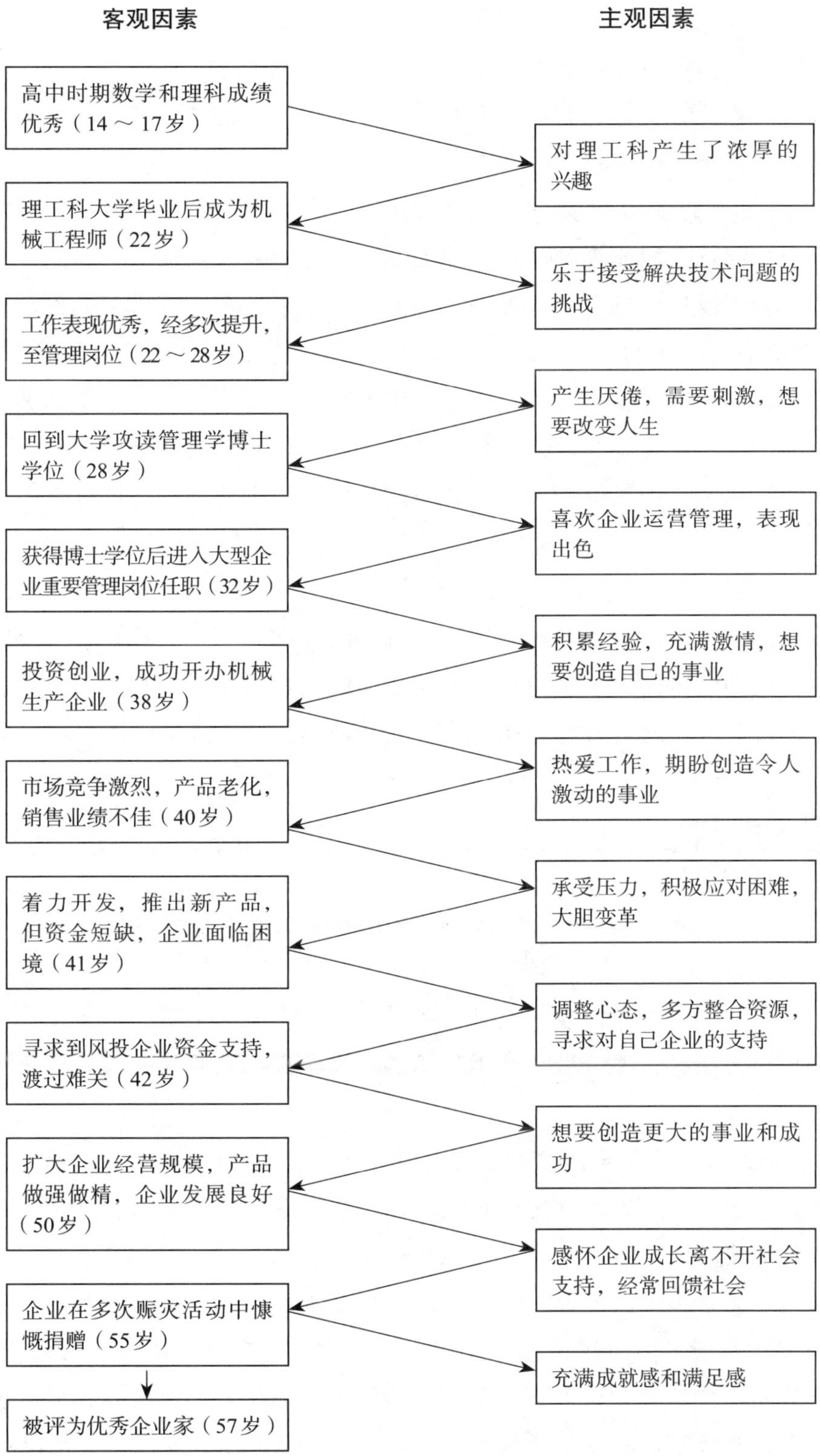

图1–2　影响某职业生涯的主观因素和客观因素

带动就业，使其在工作岗位上不断创新，为社会做出更大的贡献。创业教育也能增强大学生的岗位转换能力和抗挫折能力，使之不惧怕失业和失败，在职业生涯发展中不断开辟新路。因此，创业教育能为职业生涯发展提供源源不断的精神动力和智力支持，培养百折不挠的毅力和坚定的信心，不断提升个体职业生涯发展的高度和广度。

5. 职业生涯规划教育对大学生创业的意义

创业的成功依赖于职业生涯规划。即创业者首先要自我认知、自我完善；其次要能够洞察环境，善于发现市场上尚未被满足的消费者需求，在此基础上捕捉创业机遇。在改革开放初期的中国，有胆量、有勇气就能创业，而在改革开放40多年后的今天，互联网、区块链、元宇宙等新兴行业与概念层出不穷，创业不仅要靠胆量和勇气，更要靠包括智谋、能力、工作经验和社会责任感在内的综合素质，还要结合对创业环境中的人脉、资金和国家政策等因素的把握，在合适的时机做出创业抉择，即选择能充分发挥自己专长和个性优势、自己有浓厚兴趣，并且与环境相适应的创业项目。

大学生创业缺乏资金、管理经验和人脉关系，更要依赖科学的规划。有规划的创业是创业成功的根本，职业生涯规划理论和方法同样适用于创业规划，并能发挥关键作用。职业生涯规划能帮助大学生克服和规避创业的艰难险阻，提高创业的成功概率，并帮助大学生在创业成功之后有规划地守业，提高企业经营管理的效率。

专栏1-5

淤泥、渣土变废为宝？垃圾也能资源化再利用！

出生于甘肃的成铭钊，15岁以前从未见过大海，一直对大海充满着向往。直到大学接触到了海砂固化项目，便与海砂结下了不解之缘，由此开启了一段“变废为宝”的探索之路。

“淤泥、渣土不过是放错地方的资源。这些固体废物的成分以硅、铝、钙为主，具有很好的资源化潜力，通过有效的处置技术就能够变成有用的资源。”

江河湖库疏浚淤泥、渣土泥浆等淤泥质固体废物的主要成分都是无机硅酸盐，但由于其存在状态是高含水率、高黏性的，因此处理起来有一定难度。无论是还林还田，还是堆放填埋都存在一定的问题，目前大部分淤泥质固体废物都不符合还林还田的标准，无法通过还林或还田途径处理。而简单堆放填埋不仅易造成二次污染，还会占用大量土地，尤其在土地资源紧张的发达地区难以实施，此路径也受到越来越多的限制。

基于此背景，成铭钊团队经过不断研究和探索，决定采用集中资源化制砖和道路应用的方式来解决淤泥质固体废物处置问题，通过集中建立的固体废物资源化中心稳定可控地处理固体废物，同时通过市政道路项目一次性大批量消纳淤泥质固体废物来做垫层和稳定层。

模拟地壳运动，将淤泥质固体废物再生利用

成铭钊团队处理淤泥质固体废物的核心技术是水热固化技术，其机理是模拟自然堆积岩的成岩过程。堆积岩的成岩过程是地表的硅、钙质物质（类似于淤泥质固体废物的成分）通过漫长的地壳运动不断沉积，当到达一定的深度后引起温度、压力提高，就能够发生成岩反应。堆积岩再通过同样漫长的风化和生物作用后又会变回泥土类物质，这就是自然界的成岩循环。其实，漫长的是堆积过程，真正反应成岩的时间是很短的。水热固化技术就是省略漫长的堆积过程，在工业条件下提供一个能够成岩的温度和湿度环境，在药剂激发下促使固体废物发生成岩反应。

相比于传统的水泥基工艺和烧结工艺只能将淤泥作为填料使用而掺比很低，水热固化技术可以将淤泥作为主要的反应材料，所制成的建材中50%～90%都可以使用淤泥，同时对于淤泥含水率的要求可以放宽到塑限以上，大大提升了产品的竞争力。目前水热资源化产品单块砖的生产成本是同类产品的50%～70%。

固体废物资源化不仅要保证产品的强度等力学性能，也需要对固体废物中的污染物进行有效固定，这对处置技术提出了更高的要求。一般的处理方法都是先对固体废物进行无害化处理，再进行资源化利用，但这样处理成本较高。利用水热固化技术处理固体废物，可通过药剂促使生成一些目标矿物，既能提高强度，又能结合重金属、氯离子、有机污染物等物质，形成稳固的化学稳定物，在资源化的同时可实现无害化，极大降低了处理成本。

利用水热固化技术处理淤泥质固体废物可制成多种产品，并广泛应用于建筑、市政、水利等领域。除此之外还可以生产一些高附加值的产品，例如，以各类固体废物为主要原料的调湿内墙砖，其可利用材料纳米孔径结构自动调节空气湿度，能有效减少空调的使用，实现低碳节能。

路虽坎坷，却也收获不少

从大二起，成铭钊就已经开始做水热固化技术的课题研究。本科期间，他课外时间一般都窝在实验室做实验，特别是参加“挑战杯”全国大学生课外学术科技作品竞赛期

间，为了保证实验数据的稳定性和连续性，他直接搭个小帐篷住进了实验室。功夫不负有心人，这样的努力也让成铭钊和他的团队斩获了“挑战杯”全国大学生课外学术科技作品竞赛特等奖。比赛结束后，这个项目并未停止，成铭钊和团队决定继续将水热固化项目做下去，推进产业化。

2017年年初，成铭钊创办了上海海顾新材料科技有限公司（以下简称“海顾科技”），以技术服务的方式提供固体废物资源化成套解决方案。在开始的两年中，由于当时技术不够成熟加上缺乏经验，他们损失了一些关键客户，也遇到过恶意拖欠费用的问题，交了不少“学费”。在经历了一系列转型后，海顾科技便专注于技术门槛较高，且处置需求旺盛的淤泥质固体废物资源化领域。

2019年突如其来的新冠肺炎疫情给海顾科技造成了较大的影响。由于项目周期较长，回款出现了问题，公司现金流告急。同时疫情对于一些客户也造成了巨大影响，一些项目被迫停止。但随着经济的不断复苏，加上政策的扶持，使得海顾科技触底反弹，快速拿下了几个淤泥质固体废物处置项目。这巨大的反差，让成铭钊不禁感慨企业能有现在的发展“既受限于疫情，也受益于疫情”。

环保大趋势下力求突破

当前我国经济持续高速发展，人口稳步增长，工业化和城镇化进程不断加快，环境污染日益严重，国家对环保的重视程度也越来越高。淤泥质固体废物、城市固体废物、工业固体废物等产生量剧增，市场规模已达千亿级别。在未来的5～10年内，随着各地环保要求的提升，固体废物资源化的市场将会越来越大，整个行业竞争将越来越有序化、开放化、规范化、多元化。

根据中华人民共和国国家统计局数据，全国环境污染治理总投资从2008年的4 937亿元增加到2017年的9 539亿元，年复合增长率为6.81%。“无废城市”建设将持续推进固体废物源头减量和资源化利用，更大限度减少填埋量，将固体废物对环境的影响降至更低。“十三五”规划期间固体废物处理行业投资规模超过3.5万亿元。从财政投资预算来看，未来有关固体废物处理领域的行业发展前景广阔。

海顾科技始终以科技创新为企业立足之本，同时也在细分领域引领行业发展。其牵头制定了团体标准1项、参与制定地方标准2项，主导了“河湖底泥处理及资源化利用技术”（住房和城乡建设部科技示范项目）、“基于河口湿地资源的生态护岸和绿色修复材料制备”（国家重点研发计划子课题）等多项国家和地方科研项目。未来，海顾科技还将涉足飞灰处理和CO_2捕集利用等领域。

"创业是与自己达成和解的过程。"回顾创业的历程，成铭钊在不断反思中发现，自己与同龄人相比，已经收获了很多。虽然过程十分艰辛，但成铭钊并不后悔："从个人的人生追求和自我成长来说，我觉得创业非常值得，路虽远，行则将至。"

成铭钊坦言，走上创业这条路，他们的团队成员都不是单纯为了经济回报，而是觉得在这过程中能够体现自己的价值，也是在做一份自己喜欢的事业。"企业家孙陶然曾说，创业是和平年代最靓丽的生活方式，其中的酸甜苦辣确实让人快速成长。我们做的事情一方面是有价值的，另一方面也是对社会有一定贡献的，相信在这个过程中也会实现一定的价值回报。"

资料来源：https：//www. stefg. org/serve/detail. aspx?id=103

1.3.2 创业精神在职业生涯发展中的作用

1. 大学生职业生涯发展的类型

每个人都有不同的人生道路，每一种人生道路都需要特定的精神素质的支持。创业精神的各个要素对不同类型的大学生职业生涯发展具有重要的支持作用。

美国埃德加·H. 施恩（Edgar H. Schein）教授提出的职业锚理论认为，职业规划实际上是一个持续不断的探索过程。在这一过程中，每个人都在根据自己的天资、能力、动机、需要、态度和价值观等慢慢地形成较为明晰的与职业有关的自我概念。随着一个人对自己越来越了解，这个人就会越来越明显地形成一个占主要地位的职业锚。所谓职业锚就是指当一个人不得不做出选择的时候，其无论如何都不会放弃的职业中那种至关重要的东西或价值观。施恩根据自己多年的研究，提出了以下五种职业锚。

（1）技术或功能型职业锚

具有较强的技术或功能型职业锚的人往往不愿意选择那些带有一般管理性质的职业。相反，他们总是倾向于选择那些能够保证自己在既定的技术或功能领域中不断发展的职业。

（2）管理型职业锚

有些人则表现出成为管理人员的强烈动机，承担较高责任的管理职位是这些人的最终目标。当追问他们为什么相信自己具备获得这些职位所必需的技能时，许多人回答说他们认为自己具备以下三个方面的能力：① 分析能力（在信息不完全以及不确定的情况下发现问题、分析问题和解决问题的能力）；② 人际沟通能力（在各种层次上影响、监督、领导、操纵以及控制他人的能力）；③ 情感能力（在情感和人际危机面前只会受到激励而不会受其困扰和削弱的能力，以及在较高的责任压力下不会变得无所作为的能力）。

（3）创造型职业锚

有些人有这样一种需要：建立或创设某种完全属于自己的东西——一项署着他们名字的产品或工艺、一家他们自己的公司或一批反映他们成就的个人财富等。

（4）自主与独立型职业锚

有些人在选择职业时似乎被一种自己决定自己命运的需要所驱使着，他们希望摆脱那种因在大企业中工作而依赖别人的境况，这些人中有许多人还有着强烈的技术或功能导向。然而，他们却不是到某一个企业中去追求这种职业导向，而是决定成为一位咨询专家，要么自己独立工作，要么作为一个相对较小的企业中的合伙人来工作。

（5）安全型职业锚

还有一部分人极为重视长期的职业稳定和工作的保障，他们似乎比较愿意从事这样一类职业：这些职业应当能够提供有保障的工作、体面的收入以及有保障的未来生活。对于那些对地理安全性更感兴趣的人来说，如果追求更为优越的职业，意味着将要在他们的生活中注入一种不稳定或保障较差的地域因素，那么他们会觉得在一个熟悉的环境中维持一种稳定的、有保障的职业对他们来说是更为重要的。对于另外一些追求安全型职业锚的人来说，安全则是意味着所依托的组织的安全性。他们可能优先选择到政府机关工作，因为政府公务员看来还是一种终身性的职业。这些人显然更愿意让他们的雇主来决定他们去从事何种职业。

2. 责任感与职业生涯发展

究竟什么是责任感呢？责任感是一个人对自己、自然界和人类社会，包括国家、社会、集体、家庭和他人，主动施以积极有益作用的精神。“责任”和“责任感”有着本质的区别，责任是人分内应做之事，还需要一定的组织、制度或者机制促使人尽力做好，故“责任”有被动的属性，而责任感是一种自觉主动地做好分内分外一切有益事情的精神状态。

（1）责任感是对自我潜能的激发

责任感会让我们对自己的人生历程负责，会让我们在工作和生活之中表现得优秀且卓越。如果具有强烈的责任感，枯燥的工作也会变得有意思起来，能处处以主动、尽职的态度工作，认真负责地专注于自己的工作，将个人潜能最大限度地激发出来。即使从事最平凡的职业，也能增添个人的荣耀，并最终取得成功。

（2）责任感是对他人的信守

当我们对别人负有责任的同时，别人也在为我们承担责任。企业里的每一个员工都对其他的员工负有责任，因为“成功的组织必须对自己负责，也需要彼此负责，这才能达到事先约定的成果”。在工作中，无论是老板还是员工，大家都在承担着自己的责任。而且无论是谁在承担责任时都不是轻松的，因为不轻松，所以能够担当责任的人才值得尊敬。责任感是一种对他人忠诚信守的品质。

（3）责任感是对社会的使命

每个人都肩负着社会责任，对工作、家庭、亲人、朋友，我们都有一定的责任，正因为存在这样或那样的责任，才能对自己的行为有所约束。社会学家戴维斯说：“放弃了自己对社会的责任，就意味着放弃了自身在这个社会中更好的生存机会。”在责任的内在力量驱使下，我们常常会有一种油然而生的崇高的使命感和归属感。

所以，责任感，从本质上来说，是一种与生俱来的使命，它伴随着每一个生命的始终。事实上，只有那些勇于承担责任的人，才有可能被赋予更多的使命，才有资格获得更大的荣誉。一个缺乏责任感的人，或者一个不负责任的人，首先失去的是社会对自己的基本认可，其次失去的是别人对自己的信任与尊重，甚至失去了自身的立命之本——信誉和尊严。

3. 意志力与职业生涯发展

有人认为，意志力是“一种有意识的心理机能，尤其体现在经过深思熟虑的行动上”。人类的意志力包含了某种神秘的力量。

意志力，是指面对某一个决心要完成的行为时表现出来的精神力量。一个人拥有强大的意志力，意味着他通过意志力本身、通过自己的身体或通过其他的事物，能够利用巨大的内在能量来实现自己的目标。在某个事件或者某种特殊情况的刺激下，一个人可能会表现出巨大的意志力，而由这种意志力又引发了超常的能量。因而，意志力可以被看作是一种积累起来的能力，一种在量上能够增加、在质上能够提高的能量。

意志力是自我引导的精神力量。在大学生职业生涯发展中，意志力扮演着三种重要的角色：强大的意志力是身体的主人，正确的意志力是心智的统帅，完善的意志力是道德的导师。

（1）强大的意志力是身体的主人

强大的意志力是身体的主人，它总是借助于各种欲望或理念来指挥着我们的身躯。意志力对于躯体的支配作用常常可以在身体的控制行为中体现出来。成功的职业生涯中良好的行为习惯，依赖于强大的意志力形成。

（2）正确的意志力是心智的统帅

当我们在集中注意力时，思想就会将它的能量集中在一个物体或者一组物体上。人的思维在某种单一的行为中所显示出来的专注程度和力度，往往体现了意志力得到持久训练的结果。当人们想要达成自己目标的愿望越强烈时，表现出的意志力就越强。

（3）完善的意志力是道德的导师

完善的意志力是道德的导师。对于意志力的真正磨砺不可能离开高尚的品质和正直的观念。如果忽视对良好道德的培养，可能不会影响一个人造就强大的意志力；但若没有高层次的道德情操上的要求，则不可能培养出完善的意志力。意志力的最高境界就是一种合乎高尚道德要求而又强大的意志力。

4. 冒险精神与职业生涯发展

年轻人在人类长期的历史发展过程中学到了很多智慧。拥有很多智慧，这就能给人以更大冒险的可能性，但是，即使有可能性，也不能断定所有的年轻人都敢于冒险。

人类智慧所形成的社会是极其复杂的。因为社会的习惯、制度等都是经过漫长的历史发展而来的，因此，要想突破这种习惯和制度去冒险，确非易事。而且人随着智慧的增多，更容易胆怯。作为青年大学生，一方面要通过学习增长才智，另一方面还要永远保持冒险精神。不过，如何使两者并存，确实是个很困难的问题，但不管如何，在人类社会中，为了发现新的世界、创造新的境界，冒险精神无疑是十分必要的。而在如今社会竞争日益加剧、大学生就业形势日趋严峻、创业氛围空前浓厚的状况下，冒险精神就显得尤为重要了。

可以说，冒险精神属于年轻人，而作为青年大学生，我们也应该具备冒险精神，以科学的冒险精神开创自己的精彩人生，创造属于自己的成功。

5. 资源整合能力与职业生涯发展

创业，必然需要创业资源的支持，作为当代大学生，如果有创业的梦想，那就必须提前做好准备，了解如何利用创业资源，逐步培养自身的创业资源整合能力。

在创业企业的整个生命周期中，企业家的资源整合能力始终具有一个非常关键的作用，它能够帮助企业创造新资源，并且提高资源使用效能。

（1）战略预见能力

战略预见能力通常表现为企业家对环境变化及趋势，组织存在的问题、潜力、优势和劣势及其转化的洞察力、应变力和预见力。较强的战略预见能力可准确地预测市场需求变化及所在行业竞争或合作的焦点所在，也可有针对性地配置资源种类、资源数量，从而能够充分发挥创业资源的使用效能。

（2）置换与配置能力

置换与配置能力是企业家在市场竞争过程中所具有的汲取、凝聚、配置资源的能力，其既涉及企业自身拥有的资源状况，又包括企业的外部环境条件。任何一个企业都不可能具备所有的创业资源，尤其是在企业创立的初期，所具有的资源更是稀少的，这就要求创业企业家具有汲取企业外部稀缺资源的能力。

（3）激活与融合能力

激活与融合能力是指企业家如何充分发挥资源的效益和效能的一种能力。一个成功的战略必须有好的策略相配合，才能使企业最终走向成功。一个企业所拥有的创业资源与企业的地位之间的关系并不是完全对等的，因此，通过企业家对资源的激活与融合，高效地组织和协调创业资源，发挥创业企业的创业资源的效率和效能，才能形成与其创业资源不完全相称的强大的竞争优势。

创业资源尤其是人力资源、信息资源等对创业企业的竞争优势有着十分重要的作用，由于创业企业的创业资源可以相对地从外部市场中获得，也就是说，由企业家控制的创业企业的发展主要受到企业家能力的影响而非创业资源的约束，竞争优势的真正来源是企业家对资源的整合能力。除去先天因素，企业家的资源整合能力更多地表现为一个过程。创业企业家个人的资源整合能力是创业企业成长过程中的重要因素，这种能力使得企业家能够基于对未来发展趋势的正确预测及判断，而有效地识别与选择、汲取与配置、激活与融合企业内外部资源、新旧资源、个体与组织资源、横向与纵向资源。通过持续不断地资源整合，创业企业能提升其竞争优势。因此，在创业企业资源管理创新中，一定要在重视对创业资源整合的同时采取相应的企业家能力整合策略，以提高创业资源整合能力，这样才能有效地提高企业整体的资源竞争力，从而增强创业企业竞争优势。

思考题

1. 你所理解的创业是什么？
2. 自主创业和工薪就业的区别是什么？
3. 你认为创业的大学生需要具备什么样的素质？
4. 创业精神包括哪些内容？
5. 有人认为，只有企业家才需要具备创业精神。对此你如何看待？
6. 创业要具备哪些要素？
7. 如何理解经济转型与创业热潮之间的关系？
8. 创业对社会的影响有哪些？

9. 创业者的成长环境与经历会影响其创业行为吗？请举例说明。

延展性阅读

[1] 黄亚生，张世伟，余典范，等. MIT创新课：麻省理工模式对中国创新创业的启迪[M]. 北京：中信出版社，2015.
[2] 黄亚生，王丹，张世伟. 创新的创新：社会创新模式如何引领众创时代[M]. 杭州：浙江人民出版社，2016.
[3] 王智庆. 明清晋商“创业·创新”精神及其传承研究[M]. 北京：中国农业大学出版社，2020.
[4] 蔡艳鹏. 海底捞的经营哲学[M]. 哈尔滨：北方文艺出版社，2017.
[5] 周桦. 褚时健传[M]. 北京：中信出版社，2017.
[6] 华牧. 创华为：任正非传[M]. 北京：华文出版社，2017.
[7] 陈伟. 这就是马云[M]. 杭州：浙江人民出版社，2015.
[8] 江波户哲夫. 盛田昭夫[M]. 马英萍，译. 北京：东方出版社，2010.
[9] 霍华德·舒尔茨，多莉·琼斯·扬. 将心注入[M]. 文敏，译. 北京：中信出版社，2011.
[10] 沃尔特·艾萨克森. 史蒂夫·乔布斯传[M]. 管延圻，魏群，余倩，等译. 北京：中信出版社，2011.
[11] 理查德·费曼. 别闹了，费曼先生[M]. 北京：生活·读书·新知三联书店，2005.
[12] 杰克·韦尔奇，约翰·拜恩. 杰克·韦尔奇自传（尊享版）[M]. 曹彦博，孙立明，丁浩，译. 6版. 北京：中信出版社，2017.
[13] 罗杰·洛温斯坦. 巴菲特传（纪念版）[M]. 蒋旭峰，王丽萍，译. 3版. 北京：中信出版社，2013.

第2章 创业者与创业团队

学习目标

学完本章后，你应该能够：

- 了解创业者的特征与能力
- 了解培养创业者能力的途径
- 了解创业团队的组建程序与方式
- 了解创业团队的管理

> 我认为做企业要有这些素质，特别在中国市场上，那就是诗人的想象力、科学家的敏锐、哲学家的头脑、战略家的本领。
>
> ——宗庆后

创业者和创业团队是创业过程中必不可少的要素。通常情况下，一群有着共同价值观的人，怀着对共同目标的追求聚集到一起，形成最初的创业团队。通过对资源的重新整合与配置，开发出自己的产品/服务，以适应市场的需求，创业企业则应运而生。需要指出的是，创业者并不是天生的，创业者所选择的创业路径、创业行业也不尽相同。但不可否认，在创业者的行为背后，也可总结出一些共同点，体现创业者的共同特征。

本章，我们将讨论创业者的特质及其能力，培养这些能力的途径，创业团队的形成方式，以及管理创业团队的方法。

案例导读

实现产业报国梦！从大学生创业到科创板上市，这位企业掌舵人始终坚信八个字

2000年9月，谢应波第一次离开重庆开州的家，一个人踏上了前往上海的求学

之路。他的目的地是上海华东理工大学。在到达了上海火车站，同老乡们一起搭乘了人生中第一班地铁后，谢应波终于站在了华东理工大学的校门前。这个重庆小伙子全新的人生，就此开始。

20年后再回忆起这段经历，已经成为上海泰坦科技股份有限公司（以下简称“泰坦科技”）创始人、董事长，也是公司党支部书记的谢应波仍清楚记得诸多细节。2020年10月30日，泰坦科技在科创板正式挂牌，成为中国“科学服务第一股”。当人们称呼谢应波为“科创板上市公司中最年轻的掌舵人之一”时，这位有着近20年党龄的年轻老党员却说，伴随自己和企业一路走来的，始终是那份艰苦朴素、真抓实干的初心信仰：勤能补拙，俭能兴业。

种下创业的种子

20年前，上海南站的周边还不像今日这般繁华。如今泰坦科技所在的石龙路，彼时还是一条尚不规整的马路，距离不远的华东理工大学校园，几乎就是学子们全部生活的中心。

“当时，家庭条件一般的学生都会去学校勤工助学，报亭、打印店、图书馆……什么岗位大家都愿意干。”谢应波也是其中一员。每天中午下课，他都和同学们迅速冲进食堂，打了饭后到勤工助学办公室边吃边上班。下午1时15分准时上课，傍晚则要继续在岗位上工作，周一到周五皆是如此。

让谢应波印象最深的，是每年暑假到火车站迎接新生。“安徽蚌埠到上海的一班车，最迟要晚上11点后才到，学校要求我们必须接上每天最晚一班车来的新同学，所以回到寝室经常是凌晨1点过后。”但就是这般艰苦，谢应波从本科到硕博连读期间一直坚持了6年。

大学生活磨砺了谢应波能吃苦的坚强品质，也充分培养了他的自主意识，更认识了一群志同道合的同学。这一切，都是一名优秀创业者必备的素养。

“华东理工大学第一家电脑房就是我们勤工助学团队开设的。”谢应波至今记得电脑房中的台式机数量：44台。在个人电脑还未普及的年代，这里成为华东理工大学学生课外学习、看电影、休闲、打游戏的热门场地。

而今回头看这段勤工助学的经历，谢应波认为这对自己的创业有着重要影响，让他“在大学时代就接触并实践了经营管理”。靠助学金、奖学金、勤工助学的收入，谢应波也减轻了家里的负担。在他看来，华东理工大学“勤奋求实”的校风，潜移默化地影响了包括他在内的每个学生：做事踏实，目标明确。

加强团队凝聚力和战斗力

2007年10月，泰坦科技正式创立。最初的办公室位于徐汇区钦州路100号，上海市科技创业中心为他们提供了3张免费的办公桌。

包括谢应波在内，这支年轻的创业团队一共有6人，均为华东理工大学的学生。创业的初衷充满热血且纯粹：在学校做实验时，他们越来越感受到，中国在高端仪器、高端试剂乃至实验室整体解决方案上被外国企业的垄断和压制。“让中国实验室不再依赖外国试剂”，实现产业报国的梦想，打造一家受人尊重的企业，成为了这群青年创业家的初心，并延续至今。

经过十多年的发展磨砺，如今的泰坦科技已经形成了包括高端试剂、通用试剂、分析试剂、特种化学品、安防耗材、仪器仪表、实验室建设、科研软件等在内的8大产品线。在创设自主品牌的同时，企业也深度整合了全球数百个知名科学服务品牌。在泰坦科技累计服务的超过5万家客户、100万名科学家和质量控制人员中，世界500强企业超过150家。国内“985”“211”的工科高校实验室内也均能找到来自泰坦科技的产品。

“我们的行业单个产品小，用途分布广，有些试剂看似使用频次不高，但一旦要用了就‘必须是它’，因此能否不被‘卡脖子’就相当关键。”谢应波说。

2008年4月，泰坦科技成立公司党支部，谢应波担任支部书记。在他看来，共产党员的先锋模范作用，正是团队凝聚力和战斗力的源泉。

努力成为百亿规模企业

国家级高新技术企业、上海市科技小巨人企业、上海市青年五四奖章、上海市优秀青年企业家……创业十四载，一系列企业和个人的荣誉认证下，谢应波带领泰坦科技始终不忘的是“产业报国”的初心。

2020年成功登陆科创板，让这位年轻的企业家感到肩上的使命更重。但同时，眼前的市场前景也变得更为辽阔。“科创板的激励机制能吸引更多年轻人投身科创事业，我国的技术创业、硬科技创业、‘卡脖子’技术攻关将迎来更鲜活的市场化机制。”这是作为创业者的谢应波一路走来的切身感受。

“勤能补拙，俭能兴业，做实业的公司，始终要保持一种质朴的精神。”而今，谢应波已经在上海生活和工作了多年，一直居住在徐汇区的他见证了这座城区营商环境的不断优化，更记录下了城市每一次的重要变化。“徐汇区很注重人文，每年都邀请企业员工去听音乐会，还有那么多院士、高校、医院在这里，这样的城区在中国都不多见。”

2020年6月，谢应波增补为上海市第十五届人民代表大会代表。在城市各处调研时，他发现徐汇区的经济建设、城市建设、便民服务等各方面都向着高质量发展、均衡发展不断进发。这让这位扎根徐汇区已经二十多年的企业家更加信心满满：带领企业继续为提升中国科技服务的基础设施而拼搏，积极服务国家“一带一路”倡议，成为一家销售规模突破百亿元的中国民营企业500强。

资料来源：https：//export. shobserver. com/baijiahao/html/382409. html

蒂蒙斯创业过程模型（图2–1）是一种商业模型。创始人或工作团队必须在推进业务的过程中，在模糊和不确定的动态的创业环境中要具有创造性地捕捉商业机会，整合资源和构建战略，有解决问题的能力，要勤奋工作、富于牺牲。

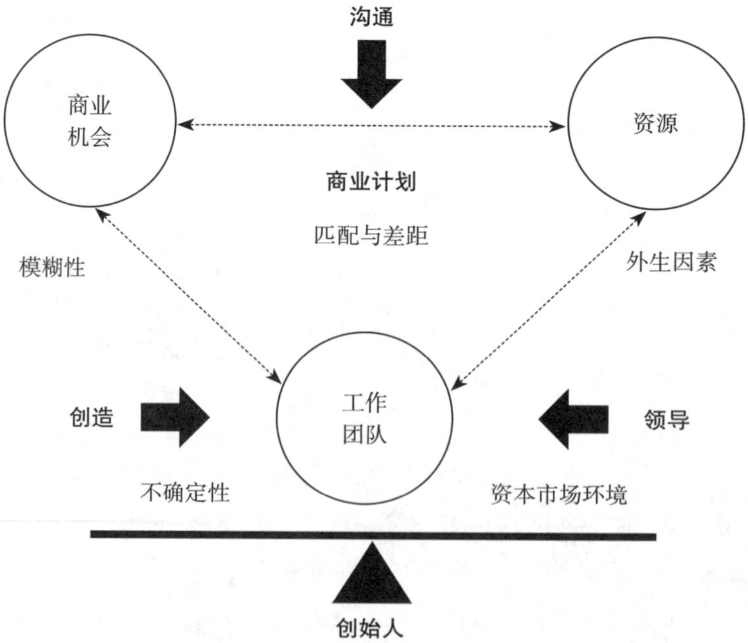

图 2–1　蒂蒙斯创业过程模型

在蒂蒙斯创业过程模型中，商业机会是创业过程的核心驱动力，创始人或工作团队是创业过程的主导者，资源是创业成功的必要保证。首先，创业过程始于商业机会，而不是钱、战略、网络、团队或商业计划。开始创业时，商业机会比资金、团队的才干和能力以及适合的资源更重要。在创业过程中，资源与商业机会间经历着一个适应—差距—适应的动态过程。商业计划为在提供沟通创业者、商业机会和资源三个要素的质量、相互间匹配及平衡状态的语言与规则。

其次，创业过程是创业者、商业机会和资源三个要素匹配和平衡的结果。处于模型底部的创始人或工作团队要善于配置和平衡，借此推进创业过程，他们必须做的核心过程包括：对商业机会的理性分析和把握，对风险的认识和规避，对资源的最合理的利用和配制，对工作团队适应性的分析和认识。

最后，创业过程是一个连续不断的、寻求平衡的行为组合。三个要素的绝对平衡是不存在的，但企业要保持发展，必须追求一种动态平衡。保持平衡的观念展望企业未来时，创业者必须思量的问题是团队能否领导公司未来的成长、资源状况，以及下一阶段面临的陷阱是什么。这些问题在不同的阶段以不同的形式出现，牵涉到企业的可持续发展。

总之，创业者在创业过程中的情绪就像一个杂技表演者，一边要在平衡线上跳上跳下、保持平衡，一边还要在动荡的处境中进行各式各样的表演。

专栏2-1

课堂测试：你是一名潜在的创业者吗?

序号	内　容	A	B
1	你追求什么?	安稳	自由
2	哪一种情况更可怕?	不知道明天怎么样	每天都一样
3	人生更重要的是什么?	挫折少	经历多
4	哪一种情况更有安全感?	有人可依赖	独立
5	面对未知的难题该怎么办?	看别人怎么做	我试试
6	哪一种情况更容易?	遵守别人的规则	自己制定规则
7	遇到问题时更倾向于说什么?	这不是我的责任	我承担全部责任
8	更愿意思考什么问题?	有标准答案的	没有标准答案的
9	哪一种情况更有优越感?	做得比别人好	做别人没做过的事
10	更喜欢哪个头衔?	大公司高管	小公司老板

2.1 创 业 者

“创业者”一词由法国经济学家坎蒂隆（Cantillon）于1755年首次引入经济学。1800年，法国经济学家萨伊（Say）首次给出了创业者的定义。他将创业者描述为将经济资源从生产率较低的区域转移到生产率较高区域的人，并认为创业者是经济活动过程中的代理人。1934年，著名经济学家熊彼特（Schumpeter）提出，创业者应为创新者，即具有发现和引入新的更好的能赚钱的产品、服务和过程的能力。

香港创业学院院长张世平认为，创业者是一种主导企业的领导人，是一种创业现象的体现者，是一种需要具有使命、荣誉、责任能力的人，是一种组织、运用服务、技术、器物作业的人，是一种具有思考、推理、判断能力的人，是一种能使人追随并在追随的过程中获得利益的人，是一种具有完全权利能力和行为能力的人。

在欧美学术界和企业界，创业者被定义为组织、管理一个生意或企业并承担其风险的人。创业者的英文单词是“entrepreneur”，“entrepreneur”有两个基本含义：一是指企业家，即在现有企业中负责经营和决策的领导人；二是指创始人，通常理解为即将创办新企业或者刚刚创办新企业的领导人。

我们可以将创业者理解为发现某种信息、资源、机会或掌握某种技术，利用或借用相应的平台或载体，将其发现的信息、资源、机会或掌握的某种技术，以一定的方式，转化、创造成更多的财富、价值，并实现某种追求或目标的过程的人。创业搭档是创业者，而创业合伙人不一定是创业者。

创业者是一家企业的领头人，其理念、能力、品质直接关系到企业的发展。创业者的性格、风格形形色色，大相径庭，但是他们在行为、能力、思考方式等方面又有着一些共同的特征。

2.1.1 创业者的特征

作为创业者，一般要具备以下特征。

1. 坚持不懈的恒心

创业者一旦确立了创业目标，就会坚持不懈、永不言弃。在这个过程中，即使遇到挫折或者困难，也会想方设法解决，尽全力达到目标。创业过程中会有很多变化与选择，可能也会有来自行业内大企业的邀约，或者其他诱惑，但创业者仍会坚持自己的决定，继续创业。

2. 勤于学习

创业面对的是多变的环境和激烈的竞争，创业者需要考虑资金、技术、管理甚至与相关企业和政府部门的关系等。这就要求创业者自己需要通过不断的学习和经验的积累来解决创业中随时遇到的各种问题。如果创业者及其团队善于学习，就能掌握要领，迅速把握创业机会。

3. 具有创新思维

创业可以理解为开创前所未有的事业，恰似走一条前人没有走过的路。创新是创业的灵魂。创新是一种对旧事物和旧秩序的破坏，也是一种对新事物和新秩序的创造。创新是创业得以成长、发展、延续的动力，包括产品和服务创新、管理创新、科技创新和经营理念创新。

4. 充满激情

成功创业者共有的一个特征是拥有创业激情，这种激情来自创业者对其企业将发挥积极影响的坚定信念。这种激情解释了人们会舍弃安定的工作而去创建自己的企业的原因。

5. 勇于冒险

创业者需要勇于冒险的精神，风险与利润总是一致的。创业者的冒险精神有时候甚至可以表现为一种野心——追求成功的野心。只要创业者正确认识到风险的存在，合理地管理创业风险，就能在获取高收益的同时把风险降到最低。创业者应正确认识创业中的风险，而不是极力逃避风险。创业者只有具备风险意识，才能够合理地规避风险，走向创业成功。风险的魅力在于风险报酬。风险报酬是冒险家因冒险而得到的额外收益。众所周知，风险报酬与风险程度呈同向递增关系。这就是要发扬冒险精神的意义所在。

6. 吃苦耐劳

辛勤付出，是获得成功的必经道路。任何创业成功的背后，都是创业者们用辛苦的汗水和刻苦的努力换来的。创业的成功需要坚韧不拔的意志、顽强的毅力、吃苦耐劳的执着精神、忘我的热情、甘于奉献的献身精神。

7. 善于发现机会

机会对于创业者来说，无疑是最重要的外部因素。由于机会具有很大的偶然性和不确定性，所以机会也成为创业者最关注的要素之一，而成功的创业者大多能够正确地认识和把握稍纵即逝的机会。

专栏2-2

WhatsApp Messenger的故事

WhatsApp Messenger（以下简称“WhatsApp”）是一款用于智能手机之间通信的应用程序，支持苹果手机和安卓手机。该应用程序借助推送通知服务，可以即刻接收亲友和同事发送的信息。可免费从发送手机短信转为使用WhatsApp程序，以发送和接收短信、图片、音频文件和视频信息。

最早，WhatsApp创始人简恩·蔻姆（Jan Koum）和布莱恩·阿克顿（Brian Acton）写程序写得非常不顺利，这款程序也经常崩溃，并且只有很少的人安装使用这款程序。蔻姆开始丧失信心，觉得自己该放弃WhatsApp并出去找个正经工作了，但是这时候阿克顿表示：“如果你现在放弃了，你就是个大傻瓜，我们应该再坚持几个月看看。”后面的故事大家都知道，WhatsApp最终成功了。2014年2月19日，脸书（Facebook）公司宣布以大约190亿美元的价格收购WhatsApp，这也成为Facebook公司历史上规模最大的收购交易。Facebook公司凭借WhatsApp在快速成长的移动消息市场站住脚，与其他的电信公司展开竞争。

2.1.2 创业者素质与能力

国外学者早在18世纪就开始了对创业者素质特征的研究，他们从不同角度对创业相关概念进行了广泛的探讨和挖掘。研究表明，要真正实现创业目标，必须具备一定的创业者素质和能力。

1. 创业者的使命感和责任感

使命感，即人对一定社会、一定时代，社会和国家赋予的使命的一种感知和认同。使命感是创业的驱动力，同时又是机会的铺垫。网络时代的到来使无数创业者将人们现代生活方式的转变应用于人们日常生活中，提供给当代人一种全新的生活方式，如哈啰单车、滴滴出行、盒马鲜生等的创立就是如此。这种对需求的敏锐度与其说是灵感突现，不如说是其作为企业创业者对社会群体需求的考虑和对创造适应发展的居民生活方式的那份担当的总和。使命感的积累和日益增强使得创业者永远站在市场的最前沿，在得到机会眷顾的同时，也创造着一个又一个新的机会。

可以说，使命感使创业者保持乐观的心态，充满自信，提高创业的效率，也使创业者能够高瞻远瞩，树立正确的世界观。

责任感是一个人对自己、自然界和人类社会，包括国家、社会、集体、家庭和他人，主动施以积极有益作用的精神。责任感是创业的基础保障。

现有的相关研究表明，责任感在创业中的作用至少体现在以下几个方面。

（1）责任感磨炼意志。创业是一个磨炼人的过程，而责任感正是创业者磨炼意志的催化剂。创业一定是痛苦的，会有各种困难接踵而至，但正是社会责任感促使创业者始终以对百姓负责为己任，“痛并快乐着”一路前行。责任感是一种习惯性的行为，也是一种很重要的素质，是做一个优秀创业者长久创业的根本，只有拥有强烈的责任感，才能使创业者无论遇到什么困难，都有完成事业的决心。

（2）责任感网罗人心。古语云，“得人心者得天下”“得道多助，失道寡助”，为了蝇头小利对客户或商家不负责任，信用缺失，虽然表面上得到了实惠，但是却失信于客户，失去了从商最重要的人心，毁了自己的声誉，无异于“丢了西瓜捡芝麻”，得不偿失。相反，肯担当也许会使创业者有暂时的资金困难，或有一定的经济损失，但是换来的确是长久的合作和回报。

（3）责任感产生无价的社会效应。著名管理学家德鲁克曾经指出，企业家应当承担三个责任：一是取得合理的经济效益；二是使企业具有生产性，并使员工有成就感；三是承担企业的社会影响和社会责任。在当今中国企业界，最出色的企业家往往是社会责任履行得最好的企业家，企业家回馈社会的责任感会加大各级政府对企业的扶持和关注，在业界中创造良好的口碑，在媒体和消费者群体中产生无价的广告效应，树立起诚信、健康的良好形象，无形中扩大了消费群体。

2. 创业者的意志力

创业者首先必须养志，培养远大而刚毅的意志。非常之业必是非常之人，非常之业必具非常之志。创业就好比以针挑土，凡是成功者，往往都是有着坚强意志的人，他们通常都不畏艰难险阻、坚持到底。因为创业路上不可能是一帆风顺的，假如太顺利，何来成功之言，何来成就感。创业就是用坚强的意志去创造事业。

创业是开创新的事业，创业者都希望能书写生命最灿烂的华章、共振生命最澎湃的激情，在历史的天空中划一道痕迹。创业也是一个长期坚持、努力奋斗的过程，很少有立竿见影、迅速见效的事。创业苦旅，对于意志薄弱者、过分谨慎者、贪图享受者是不适合的。对于没有意志的人，创业路上的一点挫折就会吞噬其信念与远见，做事半途而废；而过分谨慎的人则会失去先机，“落人后处终后人”；贪图享受、害怕寂寞的人也同样不适合创业，创业者是孤独、寂寞的，要耐得住寂寞。当下社会更多的是锦上添花，很难有雪中送炭之举，“天下熙熙皆为利来，天下攘攘皆为利往”，古今如此。创业者要能耐得住寂寞、忍受住孤独，用工作填补时间碎片，用激情占据生活缝隙，将“享受孤独、激情工作、燃烧生命、澎湃热血”作为生命中的常态与恒态，用钢铁般的意志在创业路上前行、苦行、修行。

有位拥有了两次创业经历的风险投资家曾说，在选拔风险投资对象的过程中他给候选者开出一个能力列表，而在他的列表中的第一项就是意志力。

3. 创业者的冒险精神与机会识别能力

成功者需要冒险，对一个创业者来说更是如此。没有谁的胜利可以不通过冒险而得到。冒险是这样一种过程：经过努力，有可能得到，而且这个过程值得努力。在创业的路上，只要有胆有识，很多风险都可以化为财富；相反，“前怕狼后怕虎”将永远一事无成，一次一次的大好机会都会失之交臂。

在具有不确定性的环境下，人的冒险精神是由对抗竞争的本质特征决定的。兵战与商战都是一个充满对抗和竞争的领域。军事战争与市场竞争在环境特征上有很多相似之处，无论是兵战还是商战，都一致认为，冒险精神和冒险家素质是博弈活动的战略主持者不可缺少的心理品质和素质要求。任何一项要改变现状向未来前进的战略运作，如果要取得显赫的成就，就不可避免地要有冒险精神，它需要战略主持者具有冒险家素质。这一点是企业家风险抉择的本质特征和对企业家承担风险的必然要求。可以说在现代商战中，没有冒险精神就不可能产生杰出的企业家和企业个性化战略。正如日本兵法经营大师大桥武夫曾告诫人们：千万不要全部条件不齐备就不作计划。通常在条件不明确的情况下，事态依然每时每刻地发展，这是现实，倘若等到全部条件都明确，就会丧失良机。如果给出全部条件，计算机就能为我们找到答案。而人的存在价值，就是在条件不完善的状态下，勇于判断决策。正是因为在决策条件不具备、决策信息不完善的环境背景下，才必然要求企业战略主持者具有冒险精神和承担风险的高度责任感。前者有助于在商业机会稍纵即逝的条件下捕捉机会，后者有利于组织风险转化。

由此看来，“无限风光在险峰”，创业与冒险有着天然的联系。只有敢于冒险，行前人未行之路，干前人未竟之事，才能开辟一片新天地。

4. 创业者的资源整合能力

创业必然需要创业资源的支持。作为当代大学生，如果有创业的梦想，那就必须提前做好准备，了解如何利用创业资源，逐步培养自身的创业资源整合能力。

企业的发展离不开资源的投入，说“资源是企业发展的脊梁”，一点儿都不为过。而对创业企业而言，资源的作用更是不可或缺。但不可否认，创业企业由于成立时间短、规模小等特点，对创业资源的运用经验相对较少，而创业资源的引入、消耗、交换、调配中的任何一个环节都会给企业带来重要影响。因此，创业者需要有效识别各种创业资源，并且积极借助企业内外部的力量对创业资源进行组织和整合，而这样的创业资源整合能力对创业企业的成长起着关键性的作用。

对创业者的关键词包括：欲望、忍耐、眼界、人脉、明势、敏感、谋略、胆量、分享、自我反省。再回看本章专栏2-1的课堂测试，创业者更倾向于B类答案。

专栏2-3

认知自我自测

序号	问　　题	回　　答
1	我是谁？	
	我的优势是什么？	
	我的价值观是什么？	
2	我现在在哪里学习？	
	我为何学习？	
	我在班级里的身份是什么？	
3	我应该做什么？	
	我最喜欢做什么？	
	我的目标是什么？	
4	我最大的心愿是什么？	
5	我希望在60岁时过什么样的生活？	

2.1.3　创业者素质与能力的培养

1. 使命感的培养

（1）爱心的培养

如果一个人今后要去当一名创业者，或者已经是一名创业者的话，首先要做到懂得爱：爱我们的国家，爱我们的人民，爱我们从事的这份事业，爱我们的家人，爱我们的朋友，还有一定要爱我们自己。这就是爱的动力，因为爱这项事业，所以才有使命感。

不懂得爱的人不会认为他在做一件很重要的事情，不会相信他的努力会使这个世界有所改变，更不会懂得自己要做什么以及将要怎么做。

专栏2-4

关于创业的七个基本问题

当你准备创业的时候，请先考虑以下问题：

1. 你热爱你的祖国吗？你热爱你的同胞吗？
2. 你热爱你的家人吗？你愿意为他们的幸福而努力吗？
3. 你热爱你的朋友吗？当他们需要你的帮助时，你会义不容辞地帮助他们吗？
4. 你准备提供什么样的产品或者服务？你热爱你的这种产品或者服务吗？
5. 你的产品或者服务是你擅长的吗？如果遇到困难，你还会依旧热爱它吗？
6. 你的产品或者服务会使哪些群体获利？你的客户群是你热爱的吗？
7. 你的产品或者服务会使更多的人受益吗？你会快乐吗？

当以上每一个问题的答案在你脑中清晰以后，你对你所要创立的这份事业会有无限的憧憬和期望，想马上投入这个改变你一生的创意中去，会想象你的努力将如何改变世界。这时候，使命感这种意识在你脑中就开始朦胧出现了。

（2）自信心的培养

曾经有一位大学生在回乡的路途上遇到了一位创业者，旅途中这位创业者对他的创业史侃侃而谈，其中包括他对其专利会产生多么好的商业利润的阐述。这就是创业者的一种特征，他们异常自信，并确认自己正在做的是一件能够创造大量价值的事情，而且觉得他们所拥有的这份事业是世界上独一无二的，这种足够的自信使创业者坚信自己正肩负着一种使命，拥有一种用其创业的产品改变世界的使命感，他们的事业对全人类有着重要的意义，并坚信他们能为消费者、员工，也包括他们自己创造价值。当然，这是一个互动的过程，即自信促使了使命感的产生，同时产生的使命感赋予了他们难以置信的力量、渴望和自豪感。

（3）选择合适的创业方向培养正确的使命感

创业者选择创业方向是非常重要的环节，应当选择那些自己擅长的，且行业中有缺口但并没有被满足的方向，选择合适的方向可以培养正确的使命感。

专栏2-5

“穷人银行”的故事

格莱珉银行（Grameen Bank，意为“乡村银行”）亦称为“穷人银行”，其创始人穆罕默德·尤努斯博士（Dr. Muhammad Yunus）是一位极富创新精神的创业者。

一天，尤努斯在乔布拉村，遇到了一位以制作竹凳为生的年轻母亲索菲亚，为了制作这些小商品，她每天需要大约22美分来购买原材料，可是她身无分文，为了养家糊口，只能向销售这些小产品的中间商借钱。作为借款的代价，她必须把制好的产品按既定的价格卖给这些中间商，最后留给她的报酬仅有2美分。而如果索菲亚自己有钱买原材料，她的劳动成果可以获得比此高出6～10倍的收入！索菲亚的艰辛生活就是这样年复一年、日复一日，永无尽头的。尤努斯想，如果索菲亚能够获得贷款，她就可以从中间商手中解放出来，把生产的产品直接销售给客户，最后走出困境，并改变自己的命运。但是，中间商为了控制她，是不愿意借钱给她的，从而使索菲亚创造的财富为他们所占有。为什么索菲亚不能以一个合理的利率借到22美分呢？问题的关键就在于没有一个有效的金融组织和一个能够帮助穷人走出困境的金融机构——创业的想法就这样萌生出来了。

1983年，格莱珉银行创办。除了创办当年及1991年、1992年两个水灾特别严重的年份外，其一直保持赢利，2005年的赢利达1 521万美元，尤努斯也获得了2006年诺贝尔和平奖。尤努斯坚信，借贷是一项基本的人权，他提出了简单而充满智慧的解决贫困的方案：为穷人提供适合他们的贷款，教给他们几个有效的财务原则，然后，他们就可以自己帮助自己。

尤努斯的理论被实践证实了，格莱珉银行已经向240万个孟加拉农村家庭提供了共计38亿美元的贷款。如今，有250多个机构在将近100个国家里基于格莱珉模式运作着，而格莱珉银行领导着这个以小额贷款消除贫困的席卷全球的运动。

尤努斯通过发现创业缺口而创业，一跃成为一名著名的企业家和金融家，同时他的“施舍不是解决贫穷的办法，施舍只能让穷人丧失主动性而使贫穷永远存在”“如果我们能够消除乡下的苦难，就会减轻使穷苦人四处奔波涌入城市的压力”等经典言论也是由“力争全球少一些贫困”的使命感衍生出来的。

（4）永远要知道自己下一步应做什么

阿里巴巴公司的马云对于使命感有他自己的创业真经：“确定了梦想就要去做，公司的战略目标永远不能超过3个。管理团队的时候，一定要制定价值观，运营大的企业要有小企业的思考，但是要有大企业的眼界。”即思路要清晰，永远要知道自己下一步的计划和打算。作为创业者，永远要知道自己下一步要做什么，如果没有前瞻性，没有制定发展战略，没有对未来的思考，就不可能拥有创业的使命感。

（5）培养竭尽全力、百折不挠的重要素质

有一则《黑鸭子和白鸭子》的童话故事寓意深刻：从前，有两只相貌丑陋的小鸭子在芦苇塘边，其中一只黑鸭子不停地振翅欲飞。它飞起来又跌下去，摔得遍体鳞伤。白鸭子说："别飞了，我们是鸭子。"但有一天，黑鸭子终于翱翔于天空，而白鸭子的翅膀早已萎缩。白鸭子对同类说："你们看，那只能飞的鸭子是我的伙伴。"同类们大笑："你疯了，那是只黑天鹅。"

可见，百折不挠、全力以赴地去做一件事，就会收获成功的果实。故事中，黑鸭子和白鸭子处在同一个起点，也许两只鸭子潜意识里都有天鹅的使命感，但是黑鸭子有一种坚持不懈的意志力，白鸭子却没有，所以黑鸭子不停地试飞，直至使命的达成，而白鸭子在懒惰中将天鹅的使命感消耗殆尽，失去了机会。同样的，人类的幸福在于沿着自己的道路不断的进取，竭尽全力达到最终的目标、永不放弃的人往往是最后的成功者。

专栏2-6

具有使命感的创业者之代表——社会创业者

社会创业者（social entrepreneur）和一般意义的创业者在许多方面是类似的，他们为了一个“创意”废寝忘食，为实现自己的理想赴汤蹈火，他们组织团队、设定里程碑、融资、开发项目、追求效益，以改变世界。但是两者各自的创业目的略有不同，前者是为了解决社会问题，获取人类生态的“更高价值”，后者是为了赚取商业利润。

社会创业者是那些具有使命感的创业者，是能够将伟大而具有前瞻性的愿景与现实问题相结合的人，他们对目标群体富有高度的责任感，并在社会、经济和政治等环境下持续通过社会创业来创造社会价值。越来越多的社会创业者在用营利实体的方式运营非营利机构。对于他们来说，商业营利是达到目标的手段，而非目标本身。他们是最具感染力的企业家，拥有高尚的精神境界以及敏锐的洞察力，同时拥有宽厚仁慈之心以及服务大众的潜意识，希望通过自己的努力解决更多的社会问题。

2. 责任感的培养

你是一个有责任感的人吗？我们先来做个小测试。

专栏2-7

小测试：你是一个有责任感的人吗？

1. 与人约会，你通常准时赴约吗？是（　）否（　）
2. 你认为自己可靠吗？是（　）否（　）
3. 你会因未雨绸缪而储蓄吗？是（　）否（　）
4. 发现朋友犯法，你会通知警察吗？是（　）否（　）
5. 出外旅行，找不到垃圾桶时，你会把垃圾带回家吗？是（　）否（　）
6. 你经常运动以保持健康吗？是（　）否（　）
7. 你忌吃垃圾食品、脂肪性过高和其他有害健康的食物吗？是（　）否（　）
8. 你永远将正事列为优先，然后再做其他休闲活动吗？是（　）否（　）
9. 你从来没有错过任何选举权利吗？是（　）否（　）
10. 收到别人的信后，你总会在一两天内就回信吗？是（　）否（　）
11. “既然决定做一件事情，那么就要把它做好。”你相信这句话吗？是（　）否（　）
12. 与人相约，你从来不会耽误，即使自己生病时也不例外吗？是（　）否（　）
13. 在求学时期，你是否会尽量减少拖延做作业的时间和次数？是（　）否（　）
14. 小时候，你经常帮忙做家务吗？是（　）否（　）

说明：选择“是”得1分，选择“否”得0分。

分数为9～14分：你是个非常有责任感的人，你行事谨慎，懂礼貌，为人可靠，并且相当诚实。分数为3～8分：大多数情况下，你都很有责任感，只是偶尔有些率性而为，没有考虑得很周到。分数为0～2分：你是个完全不负责任的人，你一次又一次的逃避责任，造成每份工作都不长久，手上的钱也不够用。

选择好了以后，算一下你的分数，你是否很有责任感？其实从上面的小测试可以看出，这些题目都是很简单的、发生在我们身边的小事情。因而我们可以知道，一个人是否有责任感，实际上不是靠轰轰烈烈的大行动、大行为培养的，而是靠点点滴滴的小事情积累起来。一个创业者责任感的培养也是通过生活、学习中的小事件、小行为慢慢沉淀成一种做大事的责任感的。“一屋不扫何以扫天下？”想做大事的人一定要从小事情抓起，积跬步，至千里。

培养责任感的途径包括以下几个方面。

（1）培养责任感要学会对自己负责，要培养自己自治自立的成功人生，要给自己一个人生规划。现实生活中，很多人给自己定了很高的目标，但是由于各种各样的阻碍因素、惰性、享乐主义的思想等，都在不停地打消着人们奋发的意志和斗志，从而无所事事，不严格要求自己，放任自流乃至一事无成。进一步讲，一个对自己都没有尽到责任的人，又怎么能对家人、对社会尽责任呢？

专栏2-8

学会对自己负责

1. 拥有一个健康的身心：强壮的体魄和健康的心理是保证自我负责的基本。
2. 拥有一个灿烂的笑脸：笑脸带给别人快乐，同时也让自己幸福。
3. 拥有一个充足的睡眠：养精蓄锐是努力的资本。
4. 拥有一个平稳的心态：大起大落也不动摇，不被得失的情绪所遥控。

（2）培养责任感要使自己有一定的抗挫折能力。很多人就是因为没有抗挫折能力，承受不了事实的残酷而选择逃避，这是一种不负责任的行为，同时也是责任感缺失的一种表现。

（3）责任感体现在创业者对自己家庭的关心。一个能够对自己负责的人，还应对自己的家庭负责。从照顾未成年的弟弟妹妹，到赡养自己的长辈；从对自己孩子的抚养，到忠于自己的妻子或者丈夫，都是同样重要的。在物欲横流的今天，没有责任感的人是很容易丧失原则的，一个年轻人能否独立，能否承担责任，是他能否成大事的一个检验标准。

（4）责任感还体现在对社会的负责态度中。我们生活在一个人们互相依赖的社会里，我们从这个高度发达的社会里享受物质文明的丰硕成果。同样，社会也要求我们每个人尽自己的努力奉献自己的聪明才智。一个有责任感的年轻人，能够全身心投入事业，能够为社会做出自己的贡献。只有热爱自己的事业，对自己追求的目标全身心地投入，才能获得成功。敢于面对人生路上的责任并承担它，这就是良好的责任感品质。

3. 意志力的培养

意志力是人格中的重要组成因素，对人的一生有着重大影响。人们要获得成功，必须有意志力作为保证。所谓“天将降大任于是人也，必先苦其心志，劳其筋骨，饿其体肤，空乏其身，行拂乱其所为，所以动心忍性，曾益其所不能”就生动地说明了意志力的重要性。要想实现自己的理想，达到自己的目的，就需要具有火热的感情、坚强的意志、勇敢顽强的精神，以克服前进道路上的一切困难。如此，就没有什么是不可能的。

怎样才能增强自己的意志力呢?

一是强化正确的动机。人们的行动都是受动机支配的，而动机的萌发则起源于需要的满足。什么也不需要或者说什么也不追求的人，从来没有。人都是有各自的需要，也有各自的追求的。只是由于人生观的不同，不同的人总是把不同的追求作为自己最大的满足。崇高的人生目标可以有力地激发出坚韧的毅力。

二是从小事做起，锻炼大毅力。生活一再昭示，人皆可以有毅力，人皆可以锻炼毅力，毅力与困难伴生。克服困难的过程，就是培养、增强毅力的过程。毅力不是很强的人，往往能克服小困难，而不能克服大困难。但是，积克服小困难之小胜，也能使人产生克服大困难之毅力。

小事情很多，那么从哪些小事情做起呢?有的人好睡懒觉，那不妨来个睁眼就起；有的人“今日事，靠明天”，那就把“今日事，今日毕”作为座右铭；有的人碰到书就想打瞌睡，那就每天强迫自己读书一小时，不读完就不睡觉，只要天天强迫自己坐在书本面前，习惯就会形成，毅力也就油然而生。人有惰性，克服惰性需要毅力。“任何惰性都是相通的，任何意志性的行动也是共生的。”事物从来都是相辅相成、此长彼消的。从小事情就可以培养大毅力，道理就在其中。

三是培养兴趣，激发意志力。兴趣是毅力的门槛。一个人一旦对某种事物、某项工作产生内在的稳定的兴趣，那么，令人向往的毅力不知不觉来到他身边，也就成为十分自然的事情。

四是由易入难，既增强信心，又锻炼毅力。有些人很想把某件事情善始善终地做完，但往往因为事情的难度太大而难以为继。对毅力不太强的人来说，在确定自己的奋斗目标、选择实现这一目标的突破口时，一定要坚持从实际出发、由易入难的原则。美国学者米切尔·柯达说过:“以完成一些事情来开始每天的工作是十分重要的，不管这些事情多么微小，它会给人们一种获得成功的感觉。”

专栏2-9

意志力培养小贴士

（1）积极主动

不要把意志力与自我否定相混淆，当它应用于积极向上的目标时，将会变成一种巨大的力量。主动的意志力能让人克服惰性，把注意力集中于未来。在遇到阻力时，想象自己在克服它之后的快乐，并积极投身于实现自己目标的具体实践中，就能坚持到底。

（2）下定决心

美国罗得艾兰大学心理学教授詹姆斯·普罗斯把实现某种转变分为四步：抵制——不愿意转变；考虑——权衡转变的得失；行动——培养意志力来实现转变；坚持——用意志力来保持转变。因此，只要下定决心，就能做成事情。

（3）明确目标

现实生活中最成功的往往是那些目标最具体、最明确的人。不要说诸如此类的空洞的话："我打算多进行一些体育锻炼"或"我计划多读一点儿书"。而应该具体、明确地表示："我打算每天早晨慢跑45分钟"或"我计划每周一、三、五的晚上读一小时书"。

（4）权衡利弊

普罗斯教授对前来咨询的人劝告说，可以在一张纸上画一个田字格，以便填写短期和长期的损失和收获。例如打算戒烟，可以在上面两格中填上短期损失——"我一开始感到很难过"，短期收获——"我可以省下一笔钱"；下面两格中填上长期收获——"我的身体将变得更健康"，长期损失——"我将推动一种排忧解闷的方法"。通过这样的仔细比较，聚集起戒烟的意志力就更容易了。

（5）改变自我

光知道收获是不够的，最根本的动力产生于改变自己形象和把握自己生活的愿望。道理有时可以使人信服，但只有在感情因素被激发起来时，自己才能真正加以响应。

例如，汤姆每天要抽三盒烟，尽管咳嗽不止，但依然听不进医生的劝告，而是我行我素，照抽不误。"有一天，我突然意识到自己真是太笨了，"他回忆说，"这不是在'自杀'吗？为了活命，我得把烟戒掉。"由于戒烟能使自己感觉更好，汤姆产生了改掉不良习惯的意志力。

（6）注重精神

法国17世纪的著名将领图朗瓦以身先士卒闻名，每次打仗都站在队伍的最前面。

在别人问及此事时，他直言不讳道："我的行动看上去像一个勇敢的人，然而自始至终我却害怕极了。但我没有向胆怯屈服，而是对身体说：'伙计，你虽然在颤抖，可得往前走啊！'"结果每次他都毅然地冲锋在前。

大量的事实证明，好像自己有顽强意志一样地去行动，有助于使自己成为一个具有顽强意志力的人。

（7）磨炼意志

早在1915年，心理学家博伊德–巴雷特曾经提出一套锻炼意志的方法。其中包括从椅子上起身和坐下30次，把一盒火柴全部倒掉然后一根一根地装回盒子里。他认为，这些练习可以增强意志力，以便日后面对更严重、更困难的挑战。如今看来，巴雷特的具体建议似乎有些过时，但他的思路却给人以启发。例如，可以事先安排星期天上午要办的事情，并下决心不办好就不吃午饭。

（8）坚持到底

俗话说"有志者事竟成"，其中含有与困难作斗争并且将其克服的意思。例如，如果决心戒酒，那么不论在任何场合里都不要去碰酒杯；倘若要坚持慢跑，那么即使早晨醒来时天下着暴雨，也要在室内照常锻炼。

（9）实事求是

如果定下一类无法实现的目标，那么最坚强的意志力也无济于事。而且，失败的后果将最终使自己再试一次的愿望也化为乌有。因此，确定目标时，要考虑目标的可行性与可达到性。在许多情况下，将单一的大目标分解成许多小目标不失为一种好办法。

（10）逐步培养

坚强的意志力不是一夜间突然产生的，而是在逐渐积累的过程中一步步地形成的。其间还会不可避免地遇到挫折和失败，必须找出使自己斗志涣散的原因，才能有针对性地解决。

（11）乘胜前进

实践证明，每一次成功都将会使意志力进一步增强。如果用顽强的意志力克服了一种不良习惯，那么就能获得进行另一次挑战并且获胜的信心。

每一次成功都能使自信心增加一分，给人在攀登悬崖的艰苦征途上提供一个坚实的"立足点"。或许面对的新任务更加艰难，但既然以前能成功，这一次以及今后也一定会胜利。

4.冒险精神的培养

当代大学生自身具有创新性、闯劲，一方面他们希望了解自己的想法、享受挑战、实现个人成就的愿望和独立欲强烈，另一方面他们也渴望权利地位、希望被社会认可、希望积累金钱和财富、希望对社会做出贡献、希望对国家进步做出贡献，但是他们缺乏经验。

因此，大学生除了认真学习学校开展的创业教育外，在日常生活、学习与工作过程中可以注意从以下几个方面培养自己的冒险精神。

（1）经常使自己拥有去创造成就的勇气和信心，并允许自己进行长久的尝试。

（2）寻找发挥自己能力的自由环境，以便激起更充分的探求。

（3）对自己新奇的念头、想象力和别出心裁的想法加以称赞和鼓励。

（4）应当竭力避免引起自身害怕情绪的压力。

（5）努力建立具有冒险意识的学习环境。

2.2 创业团队

创业活动并不是一个个人行为。尽管在创业活动中，创业者个人的特征、能力起到决定性的作用，但是在大多数的创业活动当中，其成败还是由创业团队所决定的。创业团队对于创业的顺利进行以及创业事业的发展起到了重要作用，越来越多的风险投资也特别重视创业团队。

2.2.1 创业团队的定义

创业团队的定义是建立在团队的概念基础之上的，它有别于一般的群体和团队。

所谓群体，就是不同个体按某种特征结合在一起，进行共同活动、相互交往，从而形成的组织。个体往往通过群体活动达到参与社会生活并成为社会成员的目的，并在群体中获得安全感、责任感、亲情、友情、关心和支持。也就是说，群体内成员的工作成果仅对自己负责。

团队的内涵要高于群体，团队是由通过积极协作、承担个人责任和集体责任，以及彼此互补的技能来努力完成某个特定的共同目标的成员组成的群体。从定义可以看出，团队以目标为导向，以协作为基础，它需要共同的规范和方法，团队成员在技术或技能上能够形成互补。团队强调通过所有成员的共同作用来实现最终的集体成果，而这个集体成果往往要超过个人业绩的总和，也就是说团队要大于各部分之和。

创业团队则是在创业初期（包括企业成立前和成立早期），由一群才能互补、责任共担、愿为共同的创业目标而奋斗的人所组成的特殊群体，具备团队的要素。创业团队成员的才能互补并负有共同责任，有共同的价值观，愿为统一创业目标而奉献。

创业团队具备高效团队的特征，包括以下几个方面。

（1）目标清晰

高效的团队对所要达到的目标有清楚的了解，并坚信这一目标包含着重大的意义和价值。而且，这种目标的重要性还激励着团队成员把个人目标升华到群体目标中去。在有效的团队中，成员愿意为团队目标作出承诺，清楚地知道他们需要做什么工作，以及他们怎样共同工作，最后完成任务。

（2）技能互补

高效的团队是由一群有能力的成员组成的。他们具备实现理想目标所必需的技术和能力，而且相互之间有能够良好合作的个性品质，从而出色完成任务。后者尤其重要，但却常常被人们忽视。有精湛技术能力的人并不一定有处理群体内关系的高超技巧，高效团队的成员则往往兼而有之。

（3）相互信任

成员间相互信任是高效团队的显著特征，也就是说，每个成员都对其他人的品行和能力确信不疑。我们在日常的人际关系中都能体会到，信任是相当脆弱的，它需要花大量的时间去培养而又很容易被破坏。而且，只有信任他人才能换来被他人信任，对他人的不信任也只能导致他人对自己的不信任。所以，维持群体内的相互信任这一点，还需要引起管理层足够的重视。

组织文化和管理层的行为对形成相互信任的群体内氛围有很大的影响。如果组织崇尚开放、诚实、协作的办事原则，同时鼓励员工的参与性和自主性，就比较容易形成信任的环境。有学者认为，一贯性和可预见性、正直诚信、公开沟通、分派工作和授权、关爱员工和忠诚这六种行为，能够帮助管理者建立和维持信任的行为。

（4）承诺一致

高效的团队成员对团队表现出高度的忠诚和承诺，为了能使群体获得成功，他们愿意做任何事情。我们把这种忠诚和奉献称为一致的承诺。

对成功团队的研究发现，团队成员对他们的群体具有认同感，他们把自己属于该群体的身份看作是自我的一个重要方面。因此，承诺一致的特征表现为团队成员对群体目标的奉献精神，并愿意为实现这一目标而调动和发挥自己的最大潜能。

（5）沟通良好

毋庸置疑，良好的沟通是高效团队一个必不可少的特点。群体成员通过畅通的渠道交流信息，包括各种言语和非言语信息。此外，管理层与团队成员之间健康的信息反馈也是良好沟通的重要特征，它有助于管理者指导团队成员的行动、消除误解。就像一对已经共同生活多年、感情深厚的夫妇那样，高效团队中的成员能迅速而准确地了解彼此的想法和情感。

（6）谈判技能充分

以个体为基础进行工作设计时，员工的角色由工作说明、工作纪律、工作程序及其他一些正式文件明确规定。但对于高效的团队来说，其成员角色具有灵活多变性，总在不断地进行调整。这就需要成员具备充分的谈判技能。由于团队中的问题和关系时常变换，成员必须能面对和应付这种情况。

（7）领导恰当

有效的领导者能够让团队跟随自己共同度过最艰难的时期，因为他们能为团队指明前途所在。他们向成员阐明变革的可能性，激发团队成员的自信心，帮助成员更充分地了解自己的潜力。

优秀的领导者不一定非得指示或控制，高效团队的领导者往往担任的是教练和后盾的角色，他们为团队提供指导和支持，但并不试图去控制它。

这不仅适用于自我管理团队，当授权给小组成员时，它也适用于任务小组、交叉职能型的团队。对于那些习惯于传统方式的管理者来说，这种从上司到后盾的角色变换，即从发号施令到为团队服务——实在是一种困难的转变。当前很多管理者已开始发现这种新型的权力共享方式的好处，或通过领导培训逐渐意识到它的益处，但仍然有些脑筋死板、习惯于专制方式的管理者无法接受这种新理念，这些人应当尽快转换自己的老观念，否则就将被取而代之。

（8）内外部支持合理

成为高效团队的最后一个必需条件就是它的支持环境。从内部条件来看，团队应拥有一个合理的基础结构，这包括：适当的培训，一套易于理解的用以评估员工总体绩效的测量系统，以及一个起支持作用的人力资源系统。恰当的基础结构应能支持并强化成员行为，以取得高绩效水平。从外部条件来看，管理层应给团队提供完成工作所必需的各种资源。

专栏2-10

小米创业团队的组成

小米公司前300号员工，90%都是靠推荐加入的，创始团队的组建更加具有传奇色彩。创始人雷军在2008年认识了林斌，当时林斌正在推动谷歌和UC浏览器之间的合作。彼时雷军还没有谷歌、微软公司的人脉，但是认识了林斌之后，这扇大门就打开了。黎万强是雷军在金山公司的同事兼好友。黄江吉曾经是林斌在微软的同事，林斌把黄江吉推荐给了雷军。雷军经朋友引荐认识了周光平。而洪锋曾是林斌在谷歌的同事，洪锋的太太认识刘德的太太，洪峰认识雷军之后，自然就想到了刘德，于是就有了小米七人内阁战队。

林斌曾是谷歌中国工程研究院副院长、微软历任软件开发工程师，出任小米公司总裁；洪峰曾是谷歌高级工程师，黄江吉曾是微软工程院首席工程师，两人担任小米工程副总裁；黎万强曾是金山软件人机交互设计总监、金山词霸总经理，担任米柚（MIUI）手机操作系统项目和小米手机营销的负责人；周光平曾是摩托罗拉北京研发中心总工程师，负责硬件团队及板级支持包（BSP）；刘德是从世界顶级设计院校艺术中心设计学院（ACCD）毕业的工业设计师，负责小米手机项目的硬件工业设计业务。

2.2.2　创业团队的形成

1. 创业团队的组成方式

创业团队的形成无外乎资源需求与人际关系需求。对于创业者而言，个人的资源有限，而创业需要大量的资源，聚集了多人的创业团队就可以满足创业的资源需求，创业者也希望寻找能够带来他所缺乏的资源的合作者，以使创业成功的概率大大提高。有时候，团队成员之间有着共同的兴趣爱好，他们都对某一个创意深信不疑，共同萌生了创办企业的想法，因此形成了创业团队；也有的是因为彼此之间是朋友或者同学，有着共同的经历或者深厚的友谊，从而产生了共同创业的想法；还有的是因为创业者自身所具有的个人魅力，吸引了他的追随者来主动加入，形成创业团队。

一般而言，创业团队的组成方式可以分为两种，即核心领导型和群体创业型。

核心领导型是指在创业团队中有一位核心人物来充当领导角色，这个人在企业创办之前就开始策划创业团队的组成、规划企业蓝图，通过仔细分析后，选择合适的人员加入团队。后加入的成员在团队中通常扮演支持者的角色，其地位与核心领导者有一定的差别。核心领导型创业团队的特点在于，团队的凝聚力特别强，组织结构严谨，核心领导者个人权力大。在这种模式下，团队的办事效率高，领导者可以充分发挥自己的才能，带领创业企业迅速发展。但是，核心领导型团队多由领导者个人进行决策，决策程序简单，也加大了决策的风险。当核心领导人与团队成员之间出现冲突时，容易造成团队解散。

群体创业型的创业团队成员，在最初的时候往往都属于朋友或同学的亲密关系，他们会在产生共同的想法之后，一起行动，共同创业。在创业企业的初始阶段，人与人之间的关系是平等的，团队当中并没有明显的核心人物，每个人都会按照各自的特长，在团队中寻找自己的定位，团队成员之间彼此都是亲密合作的关系。这种类型的团队结构相对松散，没有明显的核心，但是在决策过程当中，大家往往会各抒己见，容易造成多头领导，导致决策的效率偏低。但是从另外一个角度而言，因为是由大家一起共同讨论后而得出的决策，所以决策的可行性高。群体创业型团队中，因为创始人团队成员之间彼此相互平等，因此，团队的向心力比较强，很少会出现团队成员离开团队的现象。

2. 创业团队的结构

创业团队结构是指创业团队的组成成分。这个结构塑造了团队内成员的行为，并影响了团队的绩效。团队成员的性别差异、教育背景差异、年龄差异等都会对团队的绩效产生影响。如定义所说，创业团队的成员之间必须分工明确，要涵盖技术开发、产品生产、销售、财务、融资等多个方面，要具备这些领域的相关人才。只有拥有各个方面的人才，让他们各司其职，才有利于创业企业的有序发展。创业团队成员在团队内部都扮演固定的角色、拥有特定的能力和相应的权力、遵循一定的规范，角色结构、能力结构、权力结构和规范结构就成为创业团队的构成要素。

角色结构是指创业成员在创业团队中因为不同分工、担任不同角色所表现出的行为模式。具有明确角色分工的创业团队的效率更高，也更加有利于创业企业的发展。相反，角色缺失、角色模糊或者角色错位的团队往往会阻碍创业企业的发展。

能力结构是指创业团队内部成员拥有不同的能力结构。一个分工明确、能力结构完整的创业团队应当包括开发、生产、市场、物流等各个方面的人才。某一方面人才的缺失都会导致团队运行的障碍，从而提高生产成本。

权力结构是指在创业团队中如何合理分配决策权力。在创业团队中，因为角色的不一样，所拥有的权力大小也应该有所不同。初创时期的创业企业在很大程度上要依赖于领导者的决策，因此，处于核心地位的领导者的权力往往要大于团队的一般成员。创业团队的权力分配并不是要“平分”，而是要与团队成员的角色与能力相匹配。

规范结构是指团队成员共同接受和认可的标准或期望。规范对企业运行过程中团队成员的行为拟定了标准，它是企业内部各个工作岗位、各个工作流程明文规定的标准，是工作中的行为准则。正确、行之有效的规范可以为工作提供依据，并能够高效率地执行。

完整明确的角色结构、完整互补的能力结构、匹配合适的权力结构以及成熟有效的规范结构，将极大地提升创业团队的绩效。

3. 创业团队的优势和劣势分析

无数成功的创业案例告诉我们，团队比个人更具创造性，团队的成果远远大于个人成果之和。与个体创业相比，团队创业会带来更多的优势。

（1）促进优势互补。对于创业者而言，最关键的事情无外乎，一是能够找到可以胜任业务的人，二是能够找到可以信赖的人。因为不管一个人自身如何优秀，也不可能是全能的，不可能具备所有的经营管理经验、面面俱到，而且任何人都不可能对所有的知识资源能力具有同样的优势。对创业者而言，在创业初期，他们往往缺乏对市场的判断力，也缺乏对潜在市场的洞察力，而创业团队的形成无疑会很好地解决这些问题。在创业团队中，不同的人掌握着不同的社会资源，他们具备不同的能力、知识和经验。他们有的擅长于技术开发，有的擅长于市场分析，有的擅长于和客户沟通，有的擅长于公关，有的擅长于与政府打交道，还有的具有丰富的市场经验或具有丰富的理论知识等，这些具有互补优势的人聚集在一起就会强化团队成员之间的协调关系。团队的角色结构和能力结构越合理，团队的知识面就越广，创业成功的可能性也就越大。

（2）降低决策风险。创业企业在初创时期往往会遇到很多困难，而一旦遇到困难，如果都是由创业者个人去解决的话，将花费大量的时间和精力，而且由于个人的知识、能力所限，他对问题的考虑有可能会不到位，或者说不够全面，从而不能够及时地、很好地解决问题，甚至使得问题恶化，增加了决策风险。而由创业团队共同进行决策时，就能够充分发挥每一位成员的作用与特长，能够提高解决问题的效率，从而提高成功解决问题的可能性。俗话说，“三个臭皮匠，赛过诸葛亮”，这充分体现了团队合作的力量与必要性。

（3）解决融资问题。创业企业在初创时期所面临的一个重大问题，就是融资问题。单凭创业者个人的力量，可能一时难以筹集到必需的资金，而中小企业的融资一直是一个困扰企业运行的大问题。究其原因，主要还是银行的贷款难度大，同时民间借贷的利率偏高，很多的初创企业难以负担。而一旦形成创业团队的话，就可以利用内部融资的方式来解决企业的融资问题。

团队创业有很多的优势，但是平心而论，不是每一个团队创业都能获得成功。这当中有经济、竞争、产品等多方面的原因，但也不可否认，团队创业也有着它自身所存在的劣势。

（1）意见冲突。创业团队往往由少数几个人组成，这些人大多都会直接参与企业的管理决策。作为企业的共同创始人，他们对企业经营当中所出现的问题都要发表自己的意见。但是由于个人的观念、经验、能力，以及看问题的视角、解决问题的方式的不同，对于同一个问题，他们往往会发表不同的见解，提出不同的方法，严重的时候，甚至会引起激烈的争论。如果争论双方势均力敌，且互相不退让，问题就会迟迟得不到解决。而一旦因拖延错过时机，或者问题没有得到很好的解决，又会出现新的问题，这样形成恶性循环，并产生相互指责、互相推诿的现象，使得企业整体的管理比较混乱。

（2）管理冲突。在创业团队当中的成员，有些人既是合伙人，又是出资人，所以他们往往意识不到自己其实也是企业的员工，应当要严格遵守企业规范。他们往往以管理者或者合伙人自居，不能摆正自己的位置，会不自觉地抬高自己的身份，在企业经营过程中发号施令，甚至越位指挥，这样就会导致企业的管理成本增加，扰乱企业运行的正常秩序。

（3）利益冲突。当创业企业得到了很好的发展，获得了利润，尤其是利润随着企业的发展壮大而逐步增加时，那些出资很少、相应得到的分红比较少的合伙人就会产生一种后悔的心理，心态会开始不平衡，容易出现“我的付出与获得不相匹配”的心理。还有一些没有出资或者出资很少的创业团队成员，他们作为初创企业的元老，掌握了企业的核心技术或无形资产，当他们这些知识投入没有被恰当地量化成货币时，同样也会产生不平衡的心理。当这些不平衡的心理不能够及时得以疏解，这样的局面不能够被合理地化解时，合伙人之间就会产生矛盾，甚至激化矛盾。

4. 创业团队的组建

（1）大学生创业团队的常见形式

创业团队最初组建的方式有很多，就大学生创业团队的组建而言，大体上可以分为以下五种。

一是同学组合型。目前大学生创业团队，以同学组合型居多。例如，我们比较熟知的“饿了么”平台，还有华东理工大学之前的“跬步”平台，它们最初都是由各个学院的同学相互组成的创业团队。这些创业团队最初是为了参加创业大赛而组建的，随着比赛的进行，以及对整个项目的磨合、深入和推进，最终，很多创业小组决定真的要付诸实践来成立企业。原先为了参赛而组建的创业小组，就变成了最初的创业团队。这种类型的创业团队的最大优势在于，项目都是由大家从无到有亲手打造出来的，所以每个人对项目的细节都非常了解。而且由同学组合的创业团队，成员都接受过高等教育，具有丰富的、各个专业的知识储备，相互之间的知识能力具有很强的互补性，并且，由于大家都是同龄人，思想活跃，很少会受到常规的、繁文缛节的束缚，比较敢做、敢想、敢当。由于成员间各自所拥有的技术优势、学科优势，往往容易把他们所拥有的专利、产品转化为技术优势，增强团队的整体竞争力，提高整个团队在市场中的竞争壁垒，减少盈利模式复制的可能。同时，因为团队成员彼此之间都比较熟悉，在合作中也经过了长时期的磨合，所以相互之间信任度很高，从而可以降低团队的沟通成本和决策成本，缩短决策时间，提高决策效率。

但是，需要指出的是，这种类型的团队，对于团队核心人物的要求往往会比较高，因为大家都是同学，所以团队成员要正确对待在创业过程中的民主决策与专制决策间的矛盾关系。团队合作讲究尊重个体，重视个人能动性的发挥。在同学组合型的创业团队中，大家都受过同样的教育，每个人都感受到自己的责任，都渴望对项目的良好推进提出自己的意见，并得到采纳。而这种意见的提出，其实对团队核心领导人是一个严峻的考验。如果他也能够开诚布公，与大家一起讨论，那么就可以推动团队的良好发展。但是一旦团队中的核心领导人随着创业项目的推进而变得更加专制，或者在整个创业过程中，团队成员的价值观等因素发生了改变，那么也会错过市场机会，甚至会使得整个项目难以长远发展。

二是亲友组合型。其实很多的创业团队，最初的创业融资都是亲情融资。这种融资方式其实也是最传统、最容易的。这种类型的团队就是由各个出资方组成的。这类团队的好处是，因为团队成员都是亲朋好友，所以在创业之前彼此都比较熟悉，而且具有一定的感情基础，可以很快地进入到创业的过程中去。但是，这种类型的团队最明显的缺陷在于，因为夹杂了感情，所以创业者在进行决策的时候，也会被感情左右，容易因这种感情而不和，甚至使得创业团队解散。

三是师生组合型。在2021年中国“互联网+”大学生创新创业大赛中，来自华东理工大学的华禹科技项目，是一个典型的师生组合型的创业团队。在这个项目中，导师汪华林教授拿出了自己研究多年的重大化工装置微通道分离技术，由他的博士生陈建琦组队运行，成立了上海华禹环保科技公司。事实上，近年来，校园内的大学生创业团队，到处都活跃着指导老师的身影。很多时候，创业团队往往会利用导师的项目或者技术，并把它转化为自己的创业项目。而指导老师也会作为团队中的主要成员，出想法，出思路，把握大方向。而这些指导老师，往往是该研究领域的权威人士或者专家，并且拥有一定的人脉，有一定的威信，相对而言比较容易吸引投资。并且在现在的大背景下，老师把自己的研究成果转化为创业项目，又进行了良好的产学研结合，让参与课题的学生来撰写论文，做出来的成果运用到创业产品和服务上来，形成了技术转化的良好模式。同时，创业的成果又可以反哺于在校师生，为他们提供研究角度和研究工具，提高师生的研究水平和研究能力。但是采用这种形式组建创业团队时，也要考虑如何正确地处理好师生之间的关系。例如，如果专利属于导师，一旦专利被卖给其他企业，那么创业企业就没有办法生存。因此，对于师生之间的关系要处理得当，否则会影响到企业的发展乃至生存。

四是情侣组合型。现在的大学生创业团队中，情侣组合型的创业团队不少，情侣创业也成为大学生校园创业的一道亮丽风景。由于创业团队成员彼此是情侣的关系，男生的理性务实加上女生的感性细致，再加上爱情的作用，就会迸发出很可观的力量。现实中，也有很多情侣创业的成功案例。随着创业事业走向正轨，逐步做大，情侣之间的关系也会因事业而找到共同语言，感情越来越牢固。但是，需要指出的是，以爱情为核心的情侣创业，也会面临比较现实的问题。最突出的问题就是，他们容易把感情和创业混淆起来。一旦在创业的过程中遇到挫折，把工作中的困难带入感情当中，那感情就会受到影响，或者事业受到阻碍。同时，情侣创业还会面临一些管理不透明的疑虑，一旦资金调度失灵或者创业失败就会导致两败俱伤。

五是兴趣组合型。兴趣组合型创业团队是指对于实现某些创业项目所要具备的技术、资源、服务等要素或创业前景志趣相投，并以此为基础自由组合而构建的创业团队。这种类型的团队的创业目标比较集中，而且因为大家都有着共同的愿景，会为了同样的目标而付出自己的心血。一般而言，团队成员之间不会计较很多，所以这样的团队成员相对比较忠诚，凝聚力强。而且团队成员更加重视创业过程对于个人兴趣的满足，对于创业结果的要求相对次要。团队成员的积极性非常高，会千方百计地去调整，想方设法地去拉动各方面的资源，这样也提高了创业的成功概率。因为团队成员都具有共同的兴趣爱好、共同的观念，所以彼此之间非常了解，有很强的默契，可以大大减少和降低道德风险。这种类型的团队决策效率比较高，决策质量好，有很强的承诺度，沟通成本低，各类冲突也比较少。但需要指出的是，以兴趣爱好为出发点而组建的创业团队，各个团队成员的专业背景、知识结构往往类似，这与高效团队的组建需求是相悖的。高效团队需要的是基于专业和经验等优势互补的多元化趋势。因此，采用这种类型组建创业团队时，也要谨慎。

专栏2-11

马化腾的团队

1998年的秋天，马化腾与他的同学张志东“合资”注册了深圳腾讯计算机系统有限公司。之后他们又吸纳了三位股东：曾李青、许晨晔、陈一丹。这五位创始人的QQ号，据说是从10001到10005。为避免彼此争夺权力，马化腾在创立腾讯之初就和四个伙伴约定清楚：各展所长、各管一摊。

马化腾是首席执行官（CEO），张志东是首席技术官（CTO），曾李青是首席运营官（COO），许晨晔是首席信息官（CIO），陈一丹是首席行政官（CAO）。

许晨晔和马化腾、张志东同为深圳大学计算机专业的同学，他是一个非常随和、有主见，但不轻易表达的人，是有名的“好好先生”。而陈一丹是马化腾在深圳中学时的同学，后来也就读于深圳大学，他十分严谨，同时又是一个非常张扬的人，能在不同的状态下激起大家的激情。

如果说其他几位合作者都只是“搭档级人物”的话，那么曾李青就是腾讯五位创始人中最好玩、最开放、最具激情和感召力的一个人，与温和的马化腾、爱好技术的张志东相比，是另一个类型。其大开大合的性格，也比马化腾更具攻击性，更像拿主意的人。不过或许正是这一点，也导致他最早脱离了团队，单独创业。

资料来源：https：//baijiahao. baidu. com/s?id=1593253883151720001&wfr=spider&for=pc

（2）创业团队的组建程序

创业团队的组建是一个复杂的过程，包括确立创业目标、制订创业计划、组建创业团队、明确职责与角色定位、规范制度和调整融合等步骤。

创业目标就是将现有的技术、产品或服务，通过市场规划、组织、生产、销售、管理等一系列活动争取达到的预期结果。最终的创业目标确立之后，可以将总目标分解为若干个可行的、阶段性的子目标，推动团队在不同阶段为不同的目标奋斗，步步推进。

确立创业目标之后，要考虑如何实现这些目标，这就要制订详细的创业计划。创业计划以实现创业目标为最终目的，综合考虑拟创办企业相关的内外部环境条件和要素特点，并结合自身的技术与产品，确定在不同阶段需要完成的任务，通过阶段性的进展来实现创业目标。

招募合适的团队成员是组建创业团队的关键环节。团队成员的招募主要考虑团队的角色结构和能力结构，即团队成员间的互补性以及成员各自所具备的能力。互补性的形成有助于促进团队成员间的亲密合作，又能确保团队的稳定高效。

团队成员之间的职责要明确，既要避免职责的重叠，也要避免一旦工作出现疏漏无人承担责任的现象。成员在创业过程中的行动和市场中的定位要明确，要遵循市场规律，各司其职。因创业环境的变化或者创业的需要，团队成员的职责和角色定位可以进行动态调整。

为保证团队的有效运行，还要有完善的规范制度，即制定科学的绩效考核体系，包括激励机制和约束机制。激励机制包括团队的考核标准、利益分配方案等；约束机制包括团队的纪律要求、财务条例、保密条例等。通过建立完善的绩效考核体系，并使之规范化，可以充分调动团队成员的积极性，保证团队的稳定运行。

随着创业团队的运行，团队在人员配备、职责划分、规范制度等方面的不合理之处会一点一点地显露出来，此时就需要对团队进行调整融合。因为问题的暴露是一个过程，所以团队的调整融合也是一个动态的、持续的过程。高效的团队并不是一朝一夕就可以建成的，需要成员之间的磨合，需要在不断调整融合中逐渐形成自己的团队文化，提炼团队精神，提高团队士气。

2.2.3 创业团队的管理

1. 创业者的领导力

创业团队逐渐形成之后，核心领导者在团队中就起着举足轻重的作用，尤其在创业企业的初创时期。这时候企业的运行还没有走上正轨，各方面的限制使得人员配置不够，团队还没有完全形成一个整体。在面对初期经营中的种种困难时，核心领导者要充分发挥自己的能力，激发团队所有成员的激情和创造力，保持团队的稳定。在这个过程中，核心领导者的独特魅力会促进团队成员的彼此协作。

在外部不断变化的环境下，如何提升公司对不确定的环境因素的适应性，如何对战略价值创造进行发现与探索，如何创造新的商业模式，变得越来越重要了。为了适应这些变化，无论实业界还是理论界都越来越关注一种新型的领导方式——创业型领导。

目前比较一致的认识是古普塔（Gupta）等提出的关于创业型领导的定义。古普塔等对以往研究进行了总结，并在整合创业、创业导向、创业管理与领导理论的基础上对创业型领导进行了界定，即创造一个愿景，以此号召、动员下属，并使下属承诺对战略价值创造进行发现与探索的一种领导方式。

创业型领导主要由两个挑战维度和五个创业型角色构成，如表2-1所示。

两个挑战维度分别是情境扮演和任务扮演。情境扮演是指在当前的资源约束条件下，预想和创造那些一旦被抓住就可以对当前的处理方法进行彻底变革的机会。任务扮演是指使潜在的追随者和公司的股东确信，在这个情境下，通过整合资源，当前处理方法的转变是可以成功实现预期目标的。

五个创业型角色分别是构建挑战、不确定性吸收、路径清晰、建立承诺、阐明约束。

表2-1　创业型领导理论框架

<table>
<tr><th>维度</th><th>角　色</th><th>特　征</th><th>解　释</th></tr>
<tr><td rowspan="3">情境扮演</td><td>构建挑战（描述一个具有挑战但可以实现的结果）</td><td>绩效导向
雄心勃勃
信息灵通
拥有特殊的洞察力</td><td>设置一个高目标，提供能力构建的方向
设置高目标，努力工作
有知识并对信息敏感
直觉</td></tr>
<tr><td>不确定性吸收（承担未来失败的责任）</td><td>愿景
远见
自信
建立技能</td><td>拥有愿景
预测未来可能发生的事情
逐步向别人灌输自信</td></tr>
<tr><td>路径清晰（与反对者进行谈判，并澄清情境实现的路径）</td><td>富有策略
有效的谈判技巧
令人信服
鼓励</td><td>熟练的人际技巧
能有效地与人谈判
具有说服别人的非凡能力
通过消除疑虑，给予别人自信和希望</td></tr>
<tr><td rowspan="2">任务扮演</td><td>建立承诺（建立一个鼓舞他人的目标）</td><td>有鼓舞力
热忱
团队建立能力
持续改进导向</td><td>鼓舞他人的情绪、信仰、价值观、行为
鼓舞他人努力工作
呈现强烈、积极的工作情绪
使组织成员一起高效工作
寻求绩效的持续改进</td></tr>
<tr><td>阐明约束（明确什么事能做、什么事不能做）</td><td>整合能力
促进思考
积极
果断</td><td>使人和事有机地结合起来
鼓励他人思考
乐观并且自信
迅速、坚定地作出决策</td></tr>
</table>

资料来源：Gupta V. MacaMillan, C. G. Surie. Entrepreneurial Leadership: Developing and Measuring a Cross-culture Construct［J］. Journal of Business Venturing, 2004, (19): 241–260.

构建挑战这一角色是指创业型领导者通过构建挑战，使得团队能够将他们的能力发挥到最大限度。

不确定性吸收这一角色是指创业型领导者需要构建一个愿景，并由下属具体实施，但是创业型领导者必须承担失败的责任。考虑到不确定性对下属的影响，创业型领导者必须使下属建立自信，并使他们确信愿景是可以实现的。

路径清晰这一角色是指创业型领导者需要与内外环境中的各方进行谈判，并能解决潜在的阻力，获得内部关键股东和外部利益相关者的支持，以及能够消除愿景实现的障碍。

建立承诺这一角色是指创业型领导者需要使用团队建立技能，来鼓舞、塑造一个高承诺的团队，并使这个团队承诺付出更大的努力来实现领导所描述的愿景。

阐明约束这一角色是指通过果断地阐明约束，领导者能够再造下属对他们自己能力的感知。而且，当约束被明确时，创造力更容易被发挥。

2. 创业团队冲突管理

创业团队成员在企业运行过程中必然会发生冲突，创业团队内的冲突可以分为两大类，即认知冲突与情感冲突。

认知冲突是指认知发展过程中的原有概念（或认知结构）与现实情境不相符时，在心理上所产生的矛盾或冲突。创业团队的认知冲突主要是指团队成员对企业经营过程中出现的问题的看法、观点、意见不一致。发生认识论的开创者、心理学家皮亚杰认为，调节是解决认知冲突的一种有效方法，即个体在遇到新的情境条件下，原有认知结构不能适应现实环境要求时，他只能改变已有的认知结构以符合现实环境的要求。否则，只有同化，没有顺应或调节，人就无法保持与现实环境之间的平衡。只有通过调节不断解决认知冲突，同化与顺应交替发生并处于一种均势时，才能保证主体与客体的相互作用达到某种相对稳定或平衡的状态，促使人的认知活动不断丰富和深化。对创业团队而言，成员之间产生认知冲突是一种正常现象。通常情况下，这种冲突将有助于提高团队的决策质量，能够提高决策在团队中的接受程度。

情感冲突是指情感主体在其情感需求的实现过程中，由于受到种种条件的制约，使其情感得不到有效的流露而产生的恐慌和不愉悦的心理状态。创业团队中的情感冲突会导致团队成员拒绝参与团队活动、不愿意就问题进行探讨，从而降低团队绩效。情感冲突往往会引起怀疑、不信任等问题，阻碍团队间的沟通。

导致冲突产生的原因很多，员工个性差异、信息不对称、利益不均、观点不一致等，都有可能引起冲突。频繁发生的冲突会影响团队的正常运行，降低团队绩效，从而影响团队的发展。多数情况下，适当的认知冲突可以对企业产生正面影响，而情感冲突多带来负面影响。因此要对冲突进行有效管理。

有效管理团队之间的冲突，需要遵循以下三条原则。

第一，要分清楚冲突的性质。认知冲突要适当鼓励，情感冲突则应该减低到最低程度。

第二，要针对不同类型的冲突采取不同的措施，采用不同的管理对策。

第三，充满冲突的团队等于一座火山，没有任何冲突的团队等于一潭死水，因此既要预防团队之间的冲突，也要适当激发团队之间的冲突。

3. 创业团队的社会责任

创业团队的社会责任是指创业企业在创造利润、对创业团队成员负责的同时，还要对企业员工、消费者、社区和环境负责。企业的社会责任要求企业必须超越把利润作为唯一目标的传统理念，强调在生产过程中对人的价值的关注，强调对环境、对消费者、对社会的贡献。

对创业企业而言，绝大多数都是中小企业，尽管规模小、资金实力弱，但它们的良好发展将推动我国经济的发展。创业企业在增加就业、促进社会科技进步、创造社会财富方面有着不可忽视的作用。

美国学者戴维斯就企业为什么以及如何承担社会责任提出了自己的看法，这种看法被称为“戴维斯模型”，其具体内容包括以下五个方面。

（1）企业的社会责任来源于它的社会权力。由于企业对诸如少数民族平等就业和环境保护等重大社会问题的解决有重大的影响力，因此社会就必然要求企业运用这种影响力来解决这些社会问题。

（2）企业应该是一个双向开放的系统，即开放地接受社会的信息，也要让社会公开地了解它的经营。为了保证整个社会的稳定和进步，企业和社会之间必须保持连续、诚实和公开的信息沟通。

（3）企业的每项活动、产品和服务，都必须在考虑经济效益的同时，考虑社会成本和效益。也就是说，企业的经营决策不能只建立在技术可行性和经济收益之上，也要考虑决策对社会的长期和短期的影响。

（4）与每一活动、产品和服务相联系的社会成本应该最终转移到消费者身上。社会不能希望企业完全用自己的资金、人力去从事那些只对社会有利的事情。

（5）企业作为法人，应该和其他自然人一样参与解决一些超出自己正常范围之外的社会问题。因为整个社会条件的改善和进步，最终会给社会每一位成员（包括作为法人的企业）带来好处。

2000年，联合国启动“全球契约”计划，在人权、劳工标准、环境和反腐败方面的十项原则达成了全球共识。

人权方面：

原则1：企业界应支持并尊重国际公认的人权。

原则2：保证不参与任何漠视与践踏人权的行为。

劳工标准方面：

原则3：企业界应支持结社自由及切实承认集体谈判权。

原则4：消除一切形式的强迫和强制劳动。

原则5：切实废除童工制。

原则6：消除就业和职业方面的歧视。

环境方面：

原则7：企业界应支持采用预防性方法应付环境挑战。

原则8：主动增加对环境保护所承担的责任。

原则9：鼓励开发和推广环境友好型技术。

反腐败方面：

原则10：企业界应努力反对一切形式的腐败，包括敲诈和贿赂。

我国学者任玉岭认为，应从以下八个方面来确立我国企业的社会责任标准。一是明礼诚信，即确保产品货真价实的责任。二是科学发展，企业的任务是发展和赢利，并担负着增加税收和国家发展的使命。企业必须承担起科学发展的责任，为国家发展做出贡献。三是可持续发展，中国是一个人均资源特别紧缺的国家，企业的发展一定要与节约资源相适应。四是保护环境，为了人类的生存和经济持续发展，企业一定要担当起保护环境、维护自然和谐的重任。五是文化建设，医疗卫生、公共教育与文化建设，对一个国家的发展极为重要，企业应当分出一些财力和精力担当起发展医疗卫生、教育和文化建设的责任。六是发展慈善事业，这是为了社会的发展，也为了企业自身的发展。广大企业更应该重视扶贫济困，更好地承担起扶贫济困的责任。七是保护职工健康，人力资源是社会的宝贵财富，也是企业发展的支撑力量。应当保障企业职工的生命健康和确保职工的工作与收入待遇，这不仅关系到企业的持续健康发展，而且关系到社会的发展与稳定。八是发展科技，企业要高度重视引进技术的消化吸收和科技研发，加大资金与人员的投入，努力做到创新以企业为主体。

思考题

1. 为什么说创业过程是商业机会、创业者和资源三个要素匹配和平衡的结果?
2. 创业者具备哪些特征?
3. 要真正实现创业目标，必须要具备什么样的创业素质和能力?
4. 如何增强自己的意志力?
5. 创业团队具备哪些特征?
6. 团队创业与个体创业相比有哪些优势?
7. 简述创业团队的组建程序。
8. 如何有效管理创业团队的冲突?
9. 以小组为单位，根据自己的性格特点、兴趣爱好、能力特长等来描述自己的职业生涯。说说兴趣、能力、金钱、物质在自己的职业生涯中哪个最重要。

延展性阅读

走访身边的创业者

★可以走访身边的创业者，如自己的亲友、社区和学校周边的陌生创业者，或者成功的名人。完成表2–2、表2–3。

表2–2　走访企业示例

走访企业（例）	创业项目	创业时间	产品/服务	经济效益
A企业				
B企业				
C企业				

表2–3　走访感悟

问　　题	学生自我感悟	最有感触的地方
1. 用自己的感受如实表述，这些创业者身上有哪些品质是创业精神的表现?		
2. 这些企业家或者创业者当初为何选择创业？最初的梦想与现在的现实有差距吗？为什么?		
3. 观察这些创业者身上的特质有什么异同？是否有共性?		
把走访过程拍成照片或视频，并制成PPT，进行小组分享，并在班级展示。 分工记录： 完成情况记录：		

第3章 创业机会与创业资源

学习目标

学完本章后，你应该能够：

- 了解机会识别能力的相关概念
- 了解机会识别所需的条件
- 理解机会识别的关键影响因素
- 知道如何培养机会识别能力

来而不可失者，时也；蹈而不可失者，机也。

——苏轼

机会，是指具有时间性的有利情况；出现了新的选择；关键，要害。美国著名人际关系学大师卡耐基曾经说过："我们多数人的毛病，是当机会朝我们冲奔而来时，我们兀自闭着眼睛。很少人能够去追寻自己的机会，甚至在绊倒时，还不能见着它。"英国军事理论家托·富勒也说："一个明智的人总是抓住机遇，把它变成美好的未来。"在当前，对大学生而言，存在着很多创业机会，但如何发掘创业机会，并能够从中选择正确可行的创业机会，规避创业风险，合理整合创业资源，获取创业融资，将是本章要解决的问题。

案例导读

敢于"放弃"，才能将更想要的抓在手中

国家奖学金得主、大学生年度人物，创业项目推出的小程序半年就积累了100万名用户，各种荣誉"拿到手软"……华东理工大学2016级本科生左子麒是个不

折不扣的全能学霸。但站在毕业的人生岔路口，他却退出了前景光明的创业项目。这位堪称典范的年轻“后浪”对顺理成章地奔涌成“前浪”似乎并不感兴趣。“人要拿得起放得下”，左子麒的人生征程不是一朵浪花，而是星辰大海。

“享受”辛苦，充满挑战的人生很有趣

在2020年的五四青年节当天，《人民日报》专版刊登了《本专科生国家奖学金获奖学生代表名录》，在获得2019年国家奖学金的本专科学生中，选出110名优秀代表展示他们的风采，其中6名是上海学子，华东理工大学商学院工商管理专业2016级本科生左子麒就是其中之一。翻开他的履历，闪耀的成绩堪称眼花缭乱：荣获国家奖学金、宝钢奖学金、电信奖学金等奖学金，获得2019年中国大学生创业英雄百强、华东理工大学“大学生年度人物”等荣誉称号，带领团队创立的“享玩SharePlay”项目在2018“创青春”全国大学生创业大赛、中国“互联网+”大学生创新创业大赛、全国大学生电子商务“创新、创意及创业”挑战赛等赛事中获得十余项国家级、市级创业奖项，项目一年运营流水2 000余万元，小程序半年积累用户超100万人……

图3-1　左子麒和创业项目团队成员

每年参与创业项目的大学生多如牛毛，能将项目落地，并成功运行起来的往往凤毛麟角。大一下学期时，左子麒成为学校创业协会会长。在大家的努力下，创业协会孵化的5支创业团队闯进了第三届中国“互联网+”大学生创新创业大赛校赛决赛。其中，由左子麒带领团队（图3-1）创立的以新奇智能硬件为主打的单品共享租赁服务平台——享玩SharePlay获得了2018年“创青春”全国大学生创业大赛国赛金奖。

“对现实的改变是基于对生活的观察与思考。”享玩SharePlay的主要客户是年轻人。但年轻人用到智能产品较多的地方在哪儿，什么地方市场前景大？左子麒想到了年轻人旅行时倾向于使用新奇智能硬件进行娱乐，而作为年轻人旅行时聚集的中国国际青年旅舍便成为了优质的线下入口。

于是在炎炎盛夏里，左子麒和好友张鑫苗几乎走遍了上海的青年旅舍。酷暑下的高温和商家们的冷脸，让他们体会到了“冰火两重天”的艰难，但左子麒说：“辛苦不觉得，过程蛮有趣。”调研之后，左子麒积极联系广州青年旅舍总公司的负责人，通过他们的坚持，双方达成合作。这次成功给了左子麒和团队莫大的信心。在其后举办的芝麻信用生态大会上，左子麒又想办法与蚂蚁金服高级副总裁王博先生取得联系，助力享玩SharePlay进驻支付宝。

敢于“放弃”，才能将更想要的抓在手中

然而就在享玩SharePlay运营前景大好的时候，左子麒却和团队成员经过友好协商，退出了一起创立的公司。为什么选择急流勇退？左子麒说：“我学的专业是工商管理。做这个创业项目最开始的目的只是想通过这一段经历了解一些课本知识在实践中的应用，由于本身选择的行业确实有巨大机会，而且整个团队齐心协力，项目才取得了一定的成果。”

在这段创业的日子里，左子麒说自己确实践行了什么是“知行合一”，无论是对于项目的实际操作能力，还是本身的专业知识学习都有了巨大的进步。项目成功推出后，他曾说“赚钱并不是我本来想要做这个事情的目的”。随着项目逐渐步入正轨，左子麒通过这段经历学到了想要学习的知识，储备了相关的能力，整个过程“乘兴而来，尽兴而归”。与此同时，他还有继续深造的计划。由于后续项目需要高强度的工作，这与自己的计划不匹配，同时又觉得自己也是时候开启一段新的征程，所以左子麒并没有犹豫就选择了退出，“人要拿得起放得下”。

“做对别人有益的事，做符合自己长远规划的事，做自己感兴趣的事，这是我的处事准则。”左子麒对自己要做的事，始终都有清晰的方向，“放弃”一部分手中的东西，也是为了获得更多自己想要的结果。沿途的风景虽好，却不会拖延他继续前进的脚步。

“忘记”得失，等待是为了随时奔向远方

2020年的毕业季因为新冠肺炎疫情，对每个人或多或少都造成了影响。本科毕业后，左子麒给自己的规划是留学深造，但这个留学计划眼下显然会被疫情延误。左子麒并不准备改变既定方向，但在等待的“空档期”，他已经注册了一家新公司，准备和团队一起进行文创项目的开发。此外，左子麒也在进行上海老工业品牌等老字号的振兴研究。

等待踏出人生的下一步，并不意味着留在原地无所事事。做决定就好像下围棋："每一颗子落下之后就会牵动整个布局，水平不够时看不到落子后的种种变化，但相信自已会到达理想的终点，那么在做选择的时候会更加的勇敢。"左子麒透露，目前在对老字号工业品牌的前期研究之中，已经通过走访形成了大量资料，预计后期会有非常棒的研究成果，希望能对上海四大品牌的建设有所助力。

"得失考虑得太仔细，可能所做的选择就会被现有的状况所局限。如果一开始就想怎么创业，可能会做不好。忘记招式，去做自己想做的事，在帮助他人的同时做符合长远规划的事，在人生的转角就会有很多人帮助。"这是左子麒对于自己四年大学生活的感悟。

左子麒在大二时曾经想过提前修完学分毕业。当时他"迫不及待"地想离开校园，老师却问他"离开学校，会不会怀念？"那天左子麒跟着老师去参观大四学生的招聘会，穿行在楼宇间时，"突然，一树玉兰花跳了出来"。感性的左子麒把这个场景写进了日记。而现在，当他真正走到了在华东理工大学的这段青春岁月的尾声时，左子麒说，或许很多年后，对学校最强烈的怀念，依然会是那天"某个阳光疏斜的灰白色教学楼前，一树玉兰花瓣开放的声音"。

资料来源：https：//n. 021east. com/pnews/1589262763019638

3.1 创业机会识别与评价

3.1.1 创业机会定义及来源

1. 创业机会的定义

创业机会是指未明确的市场需求或未充分使用的资源或能力，它不同于有利可图的商业机会，它的特点是发现甚至创造新的目的—手段关系来实现创业，它对于"产品、服务、原材料或组织方式"有极大的革新。

大多数创业者都是把握了商业机会从而创业成功的，例如：蒙牛集团的牛根生看到了乳业市场的商业机会，好利来公司的罗红看到了蛋糕市场的商业机会。在现实生活中，这样的例子不胜枚举。一旦创业成功，不仅能够改变人们的生活和休闲方式，甚至能够创造出新的产业。随着人们对创业机会价值潜力的探索，一系列的商业机会逐渐衍生出来，从而产生更多的创业活动。

创业过程就是围绕着机会进行识别、开发和利用的过程。识别正确的创业机会是创业者应当具备的重要技能。

2. 创业机会的来源

变化是创业机会的重要来源，没有变化，就没有创业机会。创业机会的来源主要有以下几个方面：① 技术变革；② 政治和制度变革；③ 社会和人口结构变革；④ 产业结构变革。

专栏3-1

寂寞变成好生意

2007年某天，郭家齐坐在车站前的星巴克店内，他看着窗外人人擦肩而过，想着他们也许这辈子都再也不会相遇。突然，他灵光一闪：如果有个网站让大家记录今天去了哪里，也许回家上网，会发现彼此下午3点曾在同一个地方。

于是一个月后，一个名叫“地图日记”（atlaspost）的网站诞生了。地图日记是一个地图社群网站，其原始概念是利用生活圈社群，让使用者可以在地图平台上以文字、照片、影音进行记录与分享，并用其地理位置进行交友与社群互动。其利用地图和使用者日记结合的方式提供服务，平台上内容的累积皆为使用者产生，透过内容分享与推荐，形成交互式服务平台。“地图日记”还提供虚拟礼物、互加好友、追踪即时讯息等社群服务，在表现上，其概念是社交网络服务（SNS）的衍生，加上地理位置的元素来分隔出特定的区隔，有点类似群体博客。它与“谷歌地图”合作，以地图为主轴，网友依照不同的地点来写日记、放照片。例如，在这个网站上输入自己的家庭住址，会出现自己的住址地图，并有住在周遭网友的文章。不用说，这个网站拉近了都市里冰冷疏离的邻里关系。不到一年，网站每天便拥有数十万浏览流量，每月广告收入十几万元。

3.1.2 创业机会识别所需的条件

面对具有相同期望值的创业机会，并非所有潜在创业者都能把握。成功的机会识别是创业愿望、创业能力和创业环境等多因素综合作用的结果。

研究认为“机会识别”概念包括三个明显的过程，即觉察、发现和创造这三个独立因素。

（1）觉察

任何类型的机会都仅被某些个体感知或识别，这些差异可以归因于个体对能创造与传递新价值机会的感知力的异质性，以及觉察或识别顾客尚未满足需要的能力不同。无论何种机会，其成熟度越高，就越容易被更多的个体所感知。机会越被准确完整地描述，就越容易识别与其相关的风险和不确定性。

（2）发现

柯兹纳认为，创业者创建新企业或开发新产品市场的出发点在于识别出能导致资源重新配置的机会。生产何种规格质量的产品的决策并不是在既定资源下的经济行为，考虑更多的是对顾客愿意购买产品的认知、生产该种产品的可行性以及创业者可能聚集的资源。

（3）创造

市场需求与资源匹配前提下的商业概念必须严格遵循对需求与资源的觉察。但商业概念创造并不仅仅是觉察与发现。商业概念创造包括重组资源以创造传递更高的价值，商业概念创造可能引发对当前需求与资源匹配状态的调整，甚至导致惊心动魄地对现有企业的重组或“激进的变革”。

专栏3-2

“牛仔大王”李维斯

“牛仔大王”李维斯的西部发迹史中曾有这样一段传奇：当年他像许多年轻人一样，带着梦想前往西部追赶淘金热潮。

一日，他突然间发现有一条大河挡住了他前往西部的路。苦等数日后，被阻隔的行人越来越多，但都无法过河。于是陆续有人向上游、下游绕道而行，也有人打道回府，更多的则是怨声一片。而心情慢慢平静下来的李维斯想起了曾有人传授给他的一个“思考制胜”的法宝，这是一段话：“太棒了，这样的事情竟然发生在我的身上，又给了我一次成长的机会，凡事的发生必有其因果，必有助于我。”于是他来到大河边，“非常兴奋”地不断重复着对自己说：“太棒了，大河居然挡住我的去路，又给了我一次成长的机会，凡事的发生必有其因果，必有助于我。”果然，他真的有了一个绝妙的创业主意——摆渡。没有人会吝啬一点小钱坐他的渡船过河，迅速地，他人生的第一笔财富居然因大河挡道而获得。

一段时间后，摆渡生意开始清淡。他决定放弃，并继续前往西部淘金。来到西部，四处是人，他找到一块合适的空地方，买了工具便开始淘起金来。没过多久，有几个恶汉围住他，叫他滚开，别侵犯他们的地盘。他刚论理几句，那伙人便失去耐心，对他一顿拳打脚踢。无奈之下，他只好灰溜溜地离开。好不容易找到另一处合适的地方，没多久，同样的悲剧再次上演，他又被人轰了出来。在他刚到西部那段时间，多次被这样欺侮。终于，最后一次被人打完之后，看着那些人扬长而去的背影，他又一次想起他的"制胜法宝"："太棒了，这样的事情竟然发生在我的身上，又给了我一次成长的机会，凡事的发生必有其因果，必有助于我。"他真切地、兴奋地反复对自己说着这句话，终于，他又想出了另一个绝妙的主意——卖水。

西部不缺黄金，但似乎自己无力与人争雄；西部缺水，可似乎没什么人能想到它。不久，他卖水的生意便红红火火地发展起来。慢慢地，也有人参与了他的新行业，再后来，同行的人已越来越多。终于有一天，在他旁边卖水的一个壮汉对他发出通牒："小个子，以后你别来卖水了，从明天早上开始，这儿卖水的地盘归我了。"他以为那人是在开玩笑，第二天依然来了，没想到那壮汉立即走上来，不由分说，便对他一顿暴打，最后还将他的水车也一起拆烂。李维斯不得不再次无奈地接受现实。然而当这壮汉扬长而去时，他却立即开始调整自己的心态，再次强行让自己兴奋起来，不断对自己说着："太棒了，这样的事情竟然发生在我的身上，又给了我一次成长的机会，凡事的发生必有其因果，必有助于我。"他再一次开始调整自己注意的焦点。他发现来西部淘金的人，衣服极易磨破，同时又发现西部到处都有废弃的帐篷，于是他又有了一个绝妙的好主意——把那些废弃的帐篷收集起来，洗洗干净，就这样，他缝制成了世界上第一条牛仔裤！从此，他一发不可收拾，最终成为举世闻名的"牛仔大王"。

资料来源：https：//www. unjs. com/mingrenmingyan/lizhi/962494. html

3.1.3 创业机会识别的关键影响因素

创业机会识别过程是一个不断调整、反复均衡的过程。不同的创业者可能愿意关注不同的创业机会，机会开发和识别的影响因素也是创业者必须关注的一个重要方面。

1. 机会的自然属性

创业机会的自然属性，包括市场需求、市场结构和规模以及市场利润指标，在很大程度上决定了创业者对其未来价值的预期，因而会对创业者的机会评价产生重大的影响。

2. 创业意识

雷和卡多佐将创业意识定义为“对生产者与使用者的问题、未满足需求与利益以及新兴资源组合的特别感知力”。其他一些研究者认为，个人特征和环境互相作用，会产生提升创业意识的条件。这一思想的核心是高的创业意识提高了机会识别的概率。

3. 个体的已有知识体系

人们倾向于注意与他们已经知道的信息相关的信息，研究者认为企业家只是善于发现那些与自身熟悉的领域或者相关经验方面的机会。有三个方面的知识对创业机会的发现极为重要：市场知识、服务市场方式知识、顾客问题知识。

4. 社会网络

研究者通过调查研究，验证了社会关系网络广的企业家往往比关系较独立的企业家更能感知创业机会，而创业者社会关系网络的质量能影响他的其他特质，如感知力与创造力。

5. 经验因素

卡内基梅隆大学的教授赫伯特·西蒙将机会识别形容为一种创造性的过程，这种过程不仅仅是逻辑的、线性的和累积性的，还是直觉的和归纳性的，涉及两种或两种以上的全面深入的经验、诀窍和交往的创造性联系或交叉联合。

6. 个人特质

有研究表明两项个人特质的确与成功的机会识别有关。首先是乐观，许多研究者已经注意到企业家的乐观精神与机会识别有较强的关系。其次是创新，成功的企业家可以发现其他人看不到的机会。一项关于创新与机会识别的调查显示，90%的调查对象都认为创新对机会识别非常重要。

3.1.4　如何培养识别机会能力

1. 克莱伯恩方法

（1）必须知道自己能解决什么问题

对于想训练思维使之能识别商业机会的人，可以问自己以下问题：

① 什么样的产品和服务使得我的生活更轻松愉快？

② 什么使我烦恼或生气？

③ 什么样的产品或服务能免除我的烦恼？

（2）从幻想中创造机会

当创业者幻想他们渴望在生活中拥有的产品或服务时，商业机会就被创造出来了。通过问自己（或朋友）以下问题，可以发挥自己的想象力：

① 什么是我最渴望得到的东西？

② 它像什么？味道怎样？

③ 它能做什么？

（3）开阔自己的视野

训练识别机会的最好方式是不断用新的经验去开拓自己的思维。无论做什么，都应时刻留心机会。一些好（有趣）的可以扩展思维的方法包括：旅游，接触陌生人，学习语言，阅读以前不曾读过的书，参加讲座、音乐会，尝试新的爱好，看新闻、读报纸和杂志，与朋友和导师讨论新闻事件，实习（能增加实际经验的不付薪兼职或全职工作）。

（4）充分利用世界变化

管理学家德鲁克认为，一个可认为是具有创业性质的公司应能充分利用世界中的变化。德鲁克将创业者定义为那些能“寻找变化并积极反应，把它当作机会充分利用起来的人”。

2. 蒂莫斯方法

创业者如何辨别什么想法能转化为机会呢？应注意以下四个特征：

① 它很吸引顾客；② 它能在商业环境中行得通；③ 它必须在机会之窗存在的期间实施；④ 创业者必须有资源和技能来创立业务，或者认识某个人，他能够并愿意同其合作。

创业者还可以通过思考机会的四个根基来训练自己的思维：

① 问题：创业者能通过创业，为自己和其他人解决问题吗？② 变化：任何变化都能激发新的业务机会。③ 发明：即使不发明新的东西，创业者也能找到一个创造性的方法来销售或推广新的发明。④ 竞争：若创业者找到一种方法能赢得竞争，就能用现有的产品或服务创立一个成功的企业。

3.2 创业风险识别

3.2.1 创业风险的内涵

1. 风险

风险本质上是指风险承载体在未来损失（或灭失）的不确定性（可能性）。具体来说，风险的特征是概率估计的可靠性，以及将它作为一种可保险的成本进行处理的可能性。

2. 创业风险

在企业的风险管理中，我们可以把风险理解为与预期目标出现偏差的可能性，应用于创业企业中，风险是指创业企业财产与潜在获利机会带来的不确定性。所以，创业风险就是指由于创业环境的不确定性、创业机会与实力的有限性，而导致创业活动偏离预期目标的可能性及其后果。

3.2.2 创业风险管理

企业的风险管理是指通过一系列的管理安排，以保障公司的财产，并增加公司的商业运营能力。

1. 企业风险管理的意义

（1）减轻企业的财务负担

创业过程中的各种风险损失无疑会加大企业的财务经营负担，选择合适的风险管理方法，有助于降低风险管理成本，所以，有效的风险管理将使企业有限的资金得到更有效的使用。

（2）获取有利的竞争地位

企业在人力、技术、产品与市场上的竞争优势会带来企业发展所需要的收入，但是一个风险损失却可能使这些竞争优势全部丧失。企业在选择目标市场时对风险估计不足所导致的损失，也会使得企业的创业投资根本无法收回。

（3）有利于企业管理向规范化方向发展

建立合理的风险管理体系，可以加快创业企业内部管理规范化的步伐，从而促进创业企业的健康成长。

2. 一般的企业风险管理

风险管理的程序一般包括以下几个环节：风险识别、风险评估、风险管理技术的选择、风险管理的效果评价等。

（1）风险识别

风险识别是指对企业面临的显现的以及潜在的风险加以判断、归类并鉴定风险性质的过程。

（2）风险评估

风险评估是指在风险识别的基础上，通过对所收集的大量的详细损失资料加以分析的过程。

（3）风险管理技术的选择

风险管理技术分为控制型与财务型两大类。前者的目标是降低损失的频率和减少损失的幅度。后者的目的是以提供基金的方式，消化发生损失的成本，即对无法控制的风险进行财务安排。

（4）风险管理的效果评价

风险管理的效果评价是指对风险管理技术的实用性及其收益情况进行的分析、检查、修正和评估，通过效果评价，以保证具体管理方法与风险管理目标相一致，并使得具体的方案具有可操作性和有效性。

3.2.3 创业风险的类型

要对创业企业面临的多种风险进行有效防范，必须在对其识别的基础上进行分类，以便针对不同种类的风险使用不同的防范办法。

（1）按风险后果，可分为纯粹风险和投机风险。

（2）按决策主体的角度，可分为系统风险和非系统风险。

（3）按风险是否可通过保险转嫁，可分为可保风险和非可保风险。

专栏3-3

共享单车之倒下的町町单车、小鸣单车、酷骑单车

2017年，失败的创业企业当中，共享单车领域是重灾区。

2016年，共享单车以迅猛之势崛起，随后开始野蛮生长。然而一年之后，风口上的共享单车开始出现倒闭潮，先后有多家共享单车企业被曝出押金无法退还的问题。

这期间，经历了什么？一切要从两年前说起。

2015年6月，戴威的ofo小黄车平台收到了第一辆学生共享出来的单车，这标志着共享经济正式到来。随后，伴随摩拜单车的入场，共享单车作为新的商业市场引得无数媒体轮番报道，共享单车的发展热潮持续升温。资本追捧也刺激着其他创业企业跃跃欲试，一时间，大街上出现了各色各样的共享单车，竞争激烈，ofo小黄车、摩拜单车的口水仗也使行业话题性十足。

2017年下半年，腾讯及阿里巴巴公司的加入使整个行业梯队分得更加明显，摩拜单车全面接入微信，ofo小黄车入驻支付宝，共享单车已不再单纯是“彩虹车”之间的较量，在摩拜单车、ofo小黄车双寡头之下，留给其他平台的机会越来越少。

于是，倒闭潮开始来袭。

2017年6月21日，3Vbike发布公告称，由于大量单车被盗，即日起停运，这距离其上线运营不过4个月。

2017年8月2日，町町单车因非法集资、资金链断裂，被南京市栖霞区工商部门纳入异常企业经营名录。从“富二代”到“负二代”，其前后不过8个月。

2017年9月底，酷骑单车被曝出资金链断裂、押金难退等问题，多地运营单位与工商局失去联系，部分地区开始对酷骑单车进行清理。

2017年11月，供应商和用户围堵了小蓝单车北京办公点，要账、要押金，其中还有公司的调度维修员等员工讨薪，这种现象距离其上线运营不足一年。

2017年，共享单车成为投资及创业圈一道最引人注意的风景。

反思：创业不能跟风

共享单车的发展并没有那么简单。

共享单车的价值不仅仅是盈利租金，还涉及大数据、线下交易入口、出行服务等领域，基于以上特征，共享单车市场不会出现小而精的企业，其要求共享单车企业必须用户规模大、扩张速度快，必须是“赛道”前几名，行业本身就只允许有少数几家企业能存活，投资人也只看“赛道”前几名，这导致很多跟风小企业融资困难，不得不倒闭。

资料来源：https：//baijiahao. baidu. com/s?id=1591540029514283768&wfr=spider&for=pc

3.3 创业资源

3.3.1 创业资源的基本内涵

1. 创业资源的概念

简单地说，“创业资源”就是创业者所需具备的一些创业条件。林强和林篙认为，创业资源是企业创立以及成长过程中所需要的各种生产要素和支撑条件。也有学者认为创业资源就是在创业活动中替企业创造价值的特定的资产，包括有形资产与无形资产，并通过对不同资源的整合和利用，使其发挥最大的效益。

2. 创业资源的类型

对于创业资源的分类，学者们有各自不同的观点。

第一，按照资源要素对企业战略规划过程的参与程度分类。林强、林嵩、姜彦福等认为创业资源有间接资源和直接资源之分。其中财务资源、管理资源、市场资源、人才资源是直接参与企业战略规划的资源要素，可以把它们定义为直接资源；政策资源、信息资源、科技资源这三类资源要素对于创业成长的影响更多的是提供便利和支持，而非直接参与创业战略的制定和执行，可以把它们定义为间接资源。

第二，按照创业时期的资源重要性分类。从巴尼（Barney）的分类出发，创业时期的资源就其重要性来说，分别有以下细分：组织资源、人力资源、物质资源。从而，细分后的创业资源经过重新归纳，主要为以下几种：① 人力和技术资源，包括创业者及其团队的能力、经验、社会关系及其掌握的关键技术等；② 财务资源，即以货币形式存在的资源；③ 其他生产经营性资源，即在企业新创过程中所需的厂房、设施、原材料等。

综合以上对创业资源的分类，本书根据资源基础论将创业资源分为核心资源与非核心资源，具体如图3-2所示。

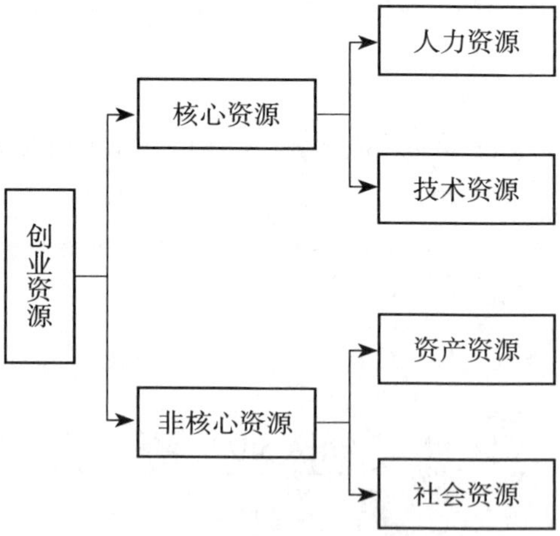

图 3-2　创业资源细分概念模型图

核心资源主要包括人力资源和技术资源。这两类资源涉及创业企业有别于其他企业的核心竞争力，是创业机会识别、机会筛选和机会运用几大阶段的主线。

人力资源是一种知识财富，是企业创新的源泉。高素质人才的获取和开发是现代企业可持续发展的关键。创业者本身就是人力资源的重要组成部分，创业者自身素质对创业企业的成长有着至关重要的作用。

技术资源是一种积极的机会资源。对于新创企业来说，主动引进和寻找有商业价值的科技成果，是企业的立身之本和市场竞争之源。

非核心资源主要包括资产资源和社会资源。

资产资源既包括资金资源，也包括其他生产经营性资源，即在企业新创过程中所需的厂房、设施、原材料等，还包括企业发展的环境资源。

社会资源包括人脉资源、政策资源、信息资源以及市场资源等其他资源。

专栏3-4

蒙牛集团的资源整合

蒙牛集团的创立者牛根生当年创业时，也与很多白手起家的创业者一样，缺“一”少“十”，可是蒙牛集团却跑出了火箭一般的速度。牛根生对资源进行了系列整合，整合工厂，整合政府农村扶贫工程，整合农村信用社资金。没运输车，他整合个体户投资买车；没宿舍，他整合政府出地，银行出钱，员工分期贷款。这样，农民用信用社贷款买牛，蒙牛集团用品牌担保农民生产出的牛奶包销，蒙牛集团一分钱没花，使整个北方地区300万农民都在为其养牛。

蒙牛集团的故事告诉我们：任何企业家都不可能拥有世界上所有的资源，个人可支配的资源总是有限的。想要实现自己的发展目标，就必须利用自己手中可占用和可支配的资源与他人交换自己所需要的资源，同时让对方也能得到他想要的资源。这就是资源整合的一个重要法则。

3.3.2　创业资源的重要性

1. 创业资源与创业过程的关系

我们首先可以从创业资源与创业过程的关系中去认识创业资源的重要性。创业过程可分为两个组成部分：企业创立之前的创业准备阶段，以及企业创立之后的创业实施阶段。

（1）创业资源与创业准备

创业准备与创业资源密不可分。创业准备中首要的是进行机会识别，从直观的含义上来看，机会识别是要分析、考察、评价可能的潜在创业机会。机会识别的实质是创业者判断是否能够获取足够的资源来支持可能的创业活动。

（2）创业资源与创业实施

创业实施阶段是创业过程的核心和最重要阶段，如何进一步发掘并整合创业资源，进行合理的创业战略规划是创业成功的关键。资源整合对于创业过程的促进作用是通过创业战略的制定和实施来实现的。

2. 技术和人力资源是最重要的资源

创业者及其团队的洞察力、知识、能力、经验及社会关系影响到整个创业过程的开始与成功；同时，在企业新创时期，专门的知识技能往往掌握在创业者等少数人手中，因而此时的技术资源在事实上和人力资源紧密结合，并且上述两种资源可能成为企业竞争优势的重要来源。

（1）技术资源是创业前最为关键的资源

在创业初期，技术资源是最为关键的创业资源之一。其原因有三点：一是创业技术是决定创业产品的市场竞争力和获利能力的根本因素；二是创业技术核心与否决定了所需创业资本的大小；三是从创业阶段来说，企业规模较小，因此对管理及人才的需求度不像成长期那样高。

（2）人力资源是企业持续经营最重要的资源

人力资源不仅仅是指创业者及其团队的特长和知识、激情，还包括创业者及其团队拥有的能力、经验、意识、社会关系、市场信息等。一旦企业成立了，创业者团队的经营管理能力以及经验等就至关重要。

（3）整合资源的能力远胜于拥有所有创业资源

创业者与创业之初所控制的资源多少关系不大。很多人在初次创业的时候，都是资源十分欠缺的。创业成功并不需要拥有所有资源，而整合资源的能力远胜于拥有所有创业资源。

实际上，所有成功创业者在新创企业成长的各个阶段，都会做到用尽可能少的资源推进企业往前发展。同时，对他们而言，资源的所有权并不是关键，关键在于对其他人的资源的控制、影响程度。

3.3.3 创业资源如何获取

1. 创业资源获取方式

（1）人力资源获取方式

这里的人力资源是指创业者及其团队拥有的知识、技能、经验、人际关系、商务网络等。因此，获取人力资源的方式主要包括以下几种：打工、模拟公司运作、参加校园创业大赛或者“挑战杯”大赛、拜访优秀的人、与优秀的人共事。

（2）技术资源获取方式

获取起步项目所依赖的技术的方式包括：① 吸引技术持有者加入创业团队；② 购买他人的成熟技术，并进行技术市场寿命分析等；③ 购买他人的前景型技术，再通过后续的完善开发，使之达到商业化要求；④ 同时购买技术和吸纳技术持有者；⑤ 自主研发。

（3）社会资源获取方式

社会资源包括人脉资源、政策资源、信息资源以及市场资源等。其中，对于外部资金的获取，一般可通过以下五种方式：① 依靠亲朋好友筹集资金，双方形成债权债务关系；② 抵押、银行贷款或企业贷款；③ 争取政府某个计划的资金支持；④ 所有权融资，包括吸引新的拥有资金的创业同盟者加入创业团队，吸引现有企业以股东身份向新企业投资、参与创业活动，以及吸引企业孵化器或创业投资者的股权资金投入等；⑤ 制定一个详尽可行的创业计划，以吸引一些大学生创业基金甚至风险投资基金的目光。

获取技术、市场及政策信息的方式主要包括：政府机构、同行创业者或同行企业、专业信息机构、图书馆、大学研究机构、新闻媒体、会议及互联网等。

2. 创业资源获取途径

（1）经济交易

外部投资者往往要求在融资契约中给予足够的控制权，而且这些控制权往往体现为外部投资者特殊的投票权、在董事会中的席位以及关键岗位的职业经理化等。

（2）社会交易

社会交易不同于经济交易之处在于，它不是实时可以回报的，在延时回报的过程中，一方对对方回报的期待成为另一方常存于心的义务，当这份义务履行时，期待才能满足，交换双方因此能产生信任。

社会网络能让资源所有者搜集更多的关于创业者能力和新创企业技术与市场潜力的信息；社会网络通过增加机会主义的成本来减少交易成本，通过社会交易获取资源比通过经济交易获取资源的成本低。

专栏3-5

大学生创业如何寻找机会

大学生想要做成一件事情，除了要依靠自己的努力之外，还必须要有一定的机会。在大学生创业这件事情上更是如此，没有找到好的机会，付出再多的努力，创业也不会成功的。那么应该怎样寻找创业机会呢？

变化就是机会

当环境有所变化的时候，各个行业也就有了新机会，创业者应当从这些变化中看到新前景。变化可以包括：产业结构的变化，科技进步，通信革新，政府放松管制，经济信息化、服务化，价值观与生活形态变化，人口结构变化等。以人口因素变化为例，可以举出以下一些机会：为老年人提供的健康保障用品，为独生子女服务的业务项目，为年轻女性和上班女性提供的用品，为家庭提供的文化娱乐用品等。

把握“低科技领域”

近年来，高科技不断地发展，这也给创业带来了很大的机会。例如，美国近年来设立的风险性公司，所涉领域中电脑占25%，医疗和遗传基因占16%，半导体、电子零件占13%，通信占9%。但是，机会并不只属于“高科技领域”。在运输、金融、保健、饮食、流通这些所谓的“低科技领域”也有机会，关键在于开发。

聚焦某些顾客的需要

大学生在寻找机会的时候，不要关注所有人的需求，因为这些基本需求已经被满足了。但实际上每个人的需求都是有差异的，如果我们时常关注某些人的日常生活和工作，就会从中发现某些机会。因此，在寻找机会时，应习惯把顾客分类，如政府职员、农民、大学讲师、杂志编辑、小学生、单身女性、退休职工等，认真研究各类人员的需求特点，机会自见。

追求“负面”机会

追求“负面”机会其实就是要创业者关注令人苦恼的事情。因为这些事情是苦恼、困扰的，人们总是迫切希望解决，如果能提供解决办法，实际上就是找到了机会。例如，双职工家庭没有时间照顾小孩，于是有了家庭托儿所；白领没有时间买菜，就产生了送菜公司等，这些都是从“负面”寻找机会的例子。

大学生创业的机会是非常难得的，大学生必须要经过仔细的观察，对市场有一定的认识之后，才可以寻找好的机会。一旦寻找到好的机会，大学生创业也就成功一半了。找到一个机会实在不容易，因此大学生一旦有了好的创业机会，就一定要坚持下去。

资料来源：https：//www. sohu. com/a/128331711_620671

3. 创业资源获取重点

（1）撰写创业计划书

一份详尽的创业计划书对创业而言是一个重要的资源。但不少创业者往往会觉得撰写创业计划书是一项异常艰难的工作。

撰写计划书的过程主要是帮助创业者和他的管理小组设计一幅走向成功的蓝图。其重点主要有两大方面：① 为什么该企业是个绝佳的投资机会；② 在建立企业时，应该采取哪些措施才能抓住这个机会。

创业计划书应撰写得清楚、扼要，能对所涉及的关键假设做具体解释。具体而言，一份创业计划书必须回答清楚以下几个基本问题：

① 你要做什么？（清楚、简洁地描述你的产品或服务的名称、特点、核心优势）

② 你的市场在哪里？（论证你的产品或服务面向的顾客群及其特点、规模；同类或者相似产品服务的市场状况以及竞争对手状况，你所拥有的差异性以及优势）

③ 你准备和谁一起做？（阐释你的团队构成、团队技能组成以及拥有的基础资源、核心资源）

④ 你准备怎么做？（说明你将采用什么生产产品或者提供服务的技术、使用什么市场方法寻找你的顾客以及销售你的产品）

⑤ 创业第一年可能的经营状况怎么样？（预先编制第一年的现金流量表、损益表，估计第一年可能会遇到的各种困难和风险）

我们将在第4章详细讨论创业计划书的撰写。

（2）对自身已有资源的充分利用

创业者原本拥有的资源内容和数量对其如何获取外部资源有相当大的影响。创业者的原有资源状况首先会影响到创业者的诉求对象，其次会影响到其对资源获取方式的选择，最后会决定创业者采取哪种方式展示已有资源，以增强资源获取方式获取资源的力度。

3.3.4 创业资源如何整合

资源整合能力的强弱，不但应该成为衡量创业者、企业家能力的主要指标，更直接关乎企业的成长发展。值得一提的是，不是所有人都具备这种能力，也不是想具备就可以学来的。

创业资源大体上可分为两类，即社会资源和创业者所拥有的资源。前者更多地来自外部机会发现，而后者则来自内部机会积累。外部机会发现在创业初期起着决定性作用，创业者在开始创业时期一般都面临一个重要问题，即资源不足和资源供给问题。

1. 有效地整合人脉资源

在个人创业过程中人脉资源是第一资源，有各种良好的人脉关系，可使创业者方便地找到投资、找到技术与产品、找到渠道等各种创业机会。整合人脉资源是创业成功的基本条件。

创业者整合资源的能力其实与创业者的素质和管理能力、企业研发能力等都是相通的，因而创业者应该注重提升资源整合能力。

（1）人脉资源的特性

① 长期投资性：平时要注意人脉资源的积累，不要事到临头才去找人帮忙。因而创业者必须从一开始就建立人际关系。

② 可维护性和可拓展性：人脉资源是可以通过合作、交流、关心、帮助、友情、亲情等进行维护的，并会不断巩固，所以人脉资源需要经常维护，同时在维护中可以不断地发展新的人脉关系。

③ 有限性和随机性：每个人的人脉资源都是有限的，创业者的发展同样也会受到其人脉资源的限制。每个人的能力也是有限的，创业者不可能认识所有那些潜在的帮助者。

④ 辐射性：自己的朋友可能帮不上忙，但是朋友的朋友可以提供帮助。

（2）开发潜在的人脉资源的方法

① 熟人介绍：扩展自己的人脉链条。

② 参与社团：走出自我封闭的小圈子。

③ 利用网络：廉价的人脉通道。

④ 参加培训：志同道合的平台。

⑤ 参加活动：表现自己、结交他人的舞台。

⑥ 处处留心皆人脉：学会沟通和赞美。

⑦ 不怕拒绝，勇敢出击：主动与人沟通。

⑧ 创造机会：给予比接受更有福气，总是尽量帮助别人。

⑨ 大数法则：结识的人越多，预期成为朋友的人就越多。

2. 整合人才资源保持创新能力

企业或事业唯一真正的资源是人，如何努力创造吸引人才的条件，为企业吸引和留住人才，利用“外脑”整合人才资源，以获得长期持续发展的内在动力，已成为中小企业当前的一项十分迫切的任务。

3. 整合信息资源抓住成功创业机遇

信息资源与人力、物力、财力以及自然资源一样，都是创业企业的重要资源，因此，应该像管理和整合其他资源那样管理、整合信息资源。

信息在组织系统构成要素中处于基础地位，只有良好的信息运行，其他的要素才能很好地结合起来。尤其在创业的早期阶段，信息对创业者来说更为重要。有研究表明，市场信息的使用会影响企业绩效。

4. 整合技术资源可以推动技术的不断创新

技术资源是赢取客户信赖的根本，技术资源的主要来源是人才资源，重视技术资源的整合同时也是注重人才资源的整合。技术资源的整合，不仅要整合、积聚企业内部的技术资源，还要整合外部的可供利用的技术资源。整合技术资源是为了技术的不断创新，而自主研发并拥有自主知识产权，更是能够保持技术的领先性，占领市场，壮大企业。

创业企业成功的关键首先是寻找成功的创业技术。中小企业如果想整合企业之外的技术资源，应尽可能地与科研院所、高等院校合作，因为那里有技术上的前沿人才，而且科研院所、高等院校的人才也很愿意把自己的技术资源转化为产品，实现技术成果的转化。

5. 有效地整合资产资源

整合资产资源，不仅仅是解决“钱”的问题，更重要的是考虑战略投资者还能为企业带来什么其他资源，如政府背景、行业背景、市场影响力、营销支撑等，亦即整合资产资源时要充分考虑资产资源能否带来更多的其他资源。但最为关键的是，选择的战略投资者要与企业当前阶段的发展目标相吻合。

6. 整合行业资源的优势

对于创业来说，行业资源尤其重要，它代表着对该行业资讯与常识的积累，代表着对新创企业发展方向的把握，因此，行业资源将成为创业者考虑的重要资源。

整合行业资源，能了解、掌握该行业的各种关系网，如业内竞争对手、供货商、经销商、行业管理部门等。行业资源不仅有这些，科研机构、行业协会、行业杂志、行业展会、业内研讨会、专业书籍等资源都需要创业者平时加以关注，发掘其价值，为企业的成长服务。

同行之间或者产业上下游之间的创业企业通过策略联盟或股权置换等种种方式整合资源，可使人力资源、研发能力、市场渠道、客户资源等方面实现优势互补，对内相互支持，对外协同竞争。

7. 有效地获得政府资源

政府资源对创业者而言是不可多得的成功创业的助推器，政府资源有很多方面的内容，包括财政扶持政策、融资政策、税收政策、科技政策、产业政策、中介服务政策、创业扶持政策、对外经济技术合作与交流政策等。

整合政府资源的方式：一是上政府官网查询；二是委托政策服务公司提供政策咨询；三是与有关部门保持密切的沟通；四是在条件允许的情况下，可指定专人负责有关政策信息的收集。

3.4 创业融资

3.4.1 创业融资的概念

创业融资是指创业者为了生存和发展的需要，筹集资金和运用资金的活动。创业融资的研究对象是创业企业的融资行为。具体行为包括在一定的融资风险下，如何取得资金，同时使融资成本最小、创业企业的价值最大化。不同的创业融资行为形成不同的创业融资结构，创业融资行为的合理性可以通过创业企业的融资结构反映出来。

企业融资的动机：新建企业需要资金、企业的可持续发展需要资金、企业偿还债务需要资金、企业调整资本结构需要资金、适应外部环境变化的需要。

3.4.2 企业融资的原则

1. 合法性原则

企业的理财活动必须是合法的，融资活动作为财务活动的一个方面，必须遵循有关的法律法规，依法保障各方的合法权益，避免违法行为给企业带来的不利影响。

2. 效益性原则

由于不同的融资方式具有不同的资金成本，因此，企业在融资过程中应该遵循效益性原则，采用合理的融资方式，尽可能节约费用、降低资金成本。

3. 合理性原则

一般而言，短期负债资金成本比长期负债要低，但是，如果短期负债比重过高，则会造成企业短期内偿还债务压力过大；相反，长期负债虽然在短期内偿债压力小，却要承担较高的资金成本。

4. 及时性原则

及时性原则要求企业在筹集资金时必须考虑资金的使用时间，保证资金及时到位，使资金的筹集与使用在时间上很好地配合衔接，实现动态平衡。企业既要避免因为过早取得资金而承担资金闲置的额外成本，又要避免因为资金不能及时到位而造成的直接和间接经济损失。

3.4.3 企业融资的渠道和方式

1. 企业融资的渠道

企业融资的渠道是指企业的资金来源，反映了资金来源的方向与性质。企业只有了解了不同融资渠道的特点及其适用性，才能充分利用各种融资渠道，实现不同融资渠道的合理组合，有效筹集资金。目前，我国企业的融资渠道主要包括以下7种：① 政府财政资金；② 银行信贷资金；③ 非银行金融机构资金；④ 企业自留资金；⑤ 其他法人资金；⑥ 居民闲置资金；⑦ 境外资金。

2. 企业融资的方式

企业融资的方式是指企业获取资金所采取的形式，要通过具体的融资工具和手段来实现，反映了资金的属性和期限。例如，发行股票筹资和长期资金属于权益资金，可以长期使用，不用还本金；而发行短期债券筹集的是短期负债资金，需要承担利息，到期需要还本金。目前主要的融资方式包括以下7种。

（1）吸收直接投资

吸收直接投资包括吸收国家投资、吸收法人投资、吸收外商直接投资、吸收社会公众投资等。

（2）银行贷款

银行贷款是指企业向银行等金融机构申请贷款，以获得信贷资金的一种筹资方式，这种筹资方式适合各类企业，既可以筹集长期资金，也可以筹集短期资金，方式灵活，取得方便。

（3）发行债券

发行债券是指发行人以借贷资金为目的，依照法律规定的程序向投资人要约，发行代表一定债权和兑付条件的债券的法律行为。

（4）发行股票

发行股票是指符合条件的发行人以筹资或实施鼓励分配为目的，按照法定的程序，面向投资者或者股东发行股份或无偿提供股份的行为。

（5）租赁融资

租赁融资是指企业与租赁公司签订长期租赁协议，按照协议从租赁公司租入资产的一种融资行为。

（6）商业信用

商业信用是指企业之间相互提供的、与商品交易相联系的信用形式，是企业筹集短期资金的重要方式。

（7）利用留存收益

利用留存收益是企业筹集权益资金的方式，主要来源于企业的盈余公积和未分配利润两个部分。

3. 私人资本融资

私人资本融资主要是指创业企业家通过自身的资源筹到的资金。

（1）自我融资

在创业的初期，创业企业的支出一定大于其收益，且在产生一定的收益之前都需要支出一定数量的资金来支付一些费用，这些资金通常被称为开办资金。企业一般都会将开办资金用于两个方面：一是运营前期的成本支出；二是运营前期的投资。要保持新创企业的正常运营，创业者必须有一定的储蓄支撑，将其积蓄投入新的企业中来。

（2）向家人及亲朋好友融资

从家人、亲戚、朋友和同学等途径筹集创业资金是非常常见的融资方式。基于社会网络关系的融资路径相对容易，但也具有一定的劣势，这种融资方式容易产生各种各样的经济纠纷。

（3）天使投资

天使投资是指自由投资者或者非正式的机构对于有创意的创业者或者创业项目、小型的新创企业进行的一种前期投资，这种投资是一次性的，是一种非组织化的创业投资形式。

4. 政府创业支持政策融资

（1）针对特定群体的创业基金

我国各级政府都非常重视全民创业，并出台了支持创业的基本政策，各地政府根据当地的实际情形建立了许多针对特定群体的、旨在鼓励创业的支持基金，如大学毕业生创业基金、留学生创业基金等。这些特定的群体有很高的创业热情，也具备一定的创业技能。

（2）创新基金

科技型中小企业技术创新基金由财政部、科学技术部于1999年联合设立，并制定了《科学技术部 财政部关于科技型中小企业技术创新基金的暂行规定》。为了带动更多的社会资本投入科技型的中小企业中，2007年财政部设立了科技型中小企业创业投资引导基金，通过对社会创投机构的风险补助、阶段参股、资金保障等支持方式，引导其向初创期科技型中小企业进行投资。

（3）地方政府的创业优惠政策

2009年，国务院发布了《国务院关于进一步促进中小企业发展的若干意见》，提出了营造有利于中小企业发展的环境、解决中小企业在创业初期进行融资的困难并加大对中小企业财税的扶持力度等8个方面、共29条具体意见。据此，各级地方政府出台了很多创业扶持政策。

3.4.4　企业融资的结构、类型、发展模式

1. 企业融资的结构

企业融资的结构是指企业各项资金来源的构成及其比例关系，也可以理解为企业资产负债中负责项目的构成比例。从资金形成的关系来看，企业资金来源大体可分为两部分：权益资本与债权资本。权益资本包括内源融资中的公司留存收益与外源融资中的股权资本，而债权资本包括外源融资中的债权资本与短期资金来源中的短期借款和商业信用。

2. 企业融资的类型

按照资金的来源不同，企业融资可以分为两类，即内源融资和外源融资。一般情况下，企业首先考虑内源融资，当内源融资无法满足企业的资金需要时，才会转向外源融资。

（1）内源融资

内源融资是指企业依靠其生产经营产生的内部积累资金进行的融资。本质上，内源融资是企业将自身积累的可供使用的资金转化为投资的过程。内源融资的资金来源主要由留存收益和折旧构成。企业内源融资的资金主要来源于留存收益。

内源融资的特点：① 自主性强；② 成本低，财务风险小；③ 不改变股权结构和比例，对控股股东没有威胁；④ 将利润再投资有利于减免股东的个人所得税；⑤ 规模有限。

（2）外源融资

外源融资是指企业通过一定方式和渠道向其他外部经济主体筹集资金的行为与过程。外源融资的方式多种多样，包括银行贷款、股票、债权、商业信用、融资租赁等。

一般情况下，企业外源融资需要通过金融媒介机制的作用来实现，它对企业的资本形成具有规模性、灵活性、高效性和集中性的特点。

3. 企业融资的发展模式

从世界各国企业融资发展变化的情况来看，国际上企业融资的发展模式可以概括为两类：市场主导型的“英美模式”和银行导向型的“日德模式”。前者以证券融资方式为主，也称为英美直接融资模式，其证券融资可占企业外源融资的55%以上；后者以银行融资方式为主，也称为日德间接融资模式，其银行融资可占企业外源融资的80%以上。

（1）市场主导型的“英美模式”

市场主导型的融资发展模式，是以资本市场为基础，以直接融资为主导的融资制度。市场主导型的融资发展模式主要有以下特点：① 直接融资占优势；② 融资市场化；③ 资本市场的多层次。

（2）银行导向型的“日德模式”

银行导向型的融资发展模式，是以间接融资为主体的融资模式。在这种模式中，银行及银行信贷是间接融资中的主体。其主要特点包括：① 银行独立支撑金融体系，是公司资金来源的主要渠道；② 资本市场不发达；③ 企业融资主要通过银行完成，负债率高，一般为70%以上；④ 法人相互持股是日德公司融资的重要特点。

3.4.5 创业融资的成本与风险

1. 企业融资的成本

企业融资的成本实质上是资金使用者支付给资金所有者的报酬。由于企业融资是一种市场交易行为，有交易就会产生交易费用，资金使用者为了能够获得资金使用权，就必须支付相关的费用。因此，企业融资的成本实际上包括两部分：融资费用和资金使用费。融资费用是指企业在资金筹集过程中发生的各种费用，资金使用费是指企业因使用资金而向其提供者支付的报酬。

2. 企业融资的风险

与成本不同，风险一般泛指遭受各种损失的可能性。风险是指在特定环境下和特定时期内自然存在的导致经济损失的变化。融资风险的大小主要通过风险成本来反映。对未来情况估计的精确程度越高，风险就越小；反之，则风险越大。企业融资的风险成本主要包括破产成本和财务困境成本。破产成本是与企业破产相关的企业价值损失。财务困境成本的内涵要比破产成本宽泛，其中包括破产成本。

思考题

1. 你认为自己具备创业机会的识别能力吗？你目前仍欠缺哪些影响因素？
2. 承担风险前一般要问自己哪些问题？
3. 创业者面临的风险有哪些？列出10个以上。
4. 大学期间可以通过哪些途径获取创业资源？
5. 你了解中国“互联网+”大学生创新创业大赛吗？假如你是新生督导，如何向刚入学的新生介绍这个比赛？
6. 创业企业必须要融资吗？
7. 在进行融资决策前，企业要考虑哪些问题？
8. 新企业的融资渠道一般有哪些？其具体含义是什么？

延展性阅读

测测你是否适合创业

1. 有一天，你接到了三个邀请，但恰好都是周末同一天的下午：① 中国首富在某报告厅讲述他成功的辉煌经历，听了让人热血沸腾；② 一位知名老板讲述几起几落的失败故事，且不讲辉煌，专讲失败的经历；③ 十多年未见的一群同学聚会，不能错过。你会选择接受哪一个邀请？

这道题测试的是一个人是否有理性头脑。众多的创业者都属于“激情”创业。创业需要有激情，但光有激情不够，很多人太受那些成功故事的激励而热血沸腾，往往不分析自己的能力，不管市场时机，更不管多少人失败，而毅然决然地为了创业而创业。他们“不愿意给人打工”的心理强烈，认为失败是别人的，别人的成功完全可以“拷贝”到自己身上，自己成功似乎就在明天，激情万丈，甚至借钱创业，不顾一切。这样的行为是很可怕的。

选择结果分析：

选择①：有创业的强烈激情，但缺乏理性。如果创业的话，失败的可能性大。成功者辉煌的创业故事在媒体上随处可见，不是难得的资料。而且一个人在成功的时候，他所讲述的成功传奇有作秀的成分，不能给创业者带来真正的启示。

选择②：有创业想法，也不乏理性，适合创业。大多数人都喜欢看成功的故事以激励自己，但一个人成功了，背后还有999个失败者。想创业的人，没有人不想成功，但如果一开始不多想想失败，将来多半就会失败。失败者的故事很少受到他人关注，也很少有人愿意讲出来，但恰恰失败者的总结最为珍贵。

选择③：不适合创业。处在人生的奋斗阶段，应不断地提升自己。讲演能对事业上有所启示，错过了就不再有。而同学聚会，今天不去明天还可以，同学永远是同学，不会因为没去就断绝了同学关系。况且十多年未见了，除了叙旧，还能有什么共同语言吗？

2. 你付出了很多才华、智慧和心血，为公司谈成了一笔又一笔生意。但很多同事对你非常嫉妒，背后经常说你的坏话，并造谣说你拿回扣，等等。这时，你会：

① 一有机会就跟别人解释；

② 有些沮丧；

③ 一笑了之；

④ 认为“枪打出头鸟”，以后少卖力，跟大家一样。

这道题测试的是一个人做事是否有恒心和定力。创业，往往都会经历最艰苦的阶段，甚至周围的人都说风凉话，团队成员也打退堂鼓。这时候，作为创业核心成员，如果没有八风不动的定力，而是人云亦云，那就不适合创业，在创业中遇到困难也会退缩。

选择结果分析：

选择①②④的人都不适合创业，选择③的人的性格是创业型人才应有的性格。有些事不是靠解释就能澄清的，唯有让时间去证明。自己认为正确的路，就要坚定地走下去，不被冷嘲热讽所动摇，而挫折失败会让人更坚强。

3. 由于工作中的应酬很多，因此你经常在外面的餐厅用餐。你平时喜欢吃东北菜，某次一个客户招待你，但这家餐厅你没来过，菜肴是贵州风味，你以前从没吃过。该餐厅虽然特色是贵州菜，但也有东北菜。客户让每人点一个菜，你准备点：

① 平时最喜欢的东北菜；

② 一个没吃过的贵州特色菜；

③ 请服务员随便推荐一个菜；

④ 犹犹豫豫不知道点什么好，不愿意自己点菜，最后让对方代劳，点什么吃什么，不挑剔。

这道题测试的是一个人是否有创新意识。一个创业型人才，必须具备创新的头脑。保守的人无法勇敢地迈出创业的第一步。从点菜上可以看出一个人的性格，一个从不想尝试没吃过的菜的人是比较保守的人，不适合创业。

选择结果分析：

选择①：你很保守，不乐于创新，不适合创业，喜欢按部就班，适合在大公司里稳步地做事。

选择②：你是个乐观、做事果断、不太拘小节的人，容易跨出创业的第一步。

选择③：你习惯于顺从别人的意见，缺乏自己的主见，是个很好的下属，有执行力，缺乏决策力。

选择④：你做事一丝不苟、慎重，但你的谨慎往往是过分考虑对方立场所致，对自己的想法没有自信，常顺从别人的意见，易受人影响，不适合创业。

4. 办公室里坐在你对面的一个同事，是平时工作上很多方面与你配合的人。他很有才华，但是他不拘小节、性格孤僻、不合群，单位组织集体活动他也经常不参加。而这次单位组织集体游玩活动，你是组织者之一。到了旅游景点，大家有说有笑、三五成群地走，唯独他一个人溜边儿、没人搭理。看到这种情况，你会：

① 心想既然是出来玩儿，怎么高兴怎么玩儿，不用管他；

② 发动几位同事照顾一下他，带着他一起玩儿；

③ 认为他让人扫兴，类似的活动他不来更好。

这道题测试的是一个人是否具有团队作战精神以及是否具有领导才能。创业，总是需要各种人才，而各类人才不都是十全十美的。很多有才华的人也许有各种怪癖，从你是否能团结他们、容忍他们、调动他们，能看出你是否具备领导团队作战的领导能力，以及你是否具有团队意识。

选择结果分析：

选择①：属于单打独斗型的人，“独立作战”可以，“带兵打仗”不行。

选择②：有宽容的心，有细致的心，有带领团队一起作战的领导才能，属于情感、智商都较高的人，具有创业型人才所必备的部分品格。

选择③：属于偏激，“眼里不容沙子”，对他人要求苛刻、不宽容的人，不适合做领导者。

5. 下班了，你正在公司加班。突然，其他部门的一个客户来到办公室，又踢又嚷，情绪十分激动。而此时，负责该客户的服务经理已经下班，不在公司，领导也在外开会，公司里只有几个跟自己一样加班的同事。这时，你会：

① 拿起桌上的电话报警，让警察或者保安出面处理；

② 认为公司分工很明确，不是自己部门的事，不必多管；

③ 临时代表公司出面接待客户，与客户周旋，对客户进行安抚。

这道题测试的是一个人是否具有敢于直接承担责任、接受挑战的心理素质。创业必然会出现很多棘手的麻烦，只能独自去面对，无法躲避，更不是每件事都可以提前预料。遇到好事就往前冲，遇到一点麻烦就往后溜的人，不是能敢于直面挑战和各种压力的人，不适合创业。

选择结果分析：

选择①： 处理事情以硬碰硬，过于冲动，面对创业过程中可能出现的各种棘手的问题，容易采取过激的方法来处理。

选择②： 属于明哲保身的人，是个好员工，但不是适合创业的人。

选择③： 做事果断而不失去理性，心理素质较高，能担负起一定的责任和压力，这是创业型人才所必需的素质。

创业测试

请根据自己的真实情况回答以下问题，最终的测试结果可以提示你是否已经准备好步入创业的道路。(选择“是”计1分，选择“否”计0分。)

1. 如果没有一份固定收入，你是否会感觉舒服？是（　）否（　）
2. 你是否愿意接受一份充满挑战、变化、多样性，甚至充满冒险性的工作？是（　）否（　）
3. 你是否具有足够的灵活性，能适应不断变化的市场需求？是（　）否（　）
4. 你是否愿意将自己的钱投资到公司里，并邀请你的朋友加入？是（　）否（　）
5. 你是否承诺花尽可能多的时间和精力让你的事业成功？是（　）否（　）
6. 进行战略规划和经营企业的日常事务对你来说，是否同样重要？是（　）否（　）
7. 你的商业计划是否基于你的专业、兴趣和扎实的市场调查之上？是（　）否（　）
8. 你是否能从失败或暂时的挫折中快速恢复并得到经+验？是（　）否（　）
9. 你是否乐观、执着、热情地对待你的工作？是（　）否（　）
10. 你是否对成为一名成功的企业家充满信心？是（　）否（　）

测试结果：

8～10分　你已经准备好创业了。如果得分为8分以上，那就说明你已经准备好认真启动你的创业计划，且有足够的勇气去承担风险。同时，你肯定具备了一定的创业激情，做好了迎接挑战的准备。你具有独立思考的能力，并且能够听取他人的意见。当然，你更倾向于自己做决定。不过善意地提醒你，不要太快去启动新企业，一定要深思熟虑，先制定一份完善的创业计划书，并对市场进行深入细致的调研，也要对财务有很好的规划。

5～7分　放慢创业速度。如果得分为5～7分，那就说明你已经具备了一些创业者的关键特征，但此时千万不要冲动，要尽量地放慢进程。要对自己的优劣势进行充分评估，能够明确在实施创业计划之前，还需要加强的技能。你可以通过积累工作经验来磨炼自己的勇气，在工作的过程当中，慢慢地去实施自己的创业计划。

0～4分　考虑为别人工作。如果得分为4分以下，那就说明你对自己成为一名创业者或者自己运作一家企业的信心不足，或者说你对创业的兴趣不是特别大。如果是这样的话，你可以考虑加入一个具有创业精神的公司。当然，如果你真的有成为一名创业者的想法，可以下定决心磨炼自己，尽一切可能去弥补你所缺乏的创业特质。如果你有很好的创业想法、有足够的资金，并且也能够找到一个合适的值得信任的合伙人，也可以大胆地去尝试一下。

第4章 创业计划书

学习目标

学完本章后，你应该能够：

- 了解什么是创业计划书
- 知道如何撰写创业计划书
- 掌握创业计划书的展示技巧
- 了解国内外知名的创业计划大赛

凡事豫（预）则立，不豫（预）则废。言前定则不跲；事前定则不困；行前定则不疚；道前定则不穷。

——《礼记·中庸》

在创业过程中，光凭激情与梦想远远不足以保证创业的成功，创业者在创业前期应该制定一份详细的计划：通过调研，了解市场需求，掌握现有的市场规模与市场动态，在有效的市场调研的基础上，确定将要实施的项目，规划项目的短期及长期经营模式，了解竞争对手的经营策略及产品（服务）特性，制定相应的应对措施，预估项目的盈利性及所需资金等。基于创业计划书的分析，可以制定出相应的创业目标，并逐步实施。

案例导读

碳纤维热塑性复材研发成功

2018年11月28日，上海华航碳纤维复合材料有限公司（以下简称“华航复材”）宣布，其开发出一种连续碳纤维增强聚醚醚酮（以下简称CF/PEEK）复合材料。这种复合材料的强度比金属高5倍，质量比金属轻60%，性能比同类产品提升了10%以上。

华航复材团队由单毫、洪成、贾凯慧等9名华东理工大学的在校研究生组成。该团队着眼于开发高性能碳纤维热塑性复合材料，其开发的CF/PEEK复合材料产品的多项性能指标优于国外同类产品。

这种复合材料既耐高温又耐腐蚀，抗冲击性强，可塑性高，还具备自润滑、耐磨损、可透X光、耐辐射等特性。具备这些特点的材料取代部分金属材料应用于飞机制造中，可以达到减轻机身质量、减少燃油使用量和降低碳排放量的作用，相关产品在国产大飞机的潜在供应商进行试用时获得认可。除此以外，这种复合材料还可广泛应用于航空航天领域、能源工业、交通运输、医疗器械等领域。

华航复材团队的单毫，师从华东理工大学化工学院周晓东老师，他将CF/PEEK复合材料作为自己的研究课题。同一实验室的洪成、陈宇也加入其中组成了初创团队。经过不懈努力与反复尝试，该团队克服了PEEK树脂加工温度高、熔融黏度大、很难充分浸渍纤维等难题，改善了生产工艺与生产设备，成功开发出高性能CF/PEEK复合材料，并申请了发明专利。如今，华航复材团队拥有3项发明专利，获得了4项书面合作意向书。与此同时，该团队还获得中国第四届“互联网+”大学生创新创业大赛上海市金奖、全国银奖，2018年“创青春”全国大学生创业大赛上海市金奖、全国银奖。

调研显示，受限于技术壁垒较高，全球能生产CF/PEEK复合材料的企业屈指可数。目前国内对该材料的研发尚停留在实验室阶段，没有工业化生产能力。然而，我国大飞机、高速列车、汽车工业、核电工程等对该材料的需求十分迫切。如今，高性能纤维及其复合材料相关产业在全球范围内发展迅速，市场对轻量化、可回收、环境友好型材料的需求也在日益增加。若在制造业中大规模应用相关材料，可提升制造业轻量化科技水平。因此，自“十二五”规划以来，我国高度重视高性能纤维复合材料的研发和应用，并制定了相应的战略规划。

资料来源：https：//www. sohu. com/a/278772960_268194

4.1 创业计划书概述

创业计划书是指创业者计划创立的业务的书面计划，用以描述与创办企业相关的内部及外部要素，是根据一定的格式和内容的具体要求而撰写的全面展示企业和业务目前状况、未来发展潜力的书面材料，为业务的发展提供行动指南和衡量标准。通常情况下，一份完整的创业计划书包括计划摘要（执行摘要）、项目和公司简介、产品或服务及其特征、市场需求和所属行业的竞争和发展趋势、市场营销方案、生产和运作模式、企业管理方案、融资方案、投资（财务）效益可行性、风险及其防范、撤出机制等内容。创业计划书的撰写者，可以是创业者本人，也可以依靠营销顾问、律师、合伙人等。

创业计划的基本目标在于通过对市场的分析，找到商业机会，说明创业者的基本思路和预期目标；分析产品及竞争者，说明创业者如何利用商业机会进行业务发展；分析说明创业者已有的资源，以及产品的优势和劣势、影响成败的因素；分析并确定创业资金来源及创业团队。

创业计划书的篇幅不能过长，也不能过短。一般来说，业务规模越大，创业计划书的篇幅也就越长；如果业务单一，则可以相对简单一些。一份好的创业计划书，应该可以明确说明企业的发展目标、实现目标的时间和方式、所需要的资源。它是一份全方位的商业计划，用以描述企业发展，是创业者素质的体现，也是企业拥有良好融资能力、实现跨越式发展的重要条件之一。

创业计划书的作用有以下几个方面。首先，创业计划书具有指导作用。创业计划书的内容涉及企业（业务）的方方面面，可以对创业过程进行全程指导。其次，创业计划书具有沟通作用。创业计划书的撰写是一项复杂的系统工程，需要对市场、行业进行充分的研究与分析，还要具备一定的文字功底。在撰写过程中，创业者需要与合作伙伴对每一个细节、产品或业务的优势和劣势进行充分的确认与分析，这个过程，也是创业者与合作伙伴对企业或业务的现状及发展前景的全面思考与定位的过程。再次，创业计划书具有集聚作用。好的创业计划书，能够吸引风险投资人的注意，有助于资金的筹措；有利于志同道合的伙伴的加入；还有利于获得对创业计划感兴趣的单位（团体）的支持与赞助。最后，创业计划书具有规划作用。创业计划书是创业的重要起点。创业者在正式创业之前，必须对自己未来的道路做一个清晰的梳理。因此，在撰写创业计划书的时候，创业者要顺着自己的思路去规划，考虑清楚企业未来该如何去操作，蓝图该如何描绘，需要注意哪些问题，要搞清楚哪些环节，要研究哪些资料，需要请教哪些人，获得哪些人的支持等。在创业计划书的撰写过程中，创业者会很自然地避开创业雷区，或者可能遇到的麻烦与风险，在撰写创业计划书时考虑得越周到、越细致，创业思路就会越清晰，创业成功的概率就会越高。所以说，创业计划书的撰写过程，实际上也就是创业者对自己所要从事的业务的详细规划过程。

4.2　创业计划书的内容与格式

如同前文定义里所说，创业计划书有其固定的内容与格式，图4–1就是一份创业计划书目录示例，其包含了创业计划书的典型结构。

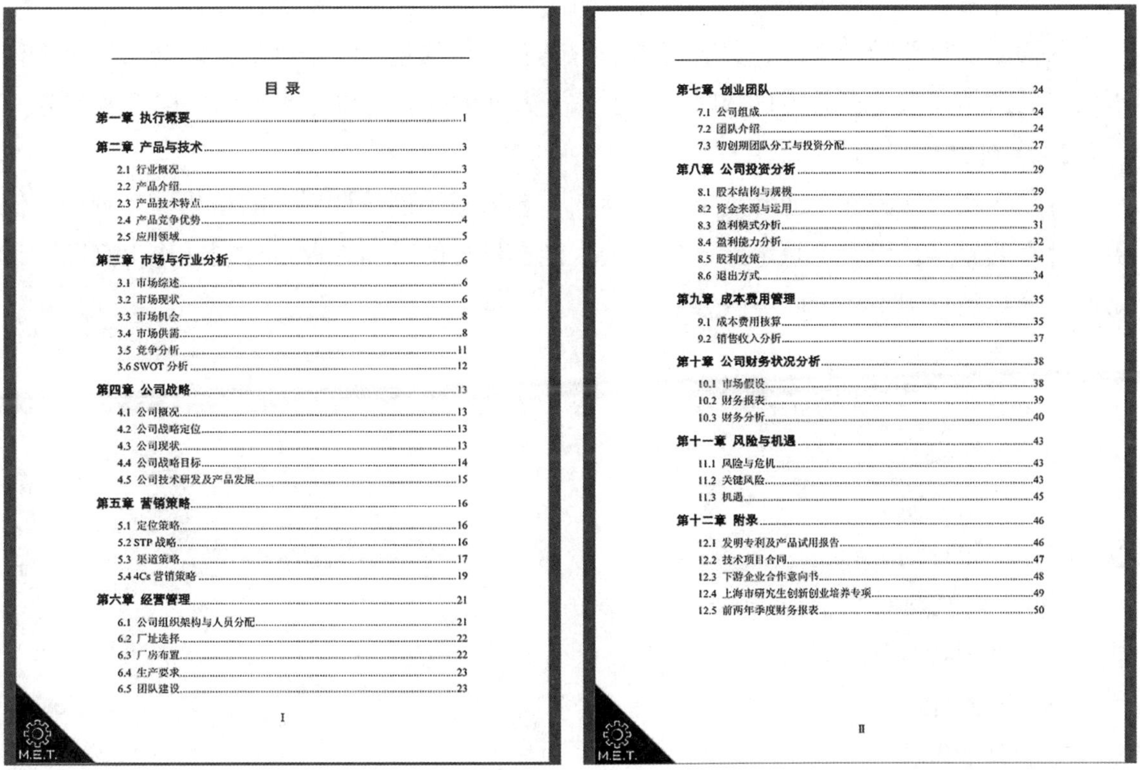

目 录

第一章 执行概要……1
第二章 产品与技术……3
2.1 行业概况……3
2.2 产品介绍……3
2.3 产品技术特点……3
2.4 产品竞争优势……4
2.5 应用领域……5
第三章 市场与行业分析……6
3.1 市场综述……6
3.2 市场现状……6
3.3 市场机会……8
3.4 市场供需……8
3.5 竞争分析……11
3.6 SWOT 分析……12
第四章 公司战略……13
4.1 公司概况……13
4.2 公司战略定位……13
4.3 公司现状……13
4.4 公司战略目标……14
4.5 公司技术研发及产品发展……15
第五章 营销策略……16
5.1 定位策略……16
5.2 STP 战略……16
5.3 渠道策略……17
5.4 4Cs 营销策略……19
第六章 经营管理……21
6.1 公司组织架构与人员分配……21
6.2 厂址选择……22
6.3 厂房布置……22
6.4 生产要求……23
6.5 团队建设……23

I

M.E.T.

第七章 创业团队……24
7.1 公司组成……24
7.2 团队介绍……24
7.3 初创期团队分工与投资分配……27
第八章 公司投资分析……29
8.1 股本结构与规模……29
8.2 资金来源与运用……29
8.3 盈利模式分析……31
8.4 盈利能力分析……32
8.5 股利政策……34
8.6 退出方式……34
第九章 成本费用管理……35
9.1 成本费用核算……35
9.2 销售收入分析……37
第十章 公司财务状况分析……38
10.1 市场假设……38
10.2 财务报表……39
10.3 财务分析……40
第十一章 风险与机遇……43
11.1 风险与危机……43
11.2 关键风险……43
11.3 机遇……45
第十二章 附录……46
12.1 发明专利及产品试用报告……46
12.2 技术项目合同……47
12.3 下游企业合作意向书……48
12.4 上海市研究生创新创业培养专项……49
12.5 前两年季度财务报表……50

II

M.E.T.

图4–1　创业计划书目录示例

创业计划书的撰写目标，简而言之，就是指明计划的投资价值所在，解释是什么（What）、为什么（Why）以及怎么样（How）。这个简单的“2W1H”揭示了创业计划书结构的逻辑关系。首先介绍“我们的产品（服务）是什么”，通过对市场及竞争对手的分析说明“为什么要这么做”，并通过对团队建设、财务预测以及未来的展望来证明项目的可行性与市场潜力，即“项目怎么样”。

创业计划书中的项目具体来源，可以是创业者参与的发明创造或专利技术、经授权的发明创造或专利技术（此种情况下，创业者要具备具有法律效力的发明创造或专利技术所有人的书面授权许可，以合法使用其产品），也可以是研发实现的概念产品或服务。

1. 封面

封面应该对创业计划书的全部内容做一个简洁地概括，包括以下内容：

（1）公司名称；

（2）公司地址；

（3）创业者姓名；

（4）联系方式（电话、传真、电子邮箱地址、网址、通信地址）；

（5）概述公司及业务性质的一段话；

（6）保密须知（如有需要可以具体说明）。

封面的设计要简洁大方、美观得体，且具有艺术气息，一个好的封面会给投资人留下较好的初始印象。在具体排版时，以上几个方面的内容可以分为封面和扉页两部分。

2. 计划摘要（执行摘要）

计划摘要应该列在创业计划书的最前面，它浓缩了创业计划书的精华。计划摘要涵盖了计划的要点，以求一目了然，使投资人能在最短的时间内评审计划并作出判断。计划摘要一般包括但不限于以下内容：

（1）公司介绍；

（2）主要产品和业务范围；

（3）市场概貌；

（4）营销策略；

（5）销售计划；

（6）生产管理计划；

（7）管理者及其组织；

（8）财务计划；

（9）资金需求状况。

在计划摘要中，企业还必须回答下列问题：

（1）企业所处的行业是什么？企业经营的性质和范围是什么？

（2）企业主要产品的内容是什么？

（3）企业的市场在哪里？企业的顾客是谁？他们有哪些需求？

（4）企业的合伙人、投资人是谁？

（5）企业的竞争对手是谁？竞争对手对企业的发展有什么影响？

计划摘要应尽量简明、生动。特别要详细说明自身企业的不同之处以及企业获取成功的市场因素。一般篇幅为1～2页。

3. 项目和公司简介

项目和公司简介不是描述整个创业计划，而是介绍公司，重点在于描述公司的经营理念、宗旨使命以及公司的战略发展目标，以使投资人对公司的发展有一个大致的了解。

对公司理念的介绍要精要，应使投资人感觉的确能够解决当前市场需求，满足客户需要。公司的发展要介绍清楚，包括公司近期以及未来3～5年的发展方向、发展战略及要实现的目标。并明确公司在初创期、成立早期、稳定发展期、扩张期的情况及发展策略。

4. 产品（服务）分析

通常，产品（服务）分析应包括以下内容：

（1）产品介绍；

（2）产品的市场竞争力；

（3）产品的研究和开发过程；

（4）发展新产品的计划和成本分析；

（5）产品的市场前景预测；

（6）产品的品牌和专利。

创业者要对产品（服务）做出详细的介绍，要说明产品（服务）的性能、用途，特别是产品的新颖性、先进性、独特性，说明要准确精练、通俗易懂，能够让投资人一目了然。一般的产品（服务）分析都要附上产品原型、照片或其他介绍。一般产品（服务）分析必须要回答以下问题：

（1）顾客希望公司的产品能解决什么问题？顾客能从公司的产品中获得什么好处？

（2）公司的产品与竞争对手的产品相比有哪些优缺点？顾客为什么会选择本公司的产品？

（3）产品的研发情况如何？在技术开发方面已经投入的资金是多少？计划还要投入多少资金？今后的开发方向与重点是什么？公司的技术开发依托情况（大学、研究所、研究团队）如何？

（4）公司为自己的产品采取了何种保护措施？企业拥有哪些专利、许可证，或与已申请专利的厂家达成了哪些协议？

（5）为什么公司的产品定价可以使公司产生足够的利润，为什么用户会大批量地购买公司的产品？

（6）公司采用何种方式去改进产品的质量、性能？公司对发展新产品有哪些计划？

……

5. 市场/行业分析

市场/行业分析应包括但不限于以下内容：

（1）市场状况、变化趋势及潜力；

（2）竞争对手概览；

（3）本企业产品（服务）的市场地位；

（4）市场细分和特征；

（5）目标顾客和目标市场。

当公司要将一个新的产品（服务）推向市场时，首先要进行市场预测。所谓市场预测，就是在市场调查所获得的各种信息和资料的基础上，通过分析研究，运用科学的预测技术和方法，对市场未来的商品供求趋势、影响因素及其变化规律所做的分析和推断过程。简而言之，就是通过市场调研来确定产品的目标市场、目标客户，包括市场规模、市场对产品的需求程度、客户的年龄段、客户的特征等。在进行市场预测的同时，还要对市场竞争格局进行大致的分析（这部分内容也可以在竞争分析部分详细说明），包括市场中是否存在竞争者？是否存在本公司产品的利基市场？预计本公司的市场占有率是多少？本公司产品对市场的影响如何？等等。

除了对市场进行分析以外，还要对具体的行业进行分析，包括行业需求量和竞争情况。在行业分析中，应该正确评价所选行业的基本特点、竞争状况以及未来的发展趋势等内容。关于行业分析的典型问题有以下几个：

（1）该行业发展程度如何？现在的发展动态如何？

（2）创新和技术进步在该行业扮演着一个怎样的角色？

（3）该行业的总销售额有多少？总收入为多少？发展趋势如何？

（4）价格趋向如何？

（5）经济发展对该行业的影响程度如何？政府是如何影响该行业的？

（6）什么因素决定着该行业的发展？

（7）该行业竞争的本质是什么？应采取什么样的竞争策略？

（8）进入该行业的障碍是什么？应如何克服？该行业典型的回报率有多少？

当然，市场分析与行业分析最终的落脚点都应该基于公司将要进入的目标市场。

6. 竞争分析

在创业计划书中，应该对竞争对手进行详细的分析。竞争分析的内容包括：公司的竞争对手是谁？本公司的产品（服务）与竞争对手的产品（服务）的区别是什么？它们的产品（服务）和本公司相比有哪些优劣势？竞争对手对本公司的威胁是什么？如何应对威胁？这一部分内容有以下几个方面：

（1）现有和潜在的竞争者和替代产品分析；

（2）找到合作伙伴；

（3）扫清产品（服务）进入市场的障碍；

（4）划分出竞争空间；

（5）当前的角逐者或解决方案；

（6）竞争优势和战胜对手的方法。

分析时，要明了竞争对手的产品（服务）特性、定价、营销策略、市场份额、销售额、利润，在此基础上，说明本公司产品（服务）具备的竞争优势，并充分说明本公司产品（服务）能够吸引客户的原因，要使投资人相信，本公司不仅是行业内的有力竞争者，而且必将成为行业领先者。

7. 市场营销计划

市场营销是企业经营中最富挑战性的环节，影响营销策略的主要因素包括消费者的特点、产品的特性、企业自身的状况和市场环境等方面，最终影响营销策略的则是营销成本和营销效益因素。

对创业者而言，要制定一份详尽的市场营销计划并加以实施，以使自己的产品（服务）顺利进入市场，其主要基于营销组合变量，即4P理论进行分析。市场营销计划的制定大致可以分为以下几个步骤：

（1）营销状况分析。通过对相关市场、产品、竞争对手等的分析，了解市场动态，分析本公司产品（服务）的市场机会，进行差异化定位。

（2）SWOT分析。围绕公司产品（服务），找出主要的市场营销机会和威胁、优势和劣势。

（3）确立营销目标。营销目标有定量和定性两种，前者包括销售额、市场占有率、利润、分销商数量等；后者包括客户满意度、包装、新的分销商、市场扩张目标、品牌发展目标等。营销目标是市场营销计划的核心，决定了营销策略和行动方案的制定。

（4）制定营销策略。营销策略的制定是市场营销计划中的重要环节，针对确定的目标，运用4P理论确定具体的营销策略，即产品策略、价格策略、渠道策略及推销策略。

（5）方案执行。执行方案将营销策略转化为具体的可操作的措施，以保证计划的顺利实施及实现。

对创业企业来说，由于产品和企业的知名度低，很难进入其他企业已经稳定的销售渠道中去。因此，在企业运营初期，可以暂时采取高成本、低效益的营销战略，如上门推销、推出广告、向批发商和零售商让利，或交给一些愿意经销的企业销售等。

8. 生产制造计划

如果创业企业属于制造业，就必须制定一份生产制造计划。创业计划书中的生产制造计划要详细描述产品的制造过程，应包括以下内容：产品制造和技术设备现状，原材料、工艺、人员安排等，厂址选择，新产品投产计划，技术提升和设备更新的要求，质量控制和质量改进计划，库存管理等。

在寻求资金的过程中，为了增大企业在投资前的评估价值，创业者应尽量使生产制造计划更加详细、可靠。一般地，生产制造计划应回答以下问题：

（1）生产类型是什么？是订货生产方式，还是存货生产方式？

（2）厂址选择在哪里？企业生产制造所需的厂房、设备情况如何？怎样保证新产品在进入规模生产时的稳定性和可靠性？设备的引进和安装情况如何？供应商是谁？生产线的设计与产品组装是怎样的？供货者的前置期和资源的需求量是多少？生产周期标准的制定以及生产作业计划的编制是怎样的？物料需求计划及其保证措施如何？

（3）产品质量控制的方法是怎样的？如何解决库存问题？

……

9. 企业管理方案

有了产品之后，创业者还需要有一支强有力的管理队伍。管理的好坏，直接决定了公司经营风险的大小。高素质的管理人员和良好的组织结构是管理好公司的重要保证。因此，投资人会特别注重对管理队伍的评估。

在创业计划书中，企业管理方案必须要对创业团队成员加以阐明，介绍他们所具有的能力，他们在本公司的职务和责任，他们与创业公司有关的受教育情况和背景，侧重介绍他们的管理分工和互补情况。

此外，在企业管理方案中，还应对公司结构做简要介绍，包括：公司的组织机构图，各部门的功能与职责，各部门的负责人和成员，公司的股东名单，等等。

10. 融资方案

融资方案的内容要从公司的发展出发，说明公司对未来的资金需求，以及如何满足这些资金需求。资金来源包括以下几个方面：

（1）自有资金，主要是指自身的存款，这一部分资金是自己创业的基本基金。

（2）股权融资，是指创业者让出公司一部分股权以获取投资人的资金的融资方式。让投资人占股份，成为股东，而不是向其借贷。这是带有一定风险投资性质的融资，是投融资双方利益共享、风险共担的融资方式。对于不具备银行融资和资本市场融资条件的中小企业而言，这种融资方式不仅便捷，而且可操作性强，是创业者与中小型企业现实融资的重要渠道。

（3）债权融资，是指创业者或中小企业采用向银行等金融机构贷款，或者向非金融机构借款（民间借贷）的形式进行融资，在一定期限满后当事人必须偿还本金并支付利息的融资方式。向金融机构贷款需要具备抵押、信用、质押担保等相应的条件，民间借贷更多的是依靠信用和第三方担保的形式进行。

11. 财务规划

财务规划需要花费较多的精力来做具体分析，包括投资分析和财务分析。

投资分析包括股本结构与规模分析、资金来源与运用分析，以及投资收益与风险分析。投资收益与风险分析又包括投资的净现值分析、投资回收期分析、内含报酬率分析、项目敏感性分析、盈亏平衡分析以及投资回报分析。

财务分析主要是财务报表分析，包括会计报表及报表分析。会计报表包括主要财务假设、现金流量表、损益表、资产负债表。其中，现金流量表是对项目现金流量系统的表格式反映。流动资金是企业的生命线，因此企业在初创或扩张时，需要预先对流动资金进行周详的计划，并且在进行过程中要有严格控制。损益表反映的是企业的赢利状况，它是企业在一段时间运作后的经营结果。资产负债表则反映的是某一时刻企业的状况，投资者可以用资产负债表中的数据得到的比率指标来衡量企业的经营状况以及可能的投资回报率。会计报表分析包括比率及趋势分析、预计销售趋势分析、风险假定与分析。

从某种意义上来说，财务规划是对公司经营计划的支持和说明。一份好的财务规划可以提高公司的评估价值，从而提高公司获得资金的可能性。

12. 风险管理

无论何种行业，创业公司都面临着各种各样的潜在风险，所以应该对风险进行评估与管理。在风险管理中，要回答以下几个问题：

（1）公司在市场、竞争和技术方面都有哪些基本的风险？

（2）如何应对这些风险？

（3）公司还有一些什么附加的机会？

（4）在自身的资本基础上如何进行扩展？

（5）在最好和最坏情形下，公司五年计划表现如何？

创业者要指出公司将会面临什么样的潜在风险，并说明一旦出现这样的风险会给公司造成怎样的后果，公司将采取什么样的措施来规避、降低或者对抗风险。

13. 投资撤出机制

投资撤出机制是指风险投资机构在所投资的风险企业发展相对成熟或不能继续健康发展的情况下，将所投入的资本由股权形态转化为资本形态，以实现资本增值，或避免和降低财产损失的机制及相关配套制度安排。

投资撤出途径包括股权转让、公司上市、企业并购、股份回购和破产清算等。

（1）股权转让。2009年7月6日证监会发布了《证券公司代办股份转让系统中关村科技园区非上市股份有限公司股份报价转让试点办法（暂行）》，该办法规定，待转让主体为中关村科技园区非上市股份有限公司，存续满两年、主营业务突出、公司治理结构健全、股份发行和转让行为合规合法、取得北京市人民政府出具的非上市股份报价转让试点的资格确认函，适用范围包括原全国证券交易自动报价系统（STAQ）、全国证券电子交易系统（NET）挂牌公司和沪深证券交易所的退市公司、中关村科技园区非上市股份有限公司。相比首次公开募股（initial public offering，IPO）股权上市转让，代办股份转让系统准入条件更为宽松，便于进行股权转让。

（2）公司上市。IPO是指企业通过证券交易所首次公开向投资者发行股票，以期募集用于企业发展资金的过程。IPO以其高收益等特性，成为天使投资撤出的最佳选择。

（3）企业并购。企业并购即企业之间的兼并与收购行为（mergers and acquisitions, M&A），包括兼并和收购两层含义、两种方式，是企业法人在平等自愿、等价有偿的基础上，以一定的经济方式取得其他法人产权的行为，是企业进行资本运作和经营的主要形式，主要包括公司合并、资产收购、股权收购三种形式。对天使投资而言，企业并购主要是指创业企业被其他企业所收购的经济行为。并购对于天使投资人而言，并非收益率最大的撤出方式，但却是最实用的方式，其交易条件较上市发行容易、操作便利。

（4）股份回购。股份回购是指公司按一定的程序购回发行或流通在外的本公司股份的行为。这里就是指创业企业经过一段时间的发展，其自身购回天使投资人手中股份的过程。

（5）破产清算。风险投资不仅需要建立成功状态下的撤出机制，更要建立投资失败或者存在投资失败可能状态下的撤出机制。当企业出现经营不善、资不抵债的情况时，天使投资人需要采取一些合理的止损方式，防止投资的进一步损失。破产清算不失为一种最有效的止损方式。

14. 结论和决策建议

结论和决策建议就是综合创业计划书前面的分析，最终说明公司的整体优势，指出整个创业计划的优势所在，强调所能为投资者带来的远大前景。在结论和决策建议中，可以尝试再次强调以下问题：

（1）产品（服务）的技术价值：该项技术和产品（服务）是否成熟和具有应用前景？

（2）产品（服务）的市场价值：基于该项技术的产品（服务）是否具有较大且稳定的市场需求？

（3）产品（服务）的投资价值：该项投资是否具有经济效益？风险投资是否具有经济效益？

（4）给出决策建议：是否具有投资价值？在投资和管理中应注意的关键问题有哪些？

15. 附录

在创业计划书中，还要附上相关的证明资料。例如：技术文件，包括成果鉴定、专利相关文件、查新报告、测试报告、应用证明等；市场调研相关文件，包括市场调查问卷、调研报告等；财务报表，包括收入表、费用表（年度）、损益表、现金流量表、资产负债（季度）表等；其他材料，包括专利授权书、投资意向书、团队成员简介及分工情况等。

当然，创业计划书的撰写还要根据实际情况对以上罗列的内容进行安排、整合。一般而言，创业计划书要紧紧围绕产品、竞争、市场、行动及管理团队这几个部分进行撰写。

4.3　创业计划书的撰写步骤

实际上，并非所有的创业计划书都采用以上格式，换句话说，创业计划书并没有固定的格式。但是创业者必须根据自身的实际情况，认真分析，撰写出适合自己公司的创业计划书。一般来说，创业计划书的撰写遵循以下几个步骤。

1. 准备阶段

撰写创业计划书涉及很多方面，因此在制定之前一定要有详细的计划安排。在准备阶段，要采用实地调研或查找资料的方式了解关于准备创业的公司所属行业的发展状况、趋势，行业内企业的经营状况，同类企业的财务报表等内容；要确定创业计划的目的；要有专门的创业计划书编写小组，制定详细的撰写计划，确定创业计划的撰写框架，并确定创业计划书编写的人员分工与时间期限。

2. 起草阶段

经过前期的调研与计划安排，在起草阶段就可以正式落笔起草创业计划书了。创业计划书的起草主要根据先前制定的框架，对创业项目、市场竞争、营销方案、生产计划、财务计划、团队管理、融资方案、风险管理等内容进行分析，初步形成创业计划书的初始方案。

3. 修改阶段

创业团队在修改阶段对创业计划进行调研并征求意见，进一步补充、完善创业计划书。着重检查计划书内容是否完整，是否突出了产品的竞争优势，对产品（服务）在技术、管理、生产等方面的描述是否明确，能否引起投资人的兴趣从而支持创业项目。

4. 定稿阶段

在定稿阶段主要是依据创业计划书的内容提炼出摘要，全面检查创业计划书，设计封面，编写目录，最终定稿并打印、装订成正式的创业计划书文本。

要想写出一份出色的创业计划书，要特别注意以下几点。

（1）创业计划内容简洁精练。一般而言，阅读创业计划书的人都是业务繁忙、时间宝贵的商务人士，因此，创业者对创业项目的描述要准确、精练。投资人或评审专家首次阅读创业计划书的时间一般为5分钟左右，主要关注点在项目和行业性质、产品特色、团队、资产负债等方面，因此，创业计划书要在这几个方面侧重描述。

（2）创业计划书包装适当。创业计划书的各个部分都要做合理安排，保持创业计划书的整齐整洁，尽量避免夸张、奢华的包装。

（3）使用第三人称。计划书在撰写过程中，尽量避免使用“我”“我们”等第一人称，要使用第三人称或直接用公司名称，这样可以体现计划书的客观、中肯。

（4）数据合理。在分析市场、预估收入，尤其是预估财务部分的投资报酬率等财务数据时，要合情合理，不要夸大。

4.4 创业计划书的展示技巧

精彩的创业计划书展示过程可以让投资人对项目更加了解，提高获得风险投资的概率。

1. 展示准备

展示准备包括展示之前的准备和展示过程中的准备。

在展示之前，要了解听众的相关信息，以便和听众建立各种联系。可以事先了解参加展示的风险投资家或者天使投资者的信息，分析自己的创业计划和他们之间是否存在某种联系，或者展示者本人与投资者之间是否有个人联系。在这个过程中，要捕捉投资者的兴趣，如果展示者与听众之间存在某种联系，如同学关系、校友关系，或者有相同的兴趣爱好，又或者展示者所阐述的创业计划可以与听众的某些活动相关联，会让投资者在心理上有所倾斜，感觉如果支持项目会给自己带来益处。一旦投资者对展示者的项目产生兴趣，并与之深入详谈，则预示着展示工作达到了效果。

展示者要注意着装大方得体，与展示场合相适应。在展示之前要多方面了解展示场地信息，多加练习，熟悉展示内容，准确把握展示时间。

在展示过程中，首先要确认具体的展示者。一般创业计划大赛展示时，可以由团队负责人阐述，也可以所有创业团队成员都参加展示，但并不要求所有成员都进行阐述。因此，要选择合适的团队成员进行阐述。其次，展示的重心是展示者，PPT则是展示的辅助手段。所展示的PPT一定要制作得简明扼要，清晰地提供展示思路与框架，能够让听众一目了然，攫取重点。展示者可以使用多种展示技巧，尽力将听众的注意力聚集在自己身上。展示者要吐词清晰，阐述生动有趣、富有激情。美国心理学家研究发现，人类的沟通方式主要是语言和动作，其中语言表达占45%，表情动作占55%。而语言表达里的文字内容占20%，语音语调占80%。因此，在展示过程中，展示者可以通过提问、有意停顿、提高音量、做出丰富的表情等展示技巧来吸引听众注意力，加强与听众的沟通。

2. 展示内容

展示的重点应当放在观众感兴趣的内容上，PPT要尽可能简洁，尽量避免大篇幅的文字，要适当地插入图表、图片、视频作视觉停顿。根据展示时间的长短来确定展示PPT的内容长短以及演讲的语速。

展示的PPT往往是从标题PPT开始，在这张PPT里面要包括创业企业的名称、标志、创始人姓名、联系方式等。如果是作为创业团队参加各种创业计划大赛，在这一页PPT当中还要添加学校的名称及校徽。建议可以选用一个比较适合于融资路演或者创业大赛的大标题，这个标题要直奔主题，可以采用主标题+副标题的形式。这一页PPT最好要提供项目类别、项目组别、申报高校、负责人等信息，来方便投资人/评委了解项目的基本情况。

如果PPT是提供创业计划大赛的网络评选的，就要提供一页项目要点陈述的PPT；如果是正式的展示，这页PPT的内容可以删除。

项目要点陈述的主要作用是给投资人评委一个项目画像，便于项目定位。在这一页PPT里，要用几句话连续并简明扼要地表达概念。首先，要进行概念解释，因为考虑到大部分评委并非本项目领域专家，建议对在创业项目当中涉及的相关概念做一个普及性的解释。其次，要讲清楚项目的核心业务是什么，项目的商业模式和盈利模式是什么，市场容量有多大，核心技术或商业模式的门槛是什么，还要简述项目的现状，如客户数量、财务数据、关键里程碑等，以及未来方向或公司愿景。

可以提供一页关于计划书目录的PPT。目录PPT里应该都是“干货”，基本涵盖项目概况、商业模式、运营现状、核心团队、成果展示等几个部分的内容，在具体展示的时候，将紧密围绕该目录内容进行。

进入展示正文部分，首先要介绍项目背景，即业务所处的行业的现状，要把整个发展的阶段体现出来，同时说明目前国际国内的现状如何，行业面临什么样的挑战与痛点；其次，基于这样的背景，创业者经历了什么，希望承担什么样的责任，最终研发出了什么样的产品或材料，能够提供什么样的技术或方案。

然后用一页PPT来详细介绍具体的产品/业务，或者说具体的解决方案是怎样的，它解决了什么问题，实现了什么样的功能，产品/业务具备什么样的技术。对产品/业务所具备的核心技术分别进行介绍，如技术一、技术二、技术三。同时要提出与其他的技术/产品相比，本技术/产品具备什么样的优势，即具有什么样的技术壁垒。可以用一页PPT，以图片、图表的形式来提供一些佐证材料，如获得的国家奖、行业大奖、行业资质、检测报告等，以及已经取得的专利、发表的学术论文等。如果产品/业务已经有了应用，可以提供适当的应用案例。在应用案例里，要对客户进行描述，可以适当地提供客户的背景，或者客户的商标，或者与客户一起合作的合同或者协议，等等。

还可以用一页PPT来表明产品是历经多少年的迭代，最终达到商用级别的。可以通过照片或图片来表明研发、发展的过程，一直到目前最新的产品以及最终的结论。

接下来就要进行市场分析。这部分主要是分析国内近三年或五年的市场情况，要清楚地定位企业具体的目标市场，对目标市场的广阔前景进行展望，通过图表的方式来展示目标市场的规模、预期销售额、预期市场份额等信息，并且要说明将采取什么样的方法来实现销售计划。在分析市场的同时，还要详细阐述直接、间接和未来的竞争者。展示竞争者可以用图表的方式，以客户的视角来梳理、归纳、总结项目及产品的亮点，说明与竞争对手相比的竞争优势。可以用表格的形式，以简单的文字来具体地阐明类比项，包括公司背景、技术原理、产品型号、技术指标、服务体系、价格等。

市场策略的描述，包括总体的市场计划、定价策略、销售过程以及销售渠道，说明消费者的购买动机，企业激起消费者购买欲望的方法，以及产品或者服务最终如何到达消费者手中。还要对商业模式、完整的产业链布局及清晰的盈利模式进行阐述。

财务现状与财务预期部分要预计未来三到五年内企业总体的盈利状况、财务状况及现金流状况。尽量将这一部分内容显示在一张PPT上，而且只显示总体数据，同时做好回答与数据相关问题的准备。如果有融资计划，那么要介绍融资渠道及筹集资金的使用方式，同时要介绍资金筹集后可能取得的重大进展。可以用图表的形式来解释融资之后的股权结构以及资金的用途。

如果已经注册公司，那么要用PPT来展示公司或者实验室大楼的照片、创业者或创业团队的图片、公司或实验室的标识，说明公司的成立时间、研究方向、资金支持、团队人数以及获得的成果等。如果已经有业务往来，那么可以用PPT来展示已有客户的标识，以及所处的行业或者其他具体情况。

在介绍核心团队的时候，要提供创业团队成员的照片，以及他们的姓名、职务、专业、学历、背景、专长和在企业当中将要发挥的作用。还应介绍如何进行团队合作等内容，并说明管理团队存在的缺陷或不足。如果有顾问委员会，那么也要予以介绍，同样地提供顾问专家的照片、姓名、职务、研究领域、获得的荣誉，以及其可对公司或者研发团队提供的支持与帮助等。在介绍顾问团队时，要充分体现一种跨学科、多领域、强强联合的印象。

如果公司已经有业务往来，那么还可以用PPT来进行成果展示。可以展示已有的合同订单、相关媒体的报道，或者领导，包括国家领导人、省部级领导或者项目领域院士等对业务、产品、企业的关怀。

最后，要有一页总结PPT，即总结公司、团队最大的优势，同时介绍公司的撤出策略，并征求反馈意见。结尾用一句话再次强调一下企业的愿景。

在陈述环节结束之后，会有一个答疑互动环节。面对无论是投资人或是评委的提问，陈述人都要对自己的项目相当熟悉，换句话来说，要把项目的核心要点融入自己的血液当中，才能够应答自如。在回答问题环节，要仔细聆听投资人或评委的提问，如果不确定问题可以复述一遍，请投资人或评委来确认问题。回答问题时要实事求是、干脆利落、言简意赅，并且对于常见问题，要提前做好相应的准备。在回答时也要注意礼节。在投资人或评委提问结束后，要感谢评委的提问。

专栏4-1

一分钟电梯演讲

麦肯锡公司曾经得到过一次沉痛的教训。一次，该公司为一家重要的大客户做咨询，咨询结束的时候，麦肯锡公司的项目负责人在电梯间里遇见了对方的董事长，该董事长问麦肯锡公司的项目负责人:“你能不能说一下现在的结果呢?”由于该项目负责人没有准备，而且即使有准备，也无法在电梯从30层下降到1层的30秒内把结果说清楚。最终，麦肯锡公司失去了这一重要客户。从此，麦肯锡公司要求员工凡事要在最短的时间内把结果表达清楚，凡事要直奔主题、直奔结果。麦肯锡公司认为，一般情况下人们最多记得住一二三，记不住四五六，所以凡事要归纳在三条以内。这就是如今在商界流传甚广的“30秒电梯理论”或称“电梯演讲”。

根据“30秒电梯理论”，麦肯锡公司要求其每一个业务人员，都必须有在30秒的时间内向客户介绍方案的能力。在企业的整体运营中，“30秒电梯理论”与企业的发展、团队的执行和沟通都有着非常密切的关系。

而一分钟电梯演讲就是要求创业者在一分钟之内必须告诉投资人商业计划的内容，包括用一句话概括将要做的事、说明筹集资金的数量和用途、说明项目的发展前景及未来市场潜力。

思考题

1. 大学生创业将面临什么问题?
2. 如何处理大学生创业中面临的关于人的问题?
3. 如何寻找创业合伙人?
4. 创业计划书的组成要素有哪些?
5. 创业计划书的摘要一般包括哪些内容?
6. 影响营销策略的主要因素有哪些?
7. 产品介绍一般要回答哪些问题?
8. 创业计划书的财务规划一般包括哪些内容?
9. 创业计划书的附录部分可以包括哪些内容?

延展性阅读

《上海华航碳纤维复合材料有限公司创业计划书》(删节)，参见本书附录。

第5章 新企业开办

学习目标

学完本章后，你应该能够：

- 了解什么是商业模式
- 了解企业组织形式及其选择
- 知道企业的创建流程
- 知道如何进行新企业管理
- 了解什么是公益创业

当今企业间的竞争，已不再是产品之间的竞争，而是商业模式之间的竞争。

——彼得·德鲁克

商业模式如今是一个出现频率极高的概念。虽然很多人经常把“商业模式”这几个字挂在嘴边，但究竟什么是商业模式，尚没有一个公认的定义。不可否认的是，商业模式是非常重要的，甚至有学者认为，商业模式的好坏是影响一个创业公司成功或失败的最重要的因素。因此，我们有必要认识商业模式，明确商业模式的要素，掌握商业模式设计的思路。

创业者在发现创业机会，并撰写创业计划书之后，就要考虑创建新企业。创业者对新建企业的管理，涉及营销、生产、财务等多个方面。本章将在讨论商业模式的基础上，进一步讨论如何进行新企业管理以及如何进行公益创业。

案例导读

醒狮行动：以有温度的关怀，筑梦有希望的未来！

2018年寒假，华东理工大学社会与公共管理学院2017级硕士研究生张洺硕来到了国家级贫困县云南省寻甸县。在15天的调研实践中，他走访了5个乡镇，10所中学、小学，并对学校校长、老师、学生及家长进行了深入访谈。

他发现，寻甸县并不像他想象中那样贫穷。人们住着宽敞明亮的房子，学校硬件设施也配备得很齐全，物质贫困已不再是阻碍孩子们完成学业的主要影响因素。

但在进一步的调研中，张洺硕发现，“精神贫困”问题影响了孩子们的未来。一方面，由于父母常年在外打工，孩子们缺少陪伴，出现了一定的心理偏差；另一方面，由于视野的限制，孩子们缺少奋斗的目标，“寒门难出贵子”。

没有精神关怀的公益是缺少灵魂的

调研中遇到的一则小故事让张洺硕深受触动。男生小马的父母在昆明市一家火锅店打工，他只能跟着爷爷奶奶生活，但老人只希望小马赶快长大，跟着父母去赚钱。小马是个成绩不错的孩子，打工对于他来说，是一个令人惋惜的选择。

小马的故事进一步引发了张洺硕的思考：对这里的孩子来说，一味的物质扶助，真的有用吗？寻甸很多十五六岁的孩子，正值学习的大好年华，却放弃学业，奔赴千里之外的大城市打工，真的令人惋惜。

于是，张洺硕组织起来一个名为“醒狮行动”的精神扶贫公益项目，提出一套以精神关怀为核心，经过社会工作者专业论证，长短结合，线上线下互动的帮扶机制，引导青少年认识世界、自我赋能，继而助力乡村振兴。

20天引导孩子们发现另一种可能

7月17日—8月5日，张洺硕带领团队来到了寻甸县鸡街镇和六哨镇两地，开展为期20天、覆盖1 500人次的“醒狮行动”青少年公益夏令营。

张洺硕带领团队成员精心设计了七大课程：“博阅课堂”阅读课，孩子们续写励志故事，增强自我认同；“巧创世界”手工课，孩子们挑战有难度的手工作品，增强自信心；“寻音筑梦”音乐课，孩子们排演民歌，增强集体认同感；“绘彩生活”美术课，孩子们用画笔描绘美丽乡村，增强乡土认同感；“历奇游戏”课，孩子们体验战胜困难的成就感；“创意行动挑战”课和“青春修炼手册”课，通过发现并解决乡村问题，提升孩子们的责任感与公共精神……

20天的时间里，“醒狮行动”青少年公益夏令营取得了良好的干预效果，深受当地学生、家长以及学校老师的认可。

张洺硕表示:“不忘初心，牢记使命，永远奋斗！以后将继续带领团队，持续推进‘醒狮行动’精神扶贫公益项目，助梦欠发达地区青少年创造崭新未来。”

资料来源：https：//www. sohu. com/a/245770677_658315

5.1 商业模式

已有文献一般认为，“商业模式”的概念出现在20世纪中叶，流行于20世纪末期。尽管这一概念的出现已经超过50年，而且学术界也已经关注了20余年，但对这一概念的界定仍然有较大的争议。对商业模式概念的争议体现在商业模式所包含的要素上，这来自学者们所关注组织现象的不同，还在于对商业模式概念所发挥作用的认识不同。尽管存在争议，但学术界在对商业模式概念的认识上也达成了一些共识，例如，商业模式已经成为研究组织现象的一种新的分析单元；它强调以系统的层级和整体的方式解释企业运营；对企业活动的关注是商业模式研究的焦点；不同于战略管理中的其他概念，商业模式研究不仅要解释价值获取，而且要解释价值创造。[①]近年来，随着移动互联网的快速发展，传统的经营模式无论是在价值链环节，还是在产品的市场定位方面都在不断出现新的形式，在这种情况下，商业模式的热度不仅没有淡化，而且越来越重要，人们也越来越重视商业模式的创新。

5.1.1 商业模式的含义

商业模式有许多不同的定义。雷家骕认为，商业模式通常是指企业经营整体上一整套逻辑化的方式方法，具体是指“企业如何有序有效运作”的问题，即企业的目标客户及其需求，企业为客户创造价值并提供价值的方式，企业获取经营收入及其中的利润的方式，以及持续锁定老客户和开发新客户的方式等之间的逻辑关系。[②]有学者

① 李会军，席酉民. 一个探索性的商业模式创新理论框架——基于质性案例研究的元综合［J］. 西安交通大学学报（社会科学版），2019，39（2）：59-71.

② 雷家骕. 企业需要关注商业模式创新［J］. 中国青年科技，2008（1）：1.

认为，商业模式是指为实现客户价值最大化，将能促进企业运转的内外部要素整合起来，形成一个完整的、高效的、具有独特核心竞争力的运行系统，并通过最优实现形式满足客户需求，实现客户价值，同时保证系统达成持续盈利的盈利目标的整体解决方案。[①]

可以简单地把商业模式定义为一个企业创造价值、传递价值和获取价值的基本原理，具体由产品和市场定位、价值链构成和盈利模式三个方面构成。[②]

商业模式包含盈利模式。企业都有商业模式，但不是所有企业都有盈利模式。免费的是商业模式，但不是盈利模式。

商业模式创新是创业企业实现价值创造和竞争优势的重要路径。[③]新创企业的商业模式创新是指针对价值创造方式的基本逻辑和思维进行创新的过程，商业模式价值创造的核心逻辑包含价值主张、价值创造、价值获取和价值分配。基于价值创造视角，新创企业商业模式创新是新创企业识别创业机会，创造新的价值逻辑，从而对活动体系进行创新设计的过程。[④]第一，新创企业的商业模式创新在价值创造核心逻辑的改变上与在位企业明显不同。在位企业由于原有成功的商业模式带来的组织惯性和路径依赖，当面对外部环境改变时，其商业模式变革更倾向于在原有价值创造逻辑的基础上进行调整和完善。新创企业的商业模式创新偏向于提出新的价值主张，创造新的价值创收逻辑。第二，新创企业进行商业模式创新的动机大多以创新和创业为导向，反映了创业者的创新性、主动性、探索性和风险承担的行为意愿。第三，新创企业在商业模式创新过程上和在位企业存在差异。新创企业商业模式创新是一个包含多阶段试错学习的持续反馈过程。第四，商业模式创新对于新创企业的意义与在位企业并不相同。对于新创企业来说，商业模式创新作为新的价值创造来源，能为其提供容易被竞争对手忽视的、难以被模仿的专有价值。商业模式创新不但可以将新创企业的技术和想法资本化，而且为其构建核心能力的作用比在位企业更为明显。商业模式创新对新创企业提升存活概率和获取竞争优势起到至关重要的作用。

---

① 董青春，曾晓敏. 创业行动手册［M］. 北京：清华大学出版社，2018.

② 李玉刚. 战略管理［M］. 4版. 北京：科学出版社，2019.

③ 江积海，王烽权. O2O商业模式的创新导向：效率还是价值？——基于O2O创业失败样本的实证研究［J］. 中国管理科学，2019，27（4）：56–69.

④ 罗作汉，唐英瑜. 新创企业的商业模式创新研究综述与展望——一个整合性分析框架［J］. 科技管理研究，2019，39（2）：209–216.

专栏5-1

英国快时尚折扣店普利马克不走寻常路

揣着100英镑①去买衣服，能买到什么？一条李维斯的牛仔裤，还是半条爱马仕的领带？但对英国的消费者来说，他们还有一个选择。在英国快时尚折扣店普利马克（Primark），一件T恤只卖2.5英镑，一条裤子只卖7.3英镑。100英镑，足以填满你的整个衣柜。

这样便宜的价格简直让人匪夷所思。

在普利马克崛起之前，以低价著称的快时尚品牌西班牙的Zara和瑞典的H&M，为了控制成本不得不最大限度地挤压供应商的利润。现在，野村证券的数据显示，普利马克的产品均价是3.7英镑，还不到H&M的一半。

不仅如此，与大多数时尚零售商不同，普利马克全部通过实体店进行销售。尽管新冠肺炎疫情引发的全国性封锁让其关闭了不少门店，且完全无法销售完库存的商品，但瑞银（UBS）的诸多分析师却表示，不必担心这家连锁店的未来。

特立独行的战略决策

尽管普利马克看上去与其他走低价路线的竞争对手做的都是服装生意，但它们的商业模式却完全不同。

英国《经济学人》杂志刊发的文章认为，在战略决策方面，普利马克与其他快时尚品牌背道而驰。快时尚巨头的壮大靠的是快速迭代。始创于20世纪的Zara的母公司Inditex就因其压缩服装行业产品周期而闻名。在以前，消费者要等上整个时尚季才能买到新款成衣。因为亚洲工厂距离遥远、交货时间较长，新款服装从生产再到运输要花费一个很长的周期。而Zara把部分生产工厂放在欧洲，从而抢占了行业先机，短短几周内就可以将设计稿变成商品摆上货架。比如，一款高跟鞋能迅速从图纸上的设计稿变成大卖的爆款。很快，这种商业模式就在整个行业内被效仿。后来，随着诸多心急的消费者转向网购渠道，Zara、H&M等服装品牌匆忙跟风，完全不考虑自己的本土配送体系是否完备，就迅速将主要阵地从实体店转移到线上。

但就在其他公司为了适应互联网时代而重新调整业务、不断尝试新方法时，普利马

① 1英镑=8.103 3元人民币。

克却并未追赶这辆“时尚快车”，仍然固守1969年在爱尔兰开设第一家分店时就秉持的“大批量采购，低价格销售”策略。简单地说，普利马克的经营思路就是只要足够便宜，消费者也能接受不那么时尚的产品。

简约的设计能够降低缝合成本。所以，当竞争对手旗下每家店面都有快速更新的独特商品时，普利马克则会预订数百万件一模一样的连衣裙，在几个月后上架。几个月的时间，网络上的带货品种早已换了好几拨，却也让普利马克的连衣裙卖出了“地板价”。

慢而稳定的低价路线

普利马克和其他时尚品牌的最大区别在于其完全没有线上销售——即便疫情期间其全球的实体店不少被迫关门。缺乏线上购物平台意味着普利马克的营业额损失巨大。普利马克的旗下门店，尤其是英国门店（普利马克的380家奥特莱斯有一半开在英国）的长期停业，导致其营业额减少了30亿英镑，利润损失或高达10亿英镑。根据英国广播公司（BBC）的报道，该公司计划出售4亿英镑的股票，以填补这一缺口。

即便这样，普利马克仍没有通过在线销售来消化库存。普利马克坚持自己一贯的做法，因为在线运营和处理大量退货的人工成本意味着它将无法再提供低价商品。

这对时尚界来说是极不寻常的。一般来说，商家未售出的库存通常会在季末销售中被售出，甚至被焚烧或送往垃圾掩埋场，以腾出空间存放新的产品。

而普利马克却不会这样做。因为一旦重新营业，顾客就会返回其所有商店：“我们知道，当我们重新营业时，人们会欢迎我们回来的。”普利马克的财务总监约翰·巴森说，“市场有被压抑的需求”。

当商店重新开放时，普利马克预计将出售1.5亿英镑的春季和夏季服装系列，这些产品系列从去年开始就存储在仓库中。然后它的目标是下个季度出售2.6亿英镑的秋冬库存，如牛仔裤和套头衫。

路透社英国基金超市Hargreaves Lansdown的高级股票分析师苏菲·隆德–耶茨说：“人们对普利马克服装的需求很强劲，疫情期间的多余库存已不再是问题，因为一旦开门，更多的库存就会‘飞离’货架。”

《经济学人》称，由于规避了开发程序软件和配送物流的大量成本，普利马克得以维持较高的利润率。

英国疫情解封后普利马克门前排起的长队反映出一些顾客多么迫不及待地想要前往实体店尽情“血拼”一把。而且，因为曾经的一些行业劲敌（如英国的Topshop）受疫情冲击而倒闭关门，使得普利马克目前的销售额已超越疫情前的水平。

瑞银分析师认为："普利马克为消费者提供的商品似乎不可能在网上被轻松复制。只要人们对2.5英镑的T恤有需求，他们就必须去商店购物。"

虽然普利马克也可以提高价格在线上赚更多的钱，但是这"将消除普利马克的主要竞争优势和独特卖点，并将其带入时尚这个中间市场的危险区域，在这一领域几乎没有区别于同行的报价"，瑞银分析师表示。

行业权威咨询机构GlobalData英国零售研究主管帕特里克·奥布莱恩认为，快时尚意味着它的利润率很低，因此"它们必须在价格上具有很强的竞争力"，"如果普利马克进军电商领域，必须将新的在线运营与其现有的商店结构进行整合，而其成本将是非常高的"。

由此可见，在快时尚行业，慢而稳定的低价路线或是一种取胜之道。

独特风格也有自身局限性

不同于Zara等品牌将部分生产线放在欧洲以缩短产品上架周期的做法，普利马克将生产制造板块集中安排在成本更低的国家，尤其是孟加拉国。在那里，从事服装生产的工人的起薪约为每月100美元。

普利马克商业部门负责人李斯特认为，他们的供应链体系很灵活。据他透露，公司已与土耳其和柬埔寨的700多家供应商合作，并表示进入亚洲的漫长供应链非常重要，公司可以"将成本降至最低"。

这些工厂往往也会为其他全球零售商代工，有鉴于此，劳工雇佣方面的"异类"普利马克面对的批评应该能有所缓和。普利马克也会实施限制订单转包分包、开展多次审计等合理措施，以确保工人的工作条件能够达标。普利马克这种时间跨度较大的策略意味着它可以在时装生产淡季时下订单，很多工厂都会非常高兴能在淡季时接到普利马克的订单。他们明白，普利马克的订单能让工厂在淡季确保生产的同时，还可以抽空安排交货时间紧但利润较高的订单，以满足那些不那么耐心的品牌商的需求。当普利马克的产品生产完成后，再通过慢船运往终端市场。

伯恩斯坦（Bernstein）经纪公司的阿尼沙·谢尔曼表示，普利马克的成本削减策略涉及方方面面，竞争对手基本上无法复制。这在一定程度上要归功于其节俭作风。H&M在市场营销上的花费占其总销售额的4%，而普利马克在广告方面的投入几乎为零。在一个经常打折促销（打折也就意味着利润减少）的行业，普利马克认为自己设定的商品原价已有足够的竞争力。

普利马克在英国之外的奥特莱斯经营规模巨大，平均面积是Inditex旗下店铺的6倍，且通常会设在租金低廉的城郊商场里。他们展现出的“杂乱”大卖场氛围确实奏效。阿尼沙·谢尔曼表示，普利马克的每平方米销量大约是H&M的10倍。有记者曾在试衣间排队时看到前面的一位年轻顾客手里拿着14件衣服准备试穿。

节约下来的成本不仅可以使消费者受益，而且股东也能分得一杯羹。在受疫情影响期间的公司财务报表发布之前，普利马克的毛利率为41%，远远不及毛利率57%的Inditex及53%的H&M。但是普利马克崇尚节俭的特质也反映在运营成本中：它不遗余力地削减产品推广及销售成本。如果将这部分因素考虑进去，普利马克息税前净利润率约为12%，与行业平均水平大致相当。然而，《经济学人》指出，普利马克的这种独特风格也有其自身的局限性。目前，普利马克仅在欧洲和美国设有门店，对投资者而言，公司的门店扩张速度太过缓慢；但一旦加速扩张，这种精妙的商业模式可能将不再奏效。

英国市场分析公司“零售经济学”首席执行官理查德·林表示，普利马克处于“潜在疏远其客户”的风险中，这些客户越来越希望能够在网上购物，他们会发现其竞争对手新的购物方式并被吸引。此外，《经济学人》还指出，有批评者表达了对普利马克不到1英镑的短裤在保持环境可持续性方面的担忧。

虽然具有局限性，但就目前情况而言，尽管面临罕见疫情的考验，普利马克仍证明了其价值所在。或许有时候快就是慢，慢反而是一种快。

资料来源：https：//baijiahao. baidu. com/s?id=1709663770616421472&wfr=spider&for=pc

5.1.2 商业模式画布

1. 商业模式画布简介

商业模式画布是一个非常好用的商业模式分析工具。瑞士的亚历山大·奥斯特瓦德（Alexander Osterwalder）和比利时的伊夫·皮尼厄（Yves Pigneur）在《商业模式新生代》中认为，一个商业模式描述的是一个组织创造、传递以及获得价值的基本原理。要描述一个商业模式，可以很好地通过构成它所需的九大模块来完成，这九大模块可以展示出一家公司寻求利润的逻辑过程。这九大模块涵盖了一个商业体的四个主要部分：客户、产品和服务、基础设置以及金融能力。这九大模块[①]分别是以下内容。

（1）客户细分（customer segments, CS）

任何一个组织都会服务于一个或多个客户群体。客户细分这一模块描述了一家企业想要获得的和期望服务的不同目标人群和机构。客户是任何一个商业模式的核心。一个商业模式可以服务于一个或多个或大或小的客户群体，以及忽略某一个客户群体。

我们在为谁创造价值？谁才是我们最重要的客户？

（2）价值主张（value propositions, VP）

一个组织的价值主张在于解决客户的问题和满足客户的需求。价值主张这一模块描述的是为某一客户群体提供能为其创造价值的产品和服务。价值主张是客户选择一家公司而放弃另一家的原因，它解决了客户的问题或满足了其需求。

我们要向客户传递怎样的价值？在我们的客户所面对的问题中，我们需要帮助解决哪一个？我们需要满足的是客户的哪些需求？面向不同的客户群体，我们应该提供什么样的产品和服务的组合？

（3）渠道通路（channels, CH）

价值主张通过沟通、分发以及销售渠道传递给客户。渠道通路模块描述的是一家企业如何同它的客户群体达成沟通并建立联系，以如何向对方传递自身的价值主张。

我们的客户希望以何种渠道与我们建立联系？我们现在如何去建立这种联系？我们的渠道是如何构成的？哪个渠道最管用？哪些渠道更节约成本？我们如何将这些渠道与日常客户工作整合到一起？

（4）客户关系（customer relationships, CR）

客户关系以客户群体为单位建立和维护。这个模块描述的是一家企业针对某一个客户群体所建立的客户关系的类型。

我们的每一个客户群体期待与我们建立并保持何种类型的关系？我们已经建立了哪些类型的关系？这些关系类型的成本如何？这些客户关系类型与我们商业模式中的其他模块是如何整合的？

（5）收入来源（revenue streams, RS）

收入来源源于将价值主张成功地提供给客户。这一模块代表了企业从每一个客户群体获得的现金收益。如果说客户构成了一个商业模式的心脏，那么收入来源便是该商业模式的动脉。一个商业模式可能包含的收入来源分为以下两种不同的类型：① 交易收

① 亚历山大·奥斯特瓦德，伊夫·皮尼厄．商业模式新生代［M］．王帅，毛心宇，严威，译．北京：机械工业出版社，2011.

入，由客户一次性支付产生；② 持续收入，因向客户传递了新的价值主张或提供了售后支持而带来的客户持续支付。

创造收入来源的方式有很多种，如资产销售、使用费、会员费、租赁费、许可使用费、广告费等。每一种收入来源可能有着不同的定价机制。定价机制的选择可能在所创造收入的结果上产生巨大的不同。主要的定价机制有两种：固定价格和浮动价格。

究竟何种价值让我们的客户真正愿意为之买单？客户目前正在为之买单的价值主张是哪些？客户目前使用的支付方式是什么？客户更愿意使用的支付方式是什么？每一个收益来源对于总体收益贡献的比例是多少？

（6）核心资源（key resourses, KR）

核心资源是指为实现上述各项元素的供给和交付而必需的资源。这个模块描述的是保证一个商业模式顺利运行所需的最重要的资产。核心资源可包括实物资源、金融资源、知识性资源以及人力资源。核心资源可以是自有的，也可以通过租赁获得，或者从重要的合作伙伴处获得的。

我们的价值主张需要哪些核心资源？我们的分销渠道需要哪些核心资源？客户关系的维系需要哪些核心资源？收入来源需要哪些核心资源？

（7）关键业务（key activities, KA）

关键业务即为实现供给和交付所需要完成的关键业务活动。这个模块描述的是保障其商业模式正常运行所需要做的最重要的事情。关键业务可以分为生产、解决方案、平台/网络等几类。

我们的价值主张需要哪些关键业务？我们的分销渠道需要哪些关键业务？客户关系的维系需要哪些关键业务？收入来源需要哪些关键业务？

（8）重要合作（key partnerships, KP）

部分活动需要外包，部分资源需要从其他企业获得。这个模块描述的是保证一个商业模式顺利运行所需的供应商和合作伙伴网络。重要合作可以分为四种类型：① 非竞争者之间的战略联盟；② 竞争者之间的战略合作；③ 为新业务建立的合资公司；④ 为保证可靠的供应而建立的供应商和采购商关系。

谁是我们的关键合作伙伴？谁是我们的关键供应商？我们从合作伙伴那里获得了哪项核心资源？我们的合作伙伴参与了哪些关键业务？

（9）成本结构（cost structure, CS）

成本结构取决于经济模式中的各项元素。成本机构描述的是运营一个商业模式所发生的全部成本。可以将商业模式的成本结构宽泛地分为两个等级——成本导向型和价值导向型。成本结构有以下特点：固定成本、可变成本、规模经济、范围经济。

我们的商业模式中最重要的固有成本是什么？最贵的核心资源是什么？最贵的关键业务是什么？

2. 商业模式画布的使用

商业模式画布是很好用的商业模式分析工具，以上九个模块就是这个工具的基础模块，如图5-1所示。我们在撰写创业计划书，或者在实际创业中，可以使用这个工具。这个工具预设成九个模块，可以将新的或既有的商业模式在画布上描述出来。在实际运用的过程中，可以将商业模式画布打印出来贴在墙上，团队成员可以用便利贴和马克笔共同描画和讨论一个商业模式的各个元素，这样的使用方式可以最大地发挥这个工具的价值。

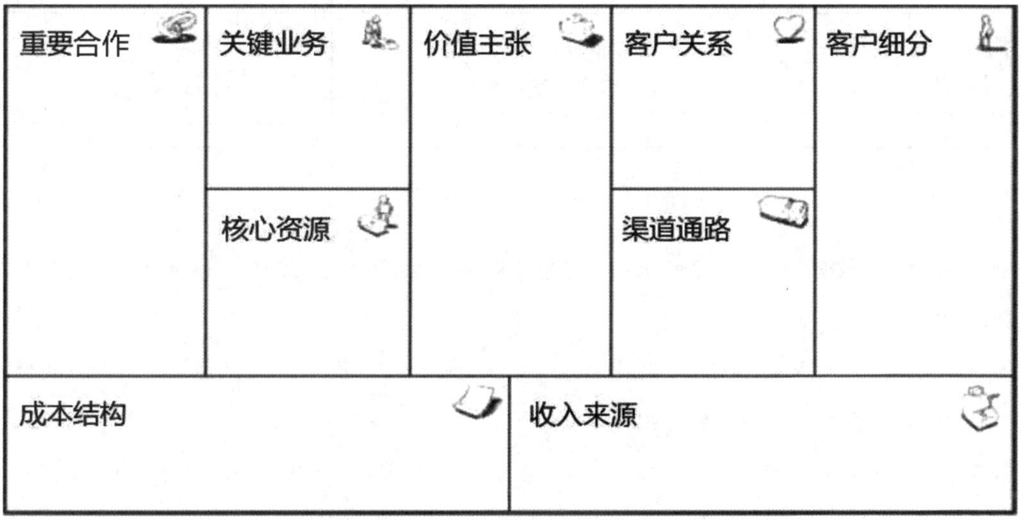

图 5-1　商业模式画布

资料来源：https：//platform. strategyzer. com/resources

专栏 5-2

瑞幸咖啡商业模式画布

瑞幸咖啡在创建时认为，他们要解决一二线城市的年轻人或者白领的喝咖啡问题。他们过去觉得，星巴克可能相对来说较贵，可让它用另外一种方式来呈现。瑞幸咖啡商业模式画布如图5-2所示。

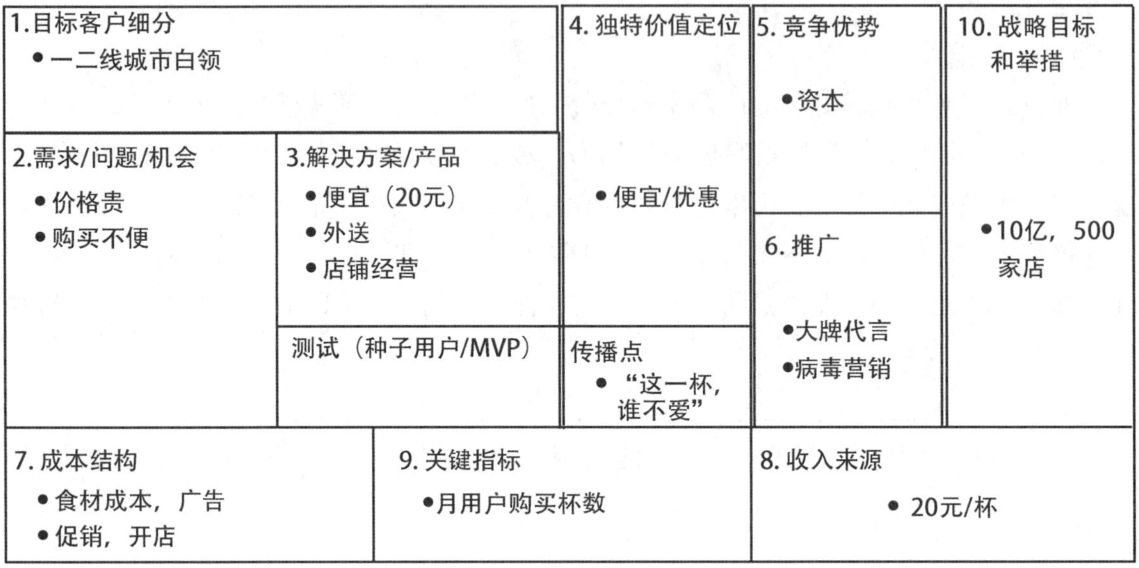

图 5–2　瑞幸咖啡商业模式画布

所以在这个过程当中，瑞幸咖啡想强调的一种特征是什么呢？这可以在瑞幸早期的宣传和推广当中看到。

第一，它更多的是说这是来自全球最优秀的咖啡大师做出来的咖啡，他们的咖啡最专业，也是口感最好的——强调的是品质。

第二，他们选用了很多代言人，包括汤唯、张震等，来做这些咖啡的代言。在这个过程当中，其又传递了一种这种关系的纽带，所以这是其想传递的价值——关系的纽带和人情上的关系。

它强调的标语是“这一杯，谁不爱”，即强调一种人际的关系；但是其中传递的价值和用户真正理解到的价值可能是有问题的，这是为什么呢？

当询问用户：“你为什么选择喝瑞幸咖啡？”可能很多人给出的回答就是因为瑞幸咖啡比较便宜，经常发优惠券促销。

便宜，这是用户喝瑞幸咖啡的最主要的原因，并不是因为与其在情感上的纽带，也不是因为咖啡更好喝。所以可以发现，当这个时候，一个公司所创造的价值和想传播的价值往往与用户真正感受到的价值点是有错位的。

一旦这个地方有错位，就意味着价值在商业模式上存在问题。因为持续传导出去的价值并没有被用户所接受，为了不断地让用户去保持他认为低价的价值传递，公司就要不断地降低自身利润。

这个过程会导致公司接下来获取价值变得很困难，使其是一个由不断的资本驱动的、从外围来驱动的公司，而不是从内生的、能够真正地去创造价值、带来收入来源的公司。

所以这样的公司，表象可能会轰轰烈烈，但它在实质上从底层的商业逻辑来看的时候，就会存在裂痕和错位，导致长期内难以为继。所以在这个过程当中，虽然是用简简单单的一张画布，但是能够看到其中存在的问题。

通过这个问题的梳理，公司可以做的事情要么是进行修正，要么就做重新的优化。所以在做完商业模式画布以后，创业者应该也有自己的想法。

资料来源：https：//baijiahao. baidu. com/s?id=1684410331532507386&wfr=spider&for=pc

3. 商业模式的类型

基于商业研究文献中的重要概念，可以描画以下五种商业模式类型。

（1）分拆商业模式

分拆商业模式这一概念将企业从事的活动分为三种不同类型：客户关系管理、新产品开发以及基础设施管理。每种类型的活动有着不同的经济、竞争和文化规则。这三种类型可能共存于同一家企业中，但在理想情况下，其各自存在于相互独立的实体中，以避免冲突或不必要的消长。

专栏5-3

陶氏杜邦分拆为三家公司

杜邦与陶氏化学于2015年12月达成合并，并于2017年8月底最终完成合并，组成全球性新公司“陶氏杜邦”（DowDuPont），并计划在18个月以后拆分为三家独立的上市公司，分别从事农业、特种产品和化学材料业务。2019年4月，陶氏杜邦完成对其材料科学业务新陶氏（Dow Inc.）的分拆。6月1日，其完成对科迪华农业科技（Corteva Agriscience, Corteva Inc）的分拆。分拆后，陶氏杜邦的名称变为新杜邦（DuPont de

Nemours, Inc.)。陶氏杜邦这套复杂的合并又分拆的举措，目的是将原本各自分属两家的材料科学、特种产品和农业等三大业务重新整合，让每个领域在全球都具有最强的竞争力。

合并是强强联手，分拆则是聚焦产业链的竞争力！

经计算，合并首先会产生约30亿美元的成本协同效应。具体来说，研发方面，两家公司研发平台合作，能更好地实现成本节约和产品的更新换代，从而获得更好的潜在增长；材料业务领域方面，双方将在原料、研发和生产方面因规模效应而实现成本控制。这些都将比各自经营更加节约，这就是规模经济。

从范围经济的角度来看，杜邦与陶氏化学合并会带来10亿美元的增长协同效应。合并后，两家公司都会重新对业务板块进行调整，其中一些快速增长的业务部门将得到重点发展。正是因为合并，让两家公司分散的不同业务专业化重组，能够增强实力，有利于更多地占领市场。

以新陶氏为例：

陶氏化学全球CEO吉姆·菲特林（Jim Fitterling）表示：未来数年，新陶氏的资本项目支出将由此前的每年40亿美元缩减至28亿美元，降幅达三成，这缘于其在美国墨西哥湾和沙特阿拉伯的两个大型上游化工项目已完全建成投产。

新陶氏未来会将注意力更多聚焦于产业链下游的投资，美国和沙特阿拉伯的两个大型上游化工项目所生产的基础材料将被转化为更高价值的产品，提供给制造汽车、手机以及护肤品等终端消费品的厂商。

这项策略也将应用于中国，新陶氏在江苏省张家港市新建一座有机硅树脂工厂，生产可用作美容、护理等产品的原材料，它在2021年投产。

在农业板块剥离后，新陶氏也无须再承担高昂的研发支出。其原本每年所花费的17亿美元研发费用中，有7亿美元被用于农业板块，而化工材料的研发占用约9亿美元。

按照规划，新陶氏每年的研发费用占营业收入的比例不会高于2%，这低于此前的2.9%。菲特林称，如果以500亿美元的营业收入计算，将会有10亿美元用于化工材料的研发，这一数字并不会比过去逊色。

合并，以规模效应称王。

专注，以技术壁垒称帝。

资料来源：https：//www. sohu. com/a/318855506_284768

（2）长尾商业模式

长尾商业模式的特点在于少量多样地销售自己的产品：它致力于提供相当多种类的小众产品，而其中每一种卖出量相对少，所得收入可以像传统模式销售所得一样可观。不同于传统模式，它以销售少数的明星产品负担起绝大部分的收益。长尾商业模式要求低库存成本以及强大的平台，以保证小众商品能够及时被感兴趣的买家获得。在线图书商城亚马逊、淘宝等都是较典型地运用了长尾商业模式的企业。

专栏5-4

亚马逊的图书销售

在线图书商城亚马逊，就是基于数量庞大的交易小额非热点商品而起家的。对比线上和线下图书零售行业可以发现，线下图书零售商面对着一个很现实的问题——物理限制，每个店面只能销售有限的一定数量的书籍，只能迎接一定数量的顾客，所以想要不断增加销量，就需要不断开设新的店面，不断进行资本投入。而亚马逊不同，通过互联网，亚马逊可以同时销售无限量的书籍，迎接无限量的顾客。亚马逊不需要太多的资本投入，就可以容纳不断增长的销量。这种商业模式突破了传统零售业的物理限制，用极低的资本投入和运营成本销售几近无限量的商品品类，这就是长尾商业模式中所强调的少量多样，满足更多用户的需求。

（3）多边平台商业模式

多边平台将两个或更多独立但相互依存的客户群体连接在一起。这样的平台对于其中某一群体的价值，体现在平台中其他客户群体的存在。平台通过促进不同群体间的互动而创造价值。一个多边平台的价值提升在于它所吸引的用户数量的增加，这种现象被称为网络效应。多边平台把两个或多个有着明显区别但又相互依赖的客户群体集合在一起，它作为平台中介来连接这些客户群体并创造价值。如维萨（Visa）信用卡连接了商家和持卡人，计算机操作系统连接了硬件生产商、软件开发商和用户，报纸连接了读者和广告主。

专栏5–5

谷歌的多边平台商业模式

谷歌的核心资源是搜索平台。这个搜索平台支提供三种不同的服务，分别是网页搜索、广告投放和第三方内容货币化。谷歌有三个关键业务，分别是建设并维护搜索引擎基础设施、管理三类客户细分群体、推广其搜索平台。谷歌的三类多边平台用户分别是普通网民、广告主和内容创作者。

多边平台必须有能力同时吸引和服务所有的客户群体，并以此来创造价值。

多边平台需要两个以上的客户群体来支撑，常常会面临着“先有鸡还是先有蛋”的问题。事实上，解决这个问题的方法就是针对某一个客户群体，为其提供低价甚至免费的服务，并依靠这个群体来吸引另一个与之相关联的客户群体。对多边平台来讲，选择哪个客户群体、以什么价格来吸引他们，是需要研究的重要课题。

对多边平台来讲，其最主要的成本是运营费用。

多边平台必须问自己几个关键问题：我们能否为平台各边客户吸引到足够数量的客户？哪边的客户对价格更加敏感？我们是否能够通过补贴来吸引对价格较为敏感的那一边客户？平台另一边是否可以产生足够的收入来支付这些补贴？

资料来源：https：//www. jianshu. com/p/3215184c63ee

（4）免费的商业模式

在免费的商业模式中，至少有一个关键的客户群体可以持续免费地享受服务。新的模式使得免费提供服务成为可能。不付费的客户所得到的财务支持来自商业模式中另一个客户群体。

专栏5–6

奇虎360的商业模式

奇虎360主要满足客户安全上网这个杀手级的需求。当时杀毒软件市场愿意付费的客户只占20%左右，剩下约80%的客户不愿意付费杀毒。首先，奇虎360为这部分不愿意付费杀毒的客户提供免费的杀毒软件，直接颠覆了网络安全市场，赢得客户的认可。其次，奇虎360把产品打造成网络安全平台，与合作伙伴，如360卫士、360管家等打造丰富的网络安全生态，合作伙伴借助奇虎360提供的平台，有效触发几个亿的用户，快速立足，生成巨大商业价值。合作伙伴也可以通过技术授权、软件销售分成等形式获得收入。最后，奇虎360虽然为用户提供软件，但它可以通过互联网增值服务、广告和安全硬件等产品服务获得超额利润。这样能“免费”帮助奇虎360占领市场，也培养客户的使用习惯，有效锁定客户。平台提供丰富的互联网软件产品，满足用户多元需求，又形成范围锁定。总之，免费、丰富选择、技术专利等三个要素为奇虎360构建起了强大的“护城河”，维护其竞争力！

资料来源：https：//www. zhihu. com/question/400907247/answer/1929532434

（5）开放的商业模式

开放的商业模式适用于通过与外部合作伙伴系统地配合而创造和获取价值的企业。这种模式可以是“由外而内”地于企业内部尝试来自外部的理念，或者“由内而外”地向外部合作伙伴输出公司无用的理念或资产。

专栏5-7

宝洁公司的连接与发展战略

宝洁公司的连接与发展战略，旨在通过外部伙伴关系来促进内部的研发工作，降低研发创新成本，提高研发生产效率。

宝洁公司为了连接企业内部资源和外部研发活动，构建了三个桥梁：技术企业家、互联网平台和退休专家。

技术企业家是指来自宝洁业务部门的高级科学家，他们与外部的大学和其他公司的研究人员建立了良好的关系。他们还扮演了“猎人”的角色，不断寻找外部世界的解决方案，以解决宝洁内部的挑战。

互联网平台是指宝洁公司与世界各地的问题求解专家建立了联系，通过如创新中心（InnoCentives）那样的平台，宝洁把一些自己在研究上的难题暴露给全球各地的宝洁以外的科学家。若他们成功开发了解决方案，即可以获得现金奖励。

退休专家是指宝洁公司通过YourEncore. com网站，从退休专家那里征求解决方案。这是一个由宝洁公司专门推出的作为连接外部世界开放创新桥梁的平台。

长期从事商业模式研究和咨询的埃森哲认为，成功的商业模式要能提供独特价值，成功的商业模式是难以模仿的，成功的商业模式是脚踏实地的。

5.2 企业组织形式的选择

5.2.1 企业组织形式

新成立企业可以选择的组织形式有个体工商户、个人独资企业、合伙企业、有限责任公司、股份有限公司和慈善组织，其中几种主要企业组织形式的简要比较如表5-1所示。企业要依法设立，我国现行法律法规对设立企业有明确的规定。在设立企业之前，要对相关的法律法规有明确的认识，这些法律法规可以在国家法律法规数据库中检索，网址是http：//flk. npc. gov. cn/，其界面如图5-3所示。

表5-1 几种主要企业组织形式的简要比较

	个体工商户	个人独资企业	合伙企业	有限责任公司	股份有限公司
投资人数	个人或家庭	1个自然人	2个或2个以上自然人	50个以下自然人或法人	2～200发起人
法人资格	否	否	否	是	是
设立程序	简单	简单	中等	复杂	最复杂
债务责任	无限	无限	无限	有限	有限
融资能力	弱	弱	中	强	最强

续　表

	个体工商户	个人独资企业	合伙企业	有限责任公司	股份有限公司
转让投资份额	简单	简单	复杂	复杂	简单
投资风险	集中	集中	中等	中等	分散
最低注册资本	无	无	无	3万元/10万元	500万元
公司账目	不公开	不公开	不公开	不公开	公开
所得税	个人	个人	个人	企业+个人	企业+个人

资料来源：董青春，曾晓敏. 创业行动手册［M］. 北京：清华大学出版社，2018.

图 5-3　国家法律法规数据库界面

1. 个体工商户

《个体工商户条例》第二条规定："有经营能力的公民，依照本条例规定经工商行政管理部门登记，从事工商业经营的，为个体工商户。"个体工商户可以个人经营，也可以家庭经营。

2. 个人独资企业

关于个人独资企业的具体规定参照《中华人民共和国个人独资企业法》（以下简称《个人独资企业法》）。该法第二条规定："本法所称个人独资企业，是指依照本法在中国境内设立，由一个自然人投资，财产为投资人个人所有，投资人以其个人财产对企业债务承担无限责任的经营实体。”

3. 合伙企业

合伙企业的具体规定参照《中华人民共和国民法典》(以下简称《民法典》)中有关合伙的规定和《中华人民共和国合伙企业法》(以下简称《合伙企业法》)。《合伙企业法》第二条规定：“本法所称合伙企业，是指自然人、法人和其他组织依照本法在中国境内设立的普通合伙企业和有限合伙企业。普通合伙企业由普通合伙人组成，合伙人对合伙企业债务承担无限连带责任。本法对普通合伙人承担责任的形式有特别规定的，从其规定。有限合伙企业由普通合伙人和有限合伙人组成，普通合伙人对合伙企业债务承担无限连带责任，有限合伙人以其认缴的出资额为限对合伙企业债务承担责任。”

4. 有限公司

有限公司包括有限责任公司和股份有限公司。公司是现代社会中最主要的企业组织形式。公司是以营利为目的，由股东出资形成，拥有独立的财产，享有法人财产权，独立从事生产经营活动，依法享有民事权利，承担民事责任，并以其全部财产对公司的债务承担责任的企业法人。所有权与经营权分离，是公司制的重要产权基础。与传统“两权合一”的业主制、合伙制相比，创业者选择公司制作为企业组织形式的一个最大特点就是仅以其所持股份或出资额为限对公司承担有限责任；另一个特点是存在双重纳税问题，即公司盈利要上缴公司所得税，创业者作为股东还要上缴企业投资所得税或个人所得税。[①]有限责任公司、股份有限公司的具体规定参照《中华人民共和国公司法》(以下简称《公司法》)。《公司法》第二条规定：“本法所称公司是指依照本法在中国境内设立的有限责任公司和股份有限公司。”第三条规定：“公司是企业法人，有独立的法人财产，享有法人财产权。公司以其全部财产对公司的债务承担责任。有限责任公司的股东以其认缴的出资额为限对公司承担责任；股份有限公司的股东以其认购的股份为限对公司承担责任。”

5. 慈善组织

根据2016年3月16日第十二届全国人民代表大会第四次会议通过的《中华人民共和国慈善法》(以下简称《慈善法》)，还可以成立慈善组织，具体包括基金会、社会团体、社会服务机构。《慈善法》第八条规定：“本法所称慈善组织，是指依法成立、符合本法规定，以面向社会开展慈善活动为宗旨的非营利性组织。慈善组织可以采取基

① 李家华. 创业基础［M］. 2版. 北京：清华大学出版社，2015.

金会、社会团体、社会服务机构等组织形式。”关于此类组织，本章第5.5节将会专门介绍。

5.2.2 选择企业组织形式

新企业创建之前，要确定拟成立企业的法律组织形式。各种法律组织形式没有绝对的好坏之分，各有特点，要根据自身的情况选择适合的组织形式。如果将来想找投资人投资，那么可以考虑注册有限责任公司，不能考虑个体工商户或者个人独资企业。从《公司法》规定的设立条件来看，股份有限公司明显不适合小微企业采用。

在注册企业之前，创业者应对适合企业的几种法定组织形式的特点、设立条件以及设立程序有一定的了解，如注册资本金限定、设立条件以及申办机构等；要熟悉这几种法定组织形式的法律特征，然后结合自身条件选择一个最适合自己的组织形式。除了自己学习和研究有关的政策和规定外，还要充分了解当前大学生创业的政策和支持项目，可以向学校的创新创业中心、团委、就业指导服务中心、大学生创业基金会、大学科技园等部门或机构咨询，主动获得帮助和支持。毕竟，主动、充分利用周围的资源，是创业者必备的素质。

上海市大学生科技创业基金会（Shanghai Technology Entrepreneurship Foundation for Graduates，以下简称“创业基金会”或EFG）成立于2006年8月，是由上海市政府发起的国内首家传播创业文化、支持创业实践的公益机构，网站地址为http：//www. stefg. org/。上海市大学生科技创业基金（以下简称“天使基金”）是专注于扶持大学生青年创新创业的公益基金。创业基金会以培育创业环境、播撒创业种子、激发创业力量为使命，联合社会各界开展创业倡导、创业教育、创业资助等业务，迄今已建立了23个分会及专项基金，形成了全方位支持创业实践、培养创业人才、传播创业文化的工作网络。天使基金主要有两种资助方式：雏鹰计划（最高50万债权，免息免抵押创业贷款）和雄鹰计划（最高50万股权，不分红，原价退出）。

创业基金会华东理工大学分会于2007年4月由华东理工大学和上海市大学生科技创业基金会双方合作设立，是创业基金会成立初期设立的八家分会之一，面向本校及来自国内外的大学生青年，资助符合天使基金资助条件的大学生创业项目。华东理工大学产业处负责创业基金会华东理工大学分会的天使基金创业项目的申请受理、初审、资助、后续管理服务及退出等工作，上海华东理工大学科技园有限公司受华东理工大学和创业基金会的委托，承担天使基金创业孵化机构相关职能。华东理工大学产业处依托华东理工大学、上海科技创业中心、华东理工大学科技园、海湾科技园的创新创业服务环境，设立独立的项目管理和资金管理部门，提供大学生创业过程的相关培训、咨询服务，降低学生创业公司营运成本，为大学生创业营造良好的环境。

5.3 成立新企业的流程

企业要想获得一个合法的身份从事生产经营活动，就必须办理注册登记手续。要弄清楚如何申办企业名称、办理工商和税务登记手续。企业的登记机关是各级工商行政管理部门。依法设立的企业，由企业登记机关发给营业执照。

以注册有限责任公司为例，原来的一般注册步骤包括：核名，租房，编写“公司章程”，刻私章，到会计师事务所领取“银行询证函”，到银行开立公司验资户，办理验资报告，注册公司，刻公章、财务章，办理企业组织机构代码证，办理税务开业登记，去银行开立基本账户，申请领购发票等。这就是传统的“串联办理”，即由一个部门办完文件后再转到下一个部门办，效率低、时间长。而现在多用的网上并联审批，是指运用互联网和大数据技术，建设在线审批监管平台，推进网上受理、办理、监管“一条龙”服务，做到全透明、可核查，让信息多跑路、群众少跑腿。

近年来，中国政府力推“大众创业，万众创新”，放宽市场准入，优化营商环境。上海市以深化“放管服”改革为重点，持续提升企业、群众办事感受度和满意度，营造法治化、国际化、便利化的营商环境，不断提高城市软实力和核心竞争力。2019年3月发布的《上海市市场监督管理局 上海市公安局 国家税务总局上海市税务局 上海市人力资源和社会保障局 上海市公积金管理中心关于进一步推进开办企业便利化改革的意见》中指出，提升开办企业效率，上线升级版开办企业“一窗通”服务平台（以下简称“一窗通”平台）。通过强化一表申报、数据共享、并联办理，实现开办企业全流程“统一提交，一天批准，当天领取”，即申请人通过“一窗通”平台统一提交企业设立、公章刻制、涉税事项、就业参保申请，市场监管部门一天批准企业设立登记（就业参保登记同步办结），企业设立后营业执照、公章、发票均可当天领取。在申请材料齐全、符合法定形式的情况下，实现开办企业最快2天可营业。具体措施有实现开办企业一网通办（图5-4）、创新无纸全程电子化登记、推广使用电子营业执照、优化公章刻制办理环节、整合员工就业参保信息提交流程、推进开办企业“一窗通”平台服务专区。可以说，如今开办企业已经越来越便利了。

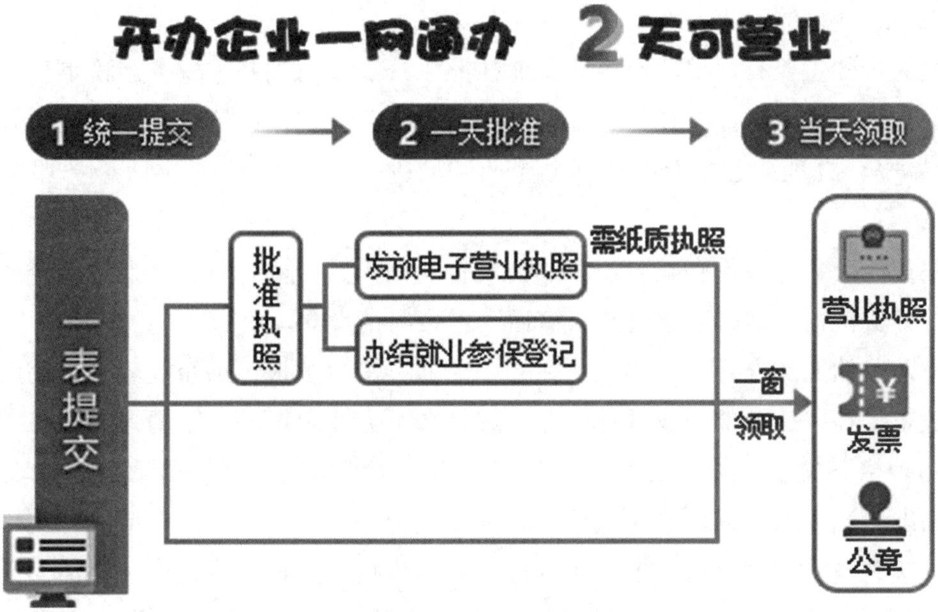

图 5-4　开办企业一网通办流程

资料来源：http：//yct. sh. gov. cn/portal_yct/

创业者在创建和经营企业前，必须了解国家关于企业注册的前置条件。在创建企业的过程中，必须了解和遵守有关法律法规，以确保自身和他人的利益没有受到非法侵害。与创业有关的法律主要包括《中华人民共和国专利法》(以下简称《专利法》)、《中华人民共和国商标法》(以下简称《商标法》)、《中华人民共和国著作权法》(以下简称《著作权法》)、《中华人民共和国反不正当竞争法》(以下简称《反不正当竞争法》)、《中华人民共和国产品质量法》(以下简称《产品质量法》)、《中华人民共和国劳动法》(以下简称《劳动法》）等，这些将在本书第7章详细讨论。涉及前置审批的，按照规定进行审批。企业的经营范围中属于法律、行政法规限制的项目，在进行登记之前，必须依法经过批准，例如面向公众经营的场所通常有环境评估、消防评估、食品卫生、健康许可等审批。通常是完成公司查名后，向有关部门提交材料进行审批，取得许可后才能办理工商营业执照。

与企业名称相关的规定包括：《企业名称登记管理规定》、"企业名称登记负面清单"、《企业名称禁限用规则》、《企业名称相同相近比对规则》以及各部委在相应法规文件中所规定的企业名称禁限用规则。"一窗通"平台将市场监管部门原先的企业名称预先核准程序和企业设立登记程序合并为一个程序，企业可以合并向市场监管部门申请。将原先申请人按先后顺序依次现场向各部门提交有关申请材料的传统办证流程，再造为申请人通过"一窗通"平台一表填写、一次提交数据、各部门数据同步采集、业务同步办理、结果实时共享的并联办理流程。

相关的步骤主要有申报新设企业营业执照、公安公章刻制、税务涉税事项、社保就业参保登记、办理银行预约开户、办理公积金等服务。现在，这些都可以通过开办企业“一窗通”平台办理。这是上海在开办企业领域进一步推进“互联网+政务服务”的重要成果。

有限责任公司、股份有限公司、非公司企业法人、合伙企业、个人独资企业以及上述企业的分支机构，都可以通过“一窗通”平台申请设立。

对于营业执照的办理，申请人可在“一窗通”平台填报包括企业名称、住所、经营范围、股东等在内的全部企业登记信息。选择线下方式申请的，申请人可以打印系统自动生成的表格和文书，并按要求签署后线下递交正式申请，市场监管部门1天内核准，企业在核准后当天即可领取营业执照。选择无纸全程电子化的方式申请的，利用身份认证和电子签名技术实现申请人申请及登记，机关审批全过程在线完成，申请人无需现场提交任何纸质材料即可完成公司设立登记，并在线领取电子营业执照，实现公司登记“零跑动”。电子营业执照是市场监管部门依据国家有关法律法规，按照统一标准规范向所有市场主体发放的电子营业执照。电子营业执照的使用不依附于特定的存储介质，也不收取任何费用，无需主动申请，所有市场主体登记完成即自动生成。电子营业执照可以通过手机等智能终端领取、下载和使用。

同样，可以选择免费公章刻制服务、填报发票申领信息、完成员工就业参保登记、办理银行开户预约等服务，也可以选择一窗领取营业执照、发票、公章等证照、物品，非常方便。

随着改善营商环境的各项政策不断落地，注册企业的便民措施也会越来越多，决定注册企业后，可以随时通过网站或者到所在地的市场监管部门了解具体流程。

5.4 新企业生存管理

5.4.1 新企业生存战略

成立新企业后，最重要的是要生存下来，让消费者认识和接受自己公司的产品或服务。新企业必须控制开支、保持充足的现金流，并且每个员工都要为把产品或服务销售出去贡献自己的全力。基础没有打好的初创企业是很难生存的。企业成功的原因各有不同，每个垄断企业都是靠解决一个独一无二的问题获得垄断地位的；而企业失败的原因却相同：它们都无法逃脱竞争。创业者通常倾向于对市场竞争轻描淡写（特别是大学生刚开始创业时），但这却是初创公司犯下的最大错误。而最致命的诱惑就是将市场描述得太狭小，好像可以理所当然地驾驭它一样。[①]不能看不到激烈的竞争，只看到自己细小的特色。非垄断者通过把他们的市场定义成各种更小市场的交集来夸大自己的独特性。相反，垄断者通过把他们的市场描述成若干大市场的并集来伪装他们的垄断性。垄断企业的特点是拥有专利技术、网络效应、规模效应、品牌优势。这些可以帮助创业者思考怎么使自己的公司存活得更久。要使公司运行起来，还要占领小市场、扩大规模、破坏性创新。

作为新进入者，新企业可能会面临行业的进入壁垒。迈克尔·波特认为，进入壁垒可能有几个成因，包括规模经济、产品差异化、资本要求、转换成本、分销渠道的获取、与规模无关的成本劣势、政府政策。行业中的现有企业还可能对新进入者采取强硬的抵制措施，这都使得新企业的生存变得异常困难。[②]

企业在竞争市场的表现如何，竞争优势是核心。竞争优势基本上源自企业为其买方创造超越成本价值的能力。通常存在两种基本的竞争优势：成本领先和差异化。价值链是分析竞争优势来源的基础工具。价值链将企业行为分解为与企业战略相关的活动，旨在理解成本行为和差异化的当前和潜在的诱因。每个企业都是设计、生产、营销、交付和支持产品一系列活动的集合，所有这些活动都代表了企业应用价值链的方式。价值链显示了总价值，包括价值活动和利润。价值活动是企业开展的具备实体和技术独特性的活动，是企业为买方生产有价值产品的基础。利润是总价值和开展创造价值活动总成本之间的差异。价值活动分为主要活动（入场物流、运营、出厂物流、营销和销售、服务）和辅助活动（购买、技术发展、人力资源管理、企业基础设施）两大类。[②]

迈克尔·波特提出了五大竞争力，即新进入者的威胁、替代产品或服务的威胁、买方的议价能力、供应商的议价能力以及现有竞争者之间的竞争。[②]他也指出，有以下三大通用战略，为企业赶超行业内的其他对手做好准备。

1. 总成本领先战略

总成本领先战略（亦称成本领先战略）就是企业努力成为行业中成本最低的生产商。这个战略要求企业积极降低成本，严格控制成本和管理费用，实现成本最小化。就算行业内的竞争力很强大，只要企业的成本较低，就能获得高于平均水平的回报率。成

---

① 彼得·蒂尔，布莱克·马斯特斯. 从0到1：开启商业与未来的秘密［M］. 高玉芳，译. 北京：中信出版社，2015.

② 迈克尔·波特. 竞争优势［M］. 陈丽芳，译. 北京：中信出版社，2014.

本较低这样的优势能让企业抵抗竞争对手。在竞争的过程中，成本低意味着就算自己利润不高，也能有保底的回报。总成本领先战略可能会引起某些行业天翻地覆的变化，直接改变企业赖以生存的竞争基础，使竞争对手措手不及。低价杀入某个行业，引起行业巨变，这样的例子在现实世界中屡屡上演。资金充裕的新进入者，甚至会低于成本价销售产品，打击竞争对手，迅速获得市场份额。

专栏5–8

沃尔玛vs. 家乐福

成本领先战略是指一家企业基于自己拥有本行业最低成本（是成本或费用，而不是价格）来展开竞争。其精髓是通过为企业建立成本优势，谋取成本领先者的地位，应对各种竞争力量。

对于大型连锁零售业来说，沃尔玛和家乐福两个零售巨头已经以其发展和业绩向世人说明了成本领先战略在该行业中的决定性作用。

1. 沃尔玛的成本控制

（1）采购的统一性

与很多商家采取代销的经营方式不同，沃尔玛采取直接买断购货政策，由总部统一向工厂直接购货。这种购货方式保证了沃尔玛的最优惠进价，大大降低了购货成本。据沃尔玛内部统计，其实行向生产厂家直接购货的策略，使采购成本降低了2%～6%。

（2）高科技配送中心

配送中心的任务就是将供应商大量运达的商品配送至各分店。为提高效率，沃尔玛配送中心内部实行完全自动化，效率非常高。这种建立配送中心的方法，大大提高了库存周转率，使资金周转速度加快，企业成本自然降低。

（3）高效的物流管理

在整个物流链条中，运输环节是最昂贵的部分。沃尔玛拥有自己的车队，并辅以全球定位技术，保证车队总是处在一种高效、快速、满负荷的状态。据统计，沃尔玛的进货费用占商品总成本的比例只有3%，而竞争对手则需要4.5%～5%。

（4）严格控制日常经费

沃尔玛对于日常经费的控制可谓达到了极点，在行业平均水平为5%的情况下，沃尔玛整个公司的管理费用仅占公司销售额的2%，为维持低成本的日常管理，沃尔玛在各个细小的环节上都实施了节俭措施。

2. 家乐福的成本控制

（1）采购的统一性

家乐福的采购政策与沃尔玛不谋而合，即直接向供应商采购，利用大规模采购获得较低的采购价格。值得一提的是，家乐福于近年开启了生鲜直采项目。该项目直接建立了从“农场”到“菜篮子”的途径，避免了中间环节的各项费用，把最低价、最新鲜的农产品直接呈现在消费者面前。

（2）本土化战略

家乐福在员工使用上和销售商品上实行本土化战略。据调查，家乐福在中国的分店，除了少数法籍和其他外籍的高层管理人员外，其余95%的员工都是在当地招聘的。在经营商品上也采取本土化战略。在中国，家乐福卖场销售的95%的商品都来自中国本土，甚至会通过不同区域的采购中心采购相当比例的本区域商品。这些本土化措施，大大降低了在人员以及商品上的投入，可以节约采购运输成本，又可以使商品价格相对低廉，对顾客产生更大的吸引力，从而保证了企业的竞争优势。

（3）损耗最小化

商品的损耗情况是企业获利的关键，往往一件商品的损耗造成的损失需要五六件同样商品的销售才能弥补。进货不实、顾客偷窃、员工监守不当、残货过多、标价错误等问题，造成商品损耗数量的增加，是成本居高不下的主要原因，最终影响卖场利润。因此，家乐福对损耗进行严格控制，实行员工定岗责任制，以求损耗最小化、降低经营成本。

（4）严格的成本控制

不管是家乐福卖场内仅仅经过防滑防磨处理的最普通不过的地面材料，还是本顿维尔的沃尔玛总部办公室简单装修的谈判间，都为各自的企业节省了一大笔的装修费用，从而使经营费用减少，降低经营成本，把资金用到其他更需要的地方，加快资金周转。

总之，虽然沃尔玛和家乐福都选择成本领先战略，但在具体实施上略有不同。沃尔玛努力通过利用高科技等方式降低采购、物流成本来实现赢利；家乐福则倾向于开拓更多的新的经营理念和加强管理控制来实现赢利。

资料来源：杨春露. 浅析连锁零售企业的成本领先战略：沃尔玛VS. 家乐福［J］. 统计与管理，2014（1）：127-128.

2. 差异化战略

差异化战略即企业提供被全行业认可的独特产品或者服务。差异化战略实施的方法有多种，包括独特的设计或者产品形象、技术实力、独特的功能、客户服务、经销商渠道等。差异化战略的实施提升了消费者对企业的品牌忠诚度，并使消费者的价格敏感度降低。差异化战略还能为企业创造利润，使企业不需具有低成本竞争优势。新企业非常适合采用差异化战略，提供独特的产品或者服务。但差异化战略对应的措施和行动本身成本较高，如广泛的市场调研、独特的产品设计、上乘的用料等。虽然对于成功实现差异化战略的企业，大部分消费者都会认可其卓越的品质，但并非所有客户都愿意或者有能力承受较高的价格。

专栏5-9

小熊电器差异化战略研究

低成本是企业竞争的关键要素。但对于小熊电器来说，如果仅想依靠低成本在家电市场立足，那巨头美的、九阳等企业已经达到了规模经济，小熊电器则根本避免不了被市场淘汰的局面。于是小熊电器就在营销过程中实施了以市场为导向的差异化战略。

1. 产品差异化

（1）产品由小众款构成，种类繁多

克里斯·安德森曾提出“长尾理论”：商业和文化的未来发展不是传统需求弧线上畅销商品的头部，而是那条代表“冷门商品”的经常被人遗忘的长尾。

小熊电器抓住了这一长尾模式，聚焦于小众客户生产产品。区别于电视、空调、洗衣机等传统的、置换周期长的大型家电，或“全能型”家电，小熊电器的产品着重点一直在于小家电。如此一来，专心探索小众产品市场需求的小熊电器就回避了与行业巨头的直接竞争，在小众款上建立行业第一。同时，每种电器销量都较少，但架不住种类繁多，也可产生可观的销售总收入。小家电实惠便宜，会让消费者在小家电推陈出新时具有更换的想法，在损坏时会为了避免麻烦选择直接替换而非维修，进一步提升了小家电的更换频率。

（2）“萌”系外观

“萌”是小熊电器产品在外观上的最大特色。作为“萌”家电的开创人与实践者，

“萌”系外观更容易吸引女性用户或年轻用户，其创造的产品以90%的“高颜值”抓住女性年轻用户喜好迷你精致电器的趋势，研发了一系列创意小家电。其中，同时具备“高颜值”和高性价比的多士炉以小巧精致、简单方便等特点，满足了女性上班族对早餐省时多样的需求。除了“萌”系外观，公司产品功能也不断升级，加入了触摸屏、Wi-Fi、功能预约等实用功能。

（3）产品设计制造微创新

同时，小熊电器在产品设计制造上具有10%的微创新。通过互联网大数据技术积累海量消费者数据，洞察消费者的喜好，对客户的需求进行细分，并且在产品设计、开发和制造的过程中，专注解决用户最容易忽视的小需求，不断进行用户操作体验的模拟，经历了无数次的实验调试改良修正。由此看来，小熊电器的创意小家电产品并非天降，而是充分利用了互联网的大数据、高效率、低成本优势。

2. 渠道差异化

（1）主打线上渠道销售

与传统的家电企业相比，除了人们的需求变化外，电子商务经济的发展、社交媒体的普及以及物流行业的快速扩张更是为小熊电器的发展提供了肥沃的土壤。2006年，小熊电器就瞄准线上销售渠道，全年电商渠道销售额占比接近九成。互联网信息传播光环覆盖了超大规模的消费人群，对于采用长尾模式的小熊电器来说，即使某个长尾产品的传播效率低，但辅以巨大的客户基数，潜在消费者也众多；再加上小家电体积小且无须安装，非常适合电商销售。

（2）渠道优势

小熊电器因采取线上渠道，不需要建立实体店铺，经销成本少，从而降低了渠道建设成本，也极大地降低了交流、交易成本。再由于电商红利的存在，线上常常举行“双十一”等大型促销活动，小熊电器产品存货周转速度快，储存成本低。

同时，电商品牌不仅仅是一个展示产品的平台，更是一个用户交流、获取商家产品信息的平台。小熊电器依靠社交裂变式效应扩大用户规模，消费者主动在微博、抖音等社交平台上分享自己发现的创意小家电，在大量用户口碑积累和博主推荐下，消费者便捷地获取不同产品的功能、价格、受欢迎程度等信息。推荐的人越多，人们对产品的信赖程度也就越强，这是线下渠道无法比拟的。这种渠道也能让小熊电器获得数据，以精准获取消费者需求，转化为产品创造、升级的动力。

3. 品牌差异化

（1）品牌市场定位于年轻人

美的、海尔等国内大型家电品牌的崛起与升级，已经占据了市场的大部分份额，其市场定位着重于家庭生活的刚需。而随着生活水平的不断提高、生活观念的转变，人们对生活品质提出了更高的要求，小家电主打的就是更加细分的需求。而伴随着互联网的兴起成长起来的消费者，他们更多的是“90后”“00后”，他们的消费观念也日新月异，其关注点不再仅仅是实用，他们追求简单方便、时尚与品质共存的用户体验。小熊电器的市场为中国市场，主要是大中型城市，专注于年轻人目标群体，用年轻人的视角重新定义产品，致力于满足年轻消费群体的需求，让“小熊”品牌形象在年轻群体中逐渐树立起来，为公司未来发展注入支撑力量。

（2）推广“萌”的品牌形象

小熊这一形象是小熊电器品牌建设的核心，主打“萌”形象，提倡“萌”的生活方式，使小熊“萌”的形象深入人心。

小熊电器通过淘宝和京东等主流电商平台广告、影视综艺广告植入、直播与短视频等新媒体营销手段，以及在聘请明星代言等方面积极推广“小熊”独立品牌，使小熊电器的品牌知名度和美誉度快速传播至更多消费人群，吸引一大批忠实年轻用户群体。小熊电器因为独特的品牌定位，逐渐深入人心，在消费者心中，“小熊”就是有趣的、有个性的。

资料来源：张瑜. 小熊电器差异化战略分析［J］. 现代商业，2021（14）：13-15.

3. 集中战略

集中战略是指选择行业的某个细分领域或者其子领域，定制自身的战略，专门为这个范围内的买方服务。集中战略包括成本集中和差异化集中。成本集中是指企业在目标买方群体内寻求成本优势，而差异化集中是指企业在目标细分领域内实施差异化。集中战略实现的前提是相比于那些实施大布局战略的竞争对手，企业服务较小的、具有特定战略目标的对象，其能力更高、成效更好。新成立的企业由于规模较小、能力有限，可以选择某个特定的消费者群体，集中精力在这个细分领域深耕，形成自己的特色。

当然，相比于成熟企业来说，初创期的新企业忙于让自己生存下来，面对瞬息万变的市场环境，很难充分地思考企业的战略，更不能沉迷于思考战略，而要在行动中思考和探索。

专栏5-10

双创企业集中战略的实施

双创企业实施集中战略要选择合适的细分目标市场。集中战略的前提条件是，确实存在一个未被知晓的利基市场，有完全不同的顾客群，或这些顾客有不同的需求，并且在该细分市场上没有竞争对手、竞争对手力量不强，或是竞争对手力量虽强却不以此为主战场，不打算实行集中战略。企业的资源能力不允许其追求更广泛的细分市场。行业内各细分部门在规模、成长性、获利能力等方面存在很大差异，不同竞争者对各细分部门吸引力的认识各有差异。具体来讲，在目标市场方面，企业目标市场的市场容量要足够大，目标市场具有很好的成长潜力，购买群体在需求上存在差异性，是能满足预期收益的利基市场。在企业自身方面，应用集中战略的双创企业要擅长于该目标市场领域，拥有有效服务目标市场的资源和能力，能够为特定的区域或特定的购买群体提供更好的产品或服务，应用集中战略的双创企业通过差异化或成本领先，以及建立起来的顾客商誉和公司服务能有效防御行业中的竞争者，并且该企业资源有限，不能追求更大的目标市场。在竞争因素方面，应用集中战略的双创企业要尽可能地选择那些竞争对手最薄弱的目标市场和最不易受替代产品冲击的目标市场。目标市场不是行业主要竞争企业成功的关键，多细分市场的竞争企业在满足目标市场的专业或特殊需求方面有难度，或者说，如果满足该目标市场的专业化需求需要付出高的成本及代价。在双创企业的目标市场上，没有其他竞争对手已经采用或准备采用集中战略进行专业化经营。应用集中战略的双创企业所在的行业中，即使是一家大企业也没有足够的资源和能力进入整个市场中更多的细分市场，整个行业中存在很多小市场和细分市场，这样应用集中战略的双创企业就能够选择与自己的优势和能力相符的、有吸引力的目标市场，在目标市场形成竞争优势，取得预期收益，获得生存和发展。

双创企业实施集中战略专注经营，“专注”主要强调两个问题：定位和匹配。定位要基于企业自身的愿望与能力、顾客的需求和竞争对手留下的施展空间三者的交集，它重点解决企业想做什么和能做什么、顾客的需求是什么和竞争对手允许我们做什么这样的问题。企业一定要关注竞争对手，不仅要关注行业，还要关注细分的子行业，甚至某个子行业的某个价值链环节。在细分的子行业中，我们还可以关注某一类服务。通过专注可避免竞争和构造竞争壁垒，专注也可增加顾客转化成本，让顾客不容易转换服务对象，建立企业的纵深结构，打造竞争壁垒，即“一厘米宽，一公里深”，真正为顾客创造价值，解决问题，增强顾客忠诚度，形成竞争优势。

资料来源：刘正升.双创企业集中战略应用研究［J］.经济师，2017（2）：277-278.

这三大战略虽然在某种程度上是指导现有企业巩固长期防御地位的，但对新进入的企业来说，同样可以作为制定生存战略的重要参考。相对来说，成立了企业，进入了市场，就成为“现有企业”，一方面要赶超目前市场上的其他企业，另一方面也要建立自己的竞争优势，巩固企业的长期防御地位。

5.4.2 企业生命周期

伊查克·爱迪思（Ichak Adizes）在研究过上千家企业后，写出了《企业生命周期》一书，把一个企业的发展比作一个生命体，把企业生命周期分为十个阶段：孕育期、婴儿期、学步期、青春期、壮年期、稳定期、贵族期、官僚早期、官僚期、死亡。企业生命周期理论及原则解释了公司为什么会生长、衰老和死亡，以及我们应该如何应对它。[①]创业企业应重点关注企业生命周期的前五个阶段。

第一个阶段是孕育期，即公司诞生之前的阶段。这时，公司将要诞生，但只是表现为一个想法。孕育期的关注点是想法以及未来的可能性。是什么标志着一个公司的诞生？何时是公司的诞生之时？不是签署公司章程时，而是当出现切实的承诺——创始人开始承担风险时，公司就诞生了。如果孕育期没有通过现实的检验，那么它只能算是一段创业空想。当创始人开始承担实质性的风险时，公司就进入下一个发展阶段，即婴儿期。

第二个阶段是婴儿期，这一时期是以产品为导向的。从这一刻起，公司必须销售、销售、再销售，因为如果不能收回资金，新创办的年轻公司将无法存活下去。要控制风险，不再需要很多的点子、想法和设想。这个阶段的关键不是在想什么，而是在做什么。婴儿期需要持续不断的现金流，需要创始人保持激情和创业的承诺。当公司的资金流和各项工作稳定下来（资金流健康、客户开始重复购买、品牌忠诚度得以建立、供应商稳定等）时，公司就会从婴儿期走出来，进入生命周期的下一阶段。

第三个阶段是学步期，这一时期公司有了很好的资金流，销售也在增长。公司不仅存活下来了，而且越来越兴旺。公司的发展有很多可能的方向。公司开始面对市场“大众”，销售导向体现得非常明显。学步期的公司缺少一致性和聚焦点，责任没有落实到

---

① 伊查克·爱迪思.企业生命周期［M］.王玥，译.北京：中国人民大学出版社，2017.

个人，工作任务也相互重叠。因此公司要开发出自己的管理体系，把管理职能制度化和系统化，避免陷入创始人陷阱（公司的发展超出了创始人的能力，创始人成为问题）和海鸥综合征（创始人在婴儿期和学步期那种掌控一切、事事亲为的热情，会变成公司继续成长和发展的阻碍）。

第四个阶段是青春期。从孕育期到婴儿期，公司出现了一个有形的实体，而青春期则是它在情感上的再生，由此公司可以脱离创始人，或脱离行为雷同于创始人的其他管理者。青春期公司的特点是矛盾和多变。转变这一阶段需要完成三件事情：创始人需要授权；领导者需要进行从创业到专业化管理的转变；公司必须转换目标，并解决由此带来的各种冲突。如果公司能够创建有效的管理制度，并使领导力制度化，该公司就进入了生命周期的下一阶段。

第五个阶段是壮年期。这是生命周期的最佳阶段，也是自控力和灵活性达到平衡的一个阶段。壮年期又分为两个阶段：一是仍在成长的壮年期，即壮年早期；二是壮年晚期。壮年期面临的问题是管理的深度不够，面临的挑战是如何保持壮年的状态。壮年晚期的公司不愿再冒任何风险，创业精神日益消失。这是公司成长阶段和衰退阶段的中间阶段。在壮年晚期，公司衰退的迹象就会逐渐显露出来。对于新企业来说，要努力地进行销售、扩大规模，迈过一道道坎，活下来并且活得好。

在生命周期的每一个阶段，创业者都会面临很多问题。本·霍洛维茨（Ben Horowitz）在《创业维艰：如何完成比难更难的事》中说，创建公司之初，每一位企业家都怀揣着一个清晰明确的成功梦想。“你会创造一个极其优越的环境，雇用最能干的人加入你的团队，你们会齐心协力，研发一款令客户满意的产品，让这个世界变得更美好。为了使梦想成为现实，经过了无数个日夜的辛苦奋斗，你却发现，事情并没有按计划进行。”①苦苦挣扎是创业者的常态，挣扎成功，企业就会成长；挺不过去，企业就会失败。

5.5　公益创业

5.5.1　公益创业的定义和特征

20世纪60年代，“公益创业”这个词第一次在文献中使用。但是直到20世纪

① 本·霍洛维茨. 创业维艰：如何完成比难更难的事［M］. 杨晓红，钟莉婷，译. 北京：中信出版社，2015.

80年代早期，这个词才开始普遍使用。公益创业是指借助创新、创造产品、组织以及实践生产和维持社会效益等来追求社会目标。[①]从广义的角度分析，公益创业是指采用创新的方法解决社会主要问题，采用传统的商业手段创造社会价值而非经济价值。[②]

学者们大都认同公益创业包括创业性和公益性两个基本的特征维度。概括来说，公益创业是指个人、社会组织或者网络等在社会使命感的激发下，追求创新、效率和社会效果，是面向社会需求、建立新的组织、向公众提供产品或服务的社会活动。

5.5.2 公益创业的特征

1. 社会公益性

这是公益创业的首要特征。公益创业是人们基于社会使命和责任感的要求，为谋取“公众利益”的创业行为，是以“利他”为使命的。公益创业的社会公益性主要体现在组织目标的公益性，即其核心目标是解决社会问题。

2. 自我可持续性

公益创业与传统慈善的一个重要区别在于其是具有经营活动的，是通过运用商业机制和参与市场竞争，提高组织的运作效率，保证组织能够盈利，实现资金的循环使用与组织的可持续发展，以更有效地解决社会问题，服务于公众利益的。

3. 创新性

公益创业是以实现社会价值为特殊使命的，这就使得其需要具有在解决问题时比一般商业创业更强的创新性。其中包括机会识别的创新性、产品与服务的创新性、解决问题方式的创新性、组织的创新性等。公益创业只有不断创新，才能满足公众不断发展变化的需求。

4. 社会差异性

社会差异性的客观存在，决定了公益创业本身要与不同的文化背景、政策环境相适宜，这样才能切实满足社会的需要。

5.5.3 公益创业的组织形式

根据《慈善法》，慈善组织可以采取基金会、社会团体、社会服务机构等组织形式。三类组织形式可以分别参照《基金会管理条例》《社会团体登记管理条例》《民办非企业

---

① 郭超，沃尔夫冈·比勒菲尔德. 公益创业：一种以事实为基础创造社会价值的研究方法［M］. 徐家良，谢启秦，卢永彬，译. 上海：上海财经大学出版社，2017.

② 朱晓红. 公益创业理论与实践［M］. 北京：知识产权出版社，2016.

单位登记管理暂行条例》创建。

慈善组织应当符合下列条件：

（1）以开展慈善活动为宗旨；

（2）不以营利为目的；

（3）有自己的名称和住所；

（4）有组织章程；

（5）有必要的财产；

（6）有符合条件的组织机构和负责人；

（7）法律、行政法规规定的其他条件。

相关的规定和业务流程可以通过搜索“上海社会组织公共服务平台”了解。

5.5.4　成立慈善组织

登记管理机关依据《慈善法》第八条、第十条的规定受理慈善组织的设立申请，并根据申请人所选的基金会、社会团体或社会服务机构（民办非企业单位）组织形式，按照有关登记管理条例规定的条件，要求发起人提交申请材料。申请材料中，应当明确以下内容：设立申请书应当明确提出设立慈善组织的意愿，以及该组织符合《慈善法》规定的慈善组织宗旨、业务范围等情况的说明；章程中有关财产管理使用的一章中要增加项目管理制度的规定，终止和剩余财产处理一章中要增加“慈善组织清算后的剩余财产，应当按照慈善组织章程的规定转给宗旨相同或者相近的慈善组织；章程未规定的，由民政部门主持转给宗旨相同或者相近的慈善组织，并向社会公告”的规定。

5.5.5　比赛中的公益创业

在原有“挑战杯”中国大学生创业计划竞赛的基础上，自2014年起开始组织开展“创青春”全国大学生创业大赛，每两年举办一次。设3项主体赛事：大学生创业计划竞赛、创业实践挑战赛、公益创业赛。

其中，公益创业赛的参赛项目应满足以下条件：① 公益特征（有效解决社会问题，项目收益主要用于进一步扩大项目的范围或规模）；② 创业特征（通过商业运作的方式，运用前期的少量资源撬动外界更多的资源来解决社会问题，并形成可自身维持的商业模式）；③ 实践特征（团队须实践其公益创业计划，形成可衡量的项目成果，部分或完全实现其计划的目标成果）。在实际比赛中，作品在公益性上，要对社会问题深入关注，立项所针对问题应具体且受到关注较多、亟待解决；在创业性上，要能够通过具有创新性、普适性、可推广性的商业模式，在消耗资源的同时不断引入大量新资源，使项目可自身维持、可持续发展，由此很好地解决所瞄准的社会问题；在实践性上，要很好地结合人力、资源等实际情况，设定切实可行的项目进度及目标，有丰富的实践成果。

如果用一句话概述，公益创业项目就是要“以商业运作的模式来做公益”，这是它与一般创业项目的显著区别。对公益创业来说，通过“商业运作”来维持项目自身并持续发展往往是最难的，比赛中被评委质疑最多的往往也是这一点，但这也是公益创业的魅力所在。

专栏5-11

公益创业的偶然模式与必然模式

公益创业的偶然模式：精神愉悦—分享美好

参与志愿服务的访谈对象对于自身的收获有一些自己的感悟。

志愿服务带我看到了我生活之外的不同景象。我的本职工作是谈判师和数据分析师，这两项工作使我看到了世界最好的一面，但是志愿服务却让我看到了世界的另一面。这另一面，让我能够走出去，与更多人交谈；让我能够展示自己的能力。因为做志愿服务的心情是不一样的。（访谈对象001）

志愿服务中也会得到很多，包括自己内心的一种释然。本身我们很少参与志愿服务，但是那个时候很享受志愿的快乐、奉献的快乐。到（抗灾）后期，（我们就）希望将快乐、奉献延续。（访谈对象002）

说实话，我做这件事情（特殊儿童群体的服务）一开始并没有创业的想法，就是觉得因为别人的需要我才开始做这件事情，既然做了就想把事情做好，就要努力做好，在这个过程中，就激发了自己的使命感和责任感。（访谈对象008）

在第一次公益活动中，我获得了帮助别人的快乐以及外界的尊敬。我特别想把乐趣分享给别人，希望更多人有机会来参与公益。这种感觉特别接近于：有一天我吃了一颗很好吃的糖，就想把它分享给身边所有朋友，这个分享的动力实际上就是我做事的动力。当我和我的朋友都觉得这颗糖很好吃，我们就用更好的办法把糖的成本降得更低，让大家买起来更方便，使很多人可以得到美味。我发现，中国并不缺好人，而是缺做好事的渠道。（如果）能更轻松、更快乐地做公益，是不是很多人就会参与进来呢？（访谈对象020）

公益创业的必然模式：知识积累—契机引发

前面已分析，在谈到志愿服务的收获时，访谈对象提到最多的是“能力”“资源”“自信”“团队”等，是指访谈对象通过志愿服务结交了朋友，积累了人脉资源；或者在服务过程中提升了能力，增强了自我的信心。这可归入知识积累的类属，在合适契机来临时，访谈对象就开始了公益创业行为。

我觉得创业是顺其自然发生的一件事情。因为我做无偿献血的相关志愿活动已有10年，有一次感觉无偿献血的广告太差了，我就跟志愿者们一起商量，组织了很多志愿者创办“AYX机构”进行活动，包括从无偿献血到拍摄其他公益主题，如留守儿童、弱势群体等。但是这就不能完全依附血液中心。后来就往外走，在这个过程我发现脱离了血液中心之后，我们的可信度、社会信任度就会很低（因此需要建立组织）。（访谈对象013）

我现在做的QD公益，是基于过去近10年在公益机构的工作经验，前4年是基础慈善的内容，后6年接触到公益咨询培训。我看到公益行业内的一个现状，特别是在对信息化的应用方面，还是比较落后的。我也看到很多机构有能动员、整合企业的力量，如果它能应用信息化的力量，将能够帮助公益组织提升效率与促进发展，因此我创建了现在的组织，通过提升公益组织的信息化应用来推动公益行业的发展。（访谈对象024）

资料来源：辛华，翟雁. 我国青年公益创业的路径研究［J］. 青年探索，2017（1）：5-13.

思考题

1. 什么是商业模式？
2. 企业组织有哪些形式？
3. 如何选择企业组织形式？
4. 对于初创企业，应该如何进行营销管理？
5. 公益创业具备哪些特征？
6. 请简要介绍新企业的融资顺序。
7. 商业模式以价值创造为核心，描述了企业创造价值、传递价值和获取价值的基本原理。请简述百度公司的商业模式是什么？它是如何进行价值发现、价值匹配和价值获取的？

8. 新冠肺炎疫情期间，衍生出很多创业机会，请你选取一个熟悉的领域来列举新出现的创业机会，并分析该创业机会的商业模式。(从产品或服务、目标客户及需求、市场容量、模式是否可复制、盈利模式等方面进行分析)

延展性阅读

野中郁次郎，德冈晃一郎. 商业模式创新实践：如何将知识转化为价值[M]. 姚博文，译. 北京：人民邮电出版社，2021.

第6章 创业初期管理

学习目标

学完本章后，你应该能够：

- 了解创业企业如何进行人力资源管理
- 了解创业企业如何进行财务管理
- 了解创业企业如何进行营销管理
- 了解创业企业如何进行风险管理

若不能从根本着手，奢谈企业管理是没有用的。管理没有秘诀，只看肯不肯努力下功夫，凡事求其合理化，企业经营管理的理念应是追根究底，止于至善。

——王永庆

创业企业成立后，对创业者而言，面临的将是一系列针对新创企业的管理问题。企业创立初期如何进行人力资源、财务、营销的管理，以及如何进行企业风险的管理，这将是本章要讨论的重点。

案例导读

一份七年前的访谈

2018年8月2日，《福布斯》公布了2018年中国“30位30岁以下精英”榜单。该榜单以一贯前瞻性的目光，寻找那些年龄在30岁以下、在业内有一定影响力的才俊。在该榜单中，一些参选者所在企业已经成为领域内的“独角兽”和“小巨人”。其中，上海假面信息科技有限公司（以下简称“假面科技”）创始人徐伟凡凭借在互动娱乐行业的创新成果入选。

这家曾被媒体誉为“做成了马云没有做成的事”的企业，在媒体和公众面前一直保持低调的状态。然而其在互动娱乐行业内，却是一个打造出传奇产品，并备受资本热捧的宠儿。

假面科技成立于2014年，致力于打造互动娱乐场景的创新实验室，探索创新的社交、娱乐产品。其所开发的“狼人杀”App在2016年底甫一上线，就迅速成为全民爆款，不到3个月，用户量即超过1 000万，长期占据App Store“狼人杀”关键词第一位。即便之后腾讯、网易、YY、陌陌等行业巨头斥巨资研发同类产品，并依靠庞大的资源全面宣传推广，依旧未能撼动假面科技“狼人杀”业界第一的位置。

2020年1月，新浪完成对假面科技数亿元人民币的战略投资，并成为控股股东。至此，假面科技从成立以来，共获6次融资，包括最早于2014年获得的100万天使轮融资，2015年和2017年获得的由金沙江创投、青松基金、新进创投等机构领投的数千万Pre-A轮和数百万A轮融资。2020年3月19日，假面科技注册资本由1 076.63万元暴涨828.83%至1亿元，同时投资人股权发生小规模变更。

假面科技创始人徐伟凡，毕业于华东理工大学商学院，大学时期就有过创业经历。毕业后，有过创业经历的他选择先成为一名“打工人”，凭借在中国工商银行、汇付天下有限公司就职中积累的人脉，也凭借在汇付天下有限公司的一个内部孵化项目认识到融资对创业的重要性。

2014年，徐伟凡打造了“假面”，这是一个基于校园的匿名社区，这个平台的注册用户可以在隐藏真实身份的情况下畅所欲言。之后，徐伟凡及其创业团队又推出了“匿名通话”的“桔子热线”App。“狼人杀”的出现，则成为假面科技青云直上的拐点。

2016年12月，“狼人杀”App上线，不到3个月，其用户量就突破1 000万，仅次于微信和QQ。2017年12月，假面科技的一位投资人提到，“‘狼人杀’今年的利润将达到3亿人民币”。

时至今日，“狼人杀”行业竞争激烈，与新浪联手的假面科技又将向市场交出怎样的答卷?

我们不妨回过头来看一看2015年，也就是徐伟凡刚刚离开校园4年的时候，他与合伙人接受的一次采访。

采访对象：假面科技创始人徐伟凡，假面科技运营合伙人顾海龙。

问题1：您能简单介绍一下自己和您的创业经历吗？

徐伟凡：我是华东理工大学商学院信息管理专业2007级学生，2011年毕业。在大学时就有过创业经历，当时建过一个团购网站，毕业之后也一直心怀创业梦想，后来和我的学长、我们的技术负责人、运营合伙人顾海龙（海龙和我同级）一起创业。刚开始是兼职，自己有一份工作，利用周末时间一起讨论、计划和开发，项目做出来之后全职来运营这个项目。

问题2：你们这个团队当时是怎么组建的？

徐伟凡：我们团队的成员都是华东理工大学的校友。CTO是1986年的，计算机系毕业（我是1989年的），COO是和我一届的，信息自动化专业。都是学校圈子里的，经过校友介绍，互相聊得来，就开始一起创业。

问题3：您在组建团队的时候有没有想到"我需要什么样的人才"，然后去招募这些团队成员？还是纯粹的与某几个人比较投缘？

徐伟凡：在组建团队的时候心里对需要哪些方面的人才大概有数，不会说只是单纯投缘，团队成员在专业领域内的知识还是必须要过硬的。但扩充团队其实是个长期工作。不能想着把团队搭好了再去创业，要知道永远没有完美的团队，人才的流动性都是很强的。

问题4：在组建创业团队，或者选择项目上，您比较注重哪些信息？

徐伟凡：选择项目的时候肯定会先看项目是否有市场需求、是否具备创新性，但我们并没有一套特别科学的甄别体系。其实一种商业模式就是满足一种需求，找市场上需求没有被满足的点，然后去推出对应的产品，没有太复杂的东西，最后都靠执行。

问题5：那你们创业的资金是怎么筹集的？

徐伟凡：靠融资，和一些投资人商谈，吸引他们来投资。现在准确来说进行了三轮融资，也有一些股东加入是没有实际投入资金，而是输入了一些资源，包括媒体资源的高管等。现在的资金规模有一千多万元。

问题6：你们公司现在在做哪些业务？

徐伟凡：我们主要是两款产品，之前做的第一款"假面"已经停止开发了，因为出现了一些无法控制的问题。现在做一款陌生人语音聊天的软件叫"桔子热线"，让人们在压力很大时能找到陌生人来倾听他们的想法，因为很多事情不方便和特别熟悉的人讲，我们提供这个平台让人们来倾诉、缓解压力。在我们的平台上女性聊天是可以赚钱的，以增加女性在陌生社交平台上的活跃度，因为这类平台上女性较少。我们的第三款产品还在设计中。

问题7：那现在“假面”这款软件已经停止开发了，你们今后会不断推出新的点子吗？

徐伟凡：也不是，我们在资源有限的情况下，也是一年最多做三款软件，现在主推的是“桔子热线”。第三款软件设计好之后我们自己设定的战略任务也就完成了，不会再去开发。不然产品太多了也没有资源去运营。

问题8：是怎么想到在互联网行业进行创业的？

徐伟凡：互联网已经慢慢成为一种基础设施类的东西，今后所有生活上需要的产品或者服务都会基于这一基础设施来提供，所以在互联网行业是有能够有所作为的可能性的。而且我在大学的时候也有体会，一个很小、很精干的团队，也能做出来很受欢迎、很多人用的东西，那种成就感是非常让人兴奋的。而在传统行业，十几个人的小团队做出几十万人在用的产品是不可能的。

问题9：你们从产生关于这个项目的灵感和想法，经过计划筹备，到最后着手运营经历了多长时间？

徐伟凡：我们做互联网产品讲究一个快速迭代，发现了这块需求，包括整理需求，大概半个月的时间，从有想法到做出来产品的初版原型加起来也就两个月时间。但是做出来初版原型后可能会有各种问题，之后需要不断地完善和迭代。

问题10：你们团队的规模现在有多大？分工如何？

徐伟凡：团队有二十多人，现在还在准备扩充。分工是技术、市场、产品、运营四块。我们是开放式办公，比较自由，没有太多级别上的限制，我想打造的也是扁平化沟通，减少沟通的成本，不会像大公司一样发邮件要有规范的措辞之类。

问题11：你们公司现在的竞争力在哪里？或者今后希望打造成有哪些竞争力的公司？

徐伟凡：互联网公司的竞争力还是在产品，我们现在还达不到这个程度，将来期望打造的竞争力就是做出更好的产品。目前我们有能够把产品做好的人，这就是我们的核心竞争力。

问题12：你们到现在遇到的最大困难是什么？

徐伟凡：困难还是蛮多的，比如说产品一开始上线的时候很多应用市场会给首发位，用户增长就比较快。过了一段时间可能一些资源少了，曝光度低了，用户增长也就少了，这时候就会有很大压力，怎么向投资人交代、怎么向员工交代、未来怎么办、会不会想到的盈利模式建立不起来……这些都让我感到很有压力、很痛苦。不过还好，我们一直有新的推广方案出来。其实人事上的事情是让我最头痛的，一个好的人才对一个创业公司非常重要。我们之前遇到过用人不慎的事情，我眼光比较不好，招了一个不合适的人给公司造成了损害，这算是创业路上的一个困难。

问题13：那后来是怎么解决的？

徐伟凡：老实说，也没法解决。当时有一个用户界面设计做得不怎么好，我就把设计师辞退了，辞退的时候他把东西都删掉了。这个没有办法，只能重做，创业路上很多东西就是有风险的。

问题14：那现在怎么去规避这种风险呢？

徐伟凡：现在就是面试的时候注重考查人品，多留点心。没有什么健全的体系去规避很多隐性的风险，有些风险在碰到之前是意识不到的。我自己的经验累积就是我再招人的时候第一看的是人品，第二才是能力。

问题15：你们对公司有什么规划？

徐伟凡：我们的终极目标是上市，而且我们非常感谢学校对我们的培养，今后如果做出一些成就，我们也希望反哺到学校里。

顾海龙分享经历：我大一大二在奉贤校区，也没接触到什么创业的机会，后来去英国交流一年，但是在英国学习的专业感觉不太适合自己，就没有留下读研究生，后来回国工作，进入了上海电气公司，做核电的国际贸易工作。但是觉得自己不太适合这种国企的大氛围，于是就辞职去了一家机器人公司，到新加坡工作。我在大学的时候就一直想从事咨询行业的工作，之前我也认识了一些在咨询行业多年的前辈。正好遇到有一个在中国石油化工集团做了二十多年咨询的前辈，他自己跳槽出来成立了公司，我也就回国加入了他的公司，成为他们公司的第四名员工，也算是第一次踏上了创业这条路，做了两年咨询工作。后来认识老徐也是做两条线，主线从事咨询工作，同时也在一起探讨互联网行业的创业方向。直到那年八月份我们一拍即合，觉得这个项目已经成型，可以做下去了，又有投资人愿意投资，大家共同看好这个项目。于是我们各自辞职，全职来做这项工作。

6.1 人力资源管理

6.1.1 人力资源管理的基本概念

1. 人力资源的含义

人力资源是指能够推动整个经济和社会发展的、具有劳动能力的人口总和。

2. 人力资源的特点

人具有主体性、智力性、生物性和社会性。因此，人力资源通常具有以下几个特点。

第一，主体性。所谓主体性，是指人力资源在日常的社会经济活动中起着主导性的作用。

第二，资本性。由于人具有智力性，通过后天的教育和培养，能够提升人的智力属性。这也就意味着对人力资源进行投资，可以提升人的知识和技能，进而促进人力资本的形成，使其成为促进经济增长的重要因素。

第三，再生性和时效性。人作为生物的一种，决定了人力资源的再生性和时效性。所谓再生性，是指劳动力虽然会不断损耗，但仍会被不断生产出来，在这一过程中劳动力的损耗和生产是交替出现的。所谓时效性，是指人力资源会受到来自时间方面的限制。对此，该如何正确理解呢？例如，人有生老病死，都是有生命周期的。又例如，人的发展成长都要经历一个漫长的过程，其中通常包含培养期、成长期、成熟期和衰退期。

第四，社会性。人力资源具有社会性，是指其与社会环境是紧密相连的，这是因为人作为一种群居性动物，会不可避免地受到来自社会因素和家庭因素的影响。

3. 人力资源的作用

一般而言，人力资源通常具有以下三项作用。

第一，人力资源在财富的形成过程中，通常扮演着重要的角色。

第二，人力资源往往能有效推动整个社会和经济的发展。

第三，人力资源通常是确保企业能够正常运营和发展的基础。

4. 人力资源管理的含义

人力资源管理是指通过实施影响员工行为和态度的各项政策或举措，来及时、高效地处理企业或组织中面临的各类员工问题，使得每个员工都能充分展现自己的才能，进而帮助企业或组织实现其战略目标的管理过程。

5. 人力资源管理的意义

人力资源管理对于企业而言具有重要意义，主要包含以下几个方面。

第一，人力资源管理能从企业战略的视角出发，探究企业所要面临的各种内外部环境的变化，从而给企业组织结构变革提出新的要求，进而带动人力资源管理举措的提升和改进。

第二，人力资源管理可以通过改进人员的配置、完善工作的设计，尽可能地提高组织的工作效率，这一般能为企业带来不小的收益。

第三，人力资源管理可以帮助企业或组织的管理者更好地指导和协调下属员工的工作。

第四，人力资源管理可以帮助员工了解自己的职业兴趣、评估自己的职业能力、树立自己的职业价值观，将其与组织的目标和文化有效连接在一起，从而帮助员工有效地融入企业，在助力企业发展的过程中开发自己的潜能、锤炼自己的能力、规划自己的职业生涯等，进而实现自我成长成才。

6.1.2 人力资源管理的内容

1. 选人——人力资源规划和员工招聘

依据企业当前的战略规划，评估一个企业的人力资源管理现状及未来的发展趋势。通过收集、分析人力资源供需的信息和资料，预测未来一段时间内企业对于人才的需求情况，在此基础上设置满足本企业人力需求的工作岗位，进而有效开展人员招聘、人员培训及人员培养等各项措施。

在此过程中，需要对企业中的每个工作岗位进行分析，进而确定每一个工作岗位对员工的具体要求，即明确什么样的员工才可以胜任这一工作岗位。这种具体要求将最终形成某个工作岗位的职责说明书，或通过胜任力模型的形式予以呈现。

根据企业内的岗位需求和具体要求，通过各种渠道，采用各种方法，从企业内部或外部招聘能帮助企业实现其目标所需要的人员，进而填补企业内现有的岗位空缺。

2. 育人——职业生涯发展和员工培训

企业的新员工进入企业工作前，都必须接受企业的上岗培训，这是帮助企业新员工了解和适应企业、熟悉和接受企业文化的有效举措。同时，还需开展具有针对性的岗位技能培训，以提高企业新员工的工作能力，帮助其更快地适应企业的工作环境。企业的人力资源管理部门则需帮助员工制定个人的职业生涯发展规划，并及时对其进行必要的指导。值得注意的是，企业中员工的个人发展规划，一定要与企业的整体发展规划相一致。

3. 用人——员工关系管理和保障措施

当员工被一个企业聘用以后，就与这家企业形成了一种相互依存的劳资关系。为了保护员工和企业双方的合法权益，需要依据国家、行业等有关法律法规，对员工的工资福利、工作条件、工作环境等事宜达成协议，并据此签订劳动合同。同时，为了协调处理企业与员工之间可能发生的各类劳动纠纷，还必须制定保障企业员工人身安全和身体健康的各项条款或补充协议。

4. 留人——绩效管理和薪酬福利制度

所谓绩效管理，就是根据企业工作岗位职责说明书，设计评价一个员工绩效的管理系统。在此过程中需对员工的业务能力、工作表现及工作态度等进行综合性的评价，并给予量化处理。一般而言，绩效评估的结果往往是企业员工获得晋升、接受奖惩、发放薪酬、接受培训的重要参考依据。对员工开展绩效评估之后，还需接受来自员工的反馈，其最终目的是帮助员工整改问题、解决问题，以及提升能力。企业的人力资源管理部门要依据员工的资历职级、工作岗位、工作业绩等，为员工设定适应不同层次或水平的薪酬福利标准。

6.1.3 人力资源管理的形成与发展

企业的人力资源管理主要经历了以下四个发展阶段。

第一，人事管理阶段。在此阶段，最主要的特点就是注重对企业事务的管理，而不注重企业员工的工作绩效。

第二，人力资源管理阶段。在此阶段，企业已设立了专门的人力资源管理部门，开展诸如员工招聘、员工培训、员工考核等工作，开始注重对企业员工的工作绩效的管理。

第三，战略人力资源开发阶段。在此阶段，企业开始将人力资源作为企业的一项重要的战略性资源，并开始被考虑到整个企业的发展战略中。

第四，电子化人力资源管理阶段。在此阶段，企业开始将先进的信息科技手段应用到人力资源管理过程中。例如，通过建立企业的人力资源管理信息系统，将原本纸质化的操作转为信息化处理，有效提高和改善企业的人力资源管理效率，提升现有的企业人力资源管理水平等。

此外，人力资源管理未来的发展主要体现在以下几个方面。

第一，人力资源管理正向计算机信息化管理转变，特别是网络信息化普及的今天，这一点正变得越来越显著。

第二，人力资源管理不再是仅仅作为企业一项普通的资源型管理，而是向主体型管理这一方向逐步演进。

第三，人力资源管理以往更多地展现的是企业和员工之间的雇佣关系，而今企业和员工形成了更为密切的利益共同体，向合作共赢的方向逐步发展。

第四，人力资源管理以往更为注重的是管理者的督导，但在今天则更加注重于提升员工的爱岗意识和责任意识，使其能主动投身于工作，促进工作成效的提升。

第五，人力资源管理的层级已经逐步上升到了企业的战略层级，并将为组织目标的成功实现提供不小的助益。

专栏6-1

HR蓝图（雇佣关系和人员管理）模式

美国斯坦福大学新兴公司项目（SPEC）历经8年，纵跨20世纪90年代末的繁荣和2000年3月左右开始的萧条，追踪了加利福尼亚州硅谷的200家高科技初创企业。SPEC研究这些企业的创始人在创建企业初期是如何应对组织和人力资源方面的关键挑战的，并了解这些活动是否对企业产生了持久的影响。这些公司专注于计算机硬件和软件、医疗设备和生物技术、半导体、电信和网络以及计算机相关的制造或研究。它们的平均成立时间刚刚超过5年，员工总数约为75人。

研究发现，对于这些创业公司如何组织工作和雇佣关系，主要沿着三个主要维度：依附/保留、协调/控制和选择。

（1）依附/保留：定义为爱、工作和金钱。一些创始人希望创造一种强烈的家庭式的情感纽带，激发员工的卓越努力，挽留优秀员工，从而避免如硅谷初创企业经常遇到的关键技术人员流动的问题。在这种模式下，将员工与公司联系在一起的是一种个人归属感和对公司的认同感——从某种意义上说，是爱。许多专业公司追求尖端技术，员工的主要动力是希望在技术前沿工作。许多创始人期望提供有趣和具有挑战性的工作机会，以此作为吸引、激励和留住员工的基础。其他创始人表示，他们认为雇佣关系是一种简单的劳动交换——以金钱为基础。

（2）协调/控制：一些创始人希望通过同伴或组织文化来进行非正式控制。一些创始人打算依靠专业控制，他们认为员工致力于在工作中取得卓越成就，并能够高水平的工作，这种方式往往伴随着强调从精英机构招聘高潜力人才。专业控制强调的是自主和独立，而不是文化的熏陶。一些创始人会采用正式流程和程序的传统方法。还有一些创始人表示，他们计划采用直接监督，以亲自控制并协调工作。

（3）选择：一些创始人认为公司是一堆任务，时间和金钱往往是最重要的考虑因素。因此，重点是选择那些能以尽可能快的速度和尽可能低的成本完成任务、具备完成一些紧迫任务所需技能和经验的员工。一些创始人关注的不是直接的、定义明确的任务，而是一系列的项目（通常还没有设想到），这些企业家强调长期潜力。还有一些创始人主要关注价值观和文化契合度，强调未来的员工将如何与组织中的其他人有融合的关系。

由这三个维度可以组合成以下五种典型HR蓝图模式以及一种混合模式。

（1）工程模式：通过具有挑战性的工作建立依附关系，经由同伴群体控制和协调，基于特定任务能力来选择。这个模式是硅谷高科技初创企业默认文化的标准描述。“我们都很尽心尽力。这是一种臭鼬的心态，绑定力非常强。”

（2）明星模式：基于挑战性工作建立依附关系，依靠自主和专业控制，基于长期潜力选择精英人才。“我们只招募顶尖人才，给他们很高的工资，并给他们需要的资源和能自主完成他们的工作的环境。”

（3）承诺模式：员工与组织通过情感或家庭似的纽带建立依附关系，基于文化契合度来选择，基于同伴群体控制和协调。“我想建立的公司，人们不会考虑离开，除非他们要退休了。”

（4）官僚模式：基于长期工作和/或发展机会的依附关系，根据个人资质选择，通过正式的程序和系统控制。“我们确保所有事情是有记录的，有对人的工作描述、对项目的描述和非常严格的项目管理技术。”

（5）专制模式：以金钱动机为前提建立依附关系，通过密切的个人监督进行控制和协调，选择员工来执行预先指定的任务。“你工作，并得到你的报酬。”

（6）混合模式：一个或两个维度与以上模式的不同组合。

资料来源：顾小蓉. 创始人视角：高科技创业公司HR蓝图文献综述［J］. 商贸人才，2019（3）：254-256.

6.2 财 务 管 理

6.2.1 财务管理的基本概念

1. 财务管理的含义

财务管理是指企业通过有计划的财务活动，如投资活动、筹资活动、股利分配以及现金管理等，为企业创造和保持价值的过程。

2. 财务管理的目标

第一，利润最大化。所谓利润，是指一个企业在一定时期内获得的全部收入扣除其花费的全部成本费用后所得到的余额，这体现了一个企业的经济效益水平。对于企业而言，利润最大化无疑是财务管理的最重要目标，利润越大就意味着企业投资者的回报收益越高。但是，值得注意的是，仅仅片面强调利润是不科学的。因为，利润最大化这一目标，一般存在以下几个方面的不足：① 它忽视了相关现金流发生的时间；② 它忽视了可供选择的方案在风险程度方面的差异；③ 利润作为一个绝对量的财务指标，并不能反映企业在一定时期内的投资收益水平；④ 它会导致企业经营决策者的短期行为，即通常只顾当前的利润或局部的利润最大化，而没有考虑到企业长远的发展或整体的利益。

第二，每股收益（净资产收益率）最大化。所谓每股收益，是指一个企业在一定时期内获取的净利润与其发行的普通股股数的比值，这体现了投资者每股股本的盈利能力，该指标主要适用于上市公司。对于非上市公司而言，一般建议采用净资产收益率。该指标是指一个企业在一定时期内获取的净利润与其权益资本总额的比值，这体现了企业权益资本的盈利能力。这两项财务指标都是以净利润作为基础的，它们的好处在于采用了相对数来反映一个企业的盈利能力，这就更能清晰地揭示一个企业投资与收益的报酬率水平，更便于企业开展财务分析和预测。因此，上述指标适用于与不同资本规模的企业进行比较，或对同一企业在不同时期的情况进行比较。但是，每股收益（净资产收益率）最大化这一目标，仍存在以下几个方面的不足：① 它没有考虑风险因素；② 每股收益（净资产收益率）同样没有将资金的时间价值纳入考虑范围；③ 每股收益（净资产收益率）同样会由于企业经营者追求收益最大化而造成短期行为，这显然不利于一个企业的长远发展。

第三，企业价值最大化。所谓企业价值，是指一个企业的全部资产的市场价值。值得注意的是，利润只是企业新创造价值的一部分，而企业价值不仅包含了新创造的价值，还包含了企业潜在的或未来预期的获利能力。以企业价值最大化为财务管理的目标，通常具有以下几个方面的优点：① 它充分考虑了资金的时间价值和投资的风险价值；② 它反映了对一个企业资产的保值、增值的要求；③ 它有利于克服企业在管理上的片面性和短视性。但是，以企业价值最大化作为财务管理的目标，同样存在一些缺点：① 这一概念比较抽象，不太容易被理解；② 对于上市公司而言，虽然可通过观察股价的变动来判断企业价值的变化，但股价往往受多种因素的影响，因此短期的观察说服力不够，需通过长期的观测才能科学地判断出一个企业的获利能力；③ 对于非上市公司而言，还需对一个企业进行专项的价值评估，才能真正确定一个企业的实际价值。但在评估一个企业的资产时，要真正做到客观和准确，通常是比较困难的。

6.2.2 财务管理的内容

财务管理主要包含以下内容：企业应以何种方式来筹措企业生产或投资所需的资金（筹资决策）；企业应选择哪些资产进行投资（投资决策），并通过有效的运营管理为企业股东创造最大收益；企业应如何将投资获得的收益分配给股东（股利分配决策）。

1. 筹资决策

一个企业的正常运营，必须筹集一定数量的资金。因此，筹集资金是一个企业财务管理的重要基础。通常而言，企业的资金可分为长期资金和短期资金。所谓长期资金，又称为公司资本，主要包括：一是权益资本（如普通股股本和优先股股本），二是长期负债（如企业债券和长期借款）。所谓短期资金，主要来源于商业银行的信用贷款等。这些资金的来源构成了企业的流动负债。加强对企业流动负债的管理，可以提高短期资金的使用效率，降低成本花费，同时保障企业日常的经营需要。

企业的筹资决策主要包括：① 预测企业的资金需求量；② 谋划企业的资金来源；③ 帮助企业选择最佳筹资方式；④ 确定企业获取资金的成本与最优资本结构。

综上所述，企业财务管理应当选择筹资条件最有利、筹资成本最低、筹资风险较小的筹资方式。此外，企业在进行筹资决策时，还应随时关注不断变化的筹资环境，熟练应用各类金融工具来有效地控制企业面临的财务风险。

2. 投资决策

为了达到企业预设的目标，必须将企业筹集到的资金用作各种投资，通过有效生产运营才能获得真正的收益。财务管理中所说的投资，就是指把企业资金投入未来能够产生获利的经营活动中去。而所谓投资决策，就是确定企业资产的最优配置，以期获得最大的收益。

企业投资大致可分为流动投资和长期投资。流动投资是指对流动资产的投资。企业的流动资产主要包括现金、短期有价证券、应收账款和存货等。对于流动投资，企业必须在流动性和获利性之间进行权衡，做出对于企业而言最佳的投资方案。长期投资主要是指对固定资产和长期有价证券的投资。对于长期资产的投资决策主要是通过资本预算来进行的。所谓资本预算，就是企业的长期投资决策，要对资本投资项目进行重点评估和风险分析。一般而言，较大的资本投资项目需要数年甚至数十年的时间来开展。由于资金数额大，时间跨度长，且资本投资项目的未来报酬不确定，因此存在极大的风险。所以在进行长期投资决策时，企业既要对投资项目未来收益进行比较和评估，从中选择最优的方案，同时也要认真分析可能存在的风险，确保资本的安全性，即必须在风险和报酬之间进行权衡，做出最佳的选择。

企业的投资决策主要包括：① 研究投资政策，分析现有的投资机会；② 确定企业投资领域和规模程度；③ 对多个备选方案进行分析和比较；④ 从备选方案中选择最佳投资方案；⑤ 在实施一段时间后，评估投资方案的成效。

3. 股利分配决策

企业在经营成功之后会获得盈利，如何对这些盈利进行合理分配是企业面临的一个重要问题。例如，企业的盈利中有多少比例作为股利，发放给企业股东；有多少比例作为储备金，即企业未来发展的基础资本。如果股利分配少，企业股东的近期利益得不到满足，会影响股东的投资热情；如果股利分配多，就容易造成资金短缺，不利于企业的长期健康发展。因此，必须要做到两者兼顾。

企业的股利分配决策主要考虑三个方面的内容：① 要协调好股利分配与企业融资的关系；② 要制定好完备的股利分配决策；③ 严格地执行既定的股利分配程序。

综上所述，财务管理的上述三项内容不能简单孤立地看待，而需要有机结合起来考虑。除此之外，财务管理还包括财务分析、兼并收购、财务危机管理以及企业与外部环境关系管理等内容。

6.2.3　财务分析

企业财务分析中常用的指标有以下几项。

1. 流动性比率

流动性比率反映的是企业偿还短期负债的能力，也被称为短期偿债能力比率，主要包括流动比率、速动比率和现金比率。

（1）流动比率

流动比率是流动资产与流动负债的比值，目前最为常用。

$$流动比率=\frac{流动资产}{流动负债} \tag{6-1}$$

（2）速动比率

速动比率是从流动资产中扣除存货部分得到的速动资产与流动负债的比值。

$$速动比率=\frac{速动资产}{流动负债} \tag{6-2}$$

（3）现金比率

现金比率是企业货币资产（现金+银行存款+有价证券）与流动负债的比值。

$$现金比率=\frac{现金+银行存款+有价证券}{流动负债} \tag{6-3}$$

2. 营运能力比率

营运能力比率是用来分析企业在资产管理方面效率的财务指标，主要包括总资产周转率、应收账款周转率和存货周转率。

（1）总资产周转率

总资产周转率是在会计期内的销售收入总额与平均资产总额的比值。

$$总资产周转率=\frac{销售收入总额}{平均资产总额} \tag{6-4}$$

$$平均资产总额=\frac{期初资产总额+期末资产总额}{2} \tag{6-5}$$

（2）应收账款周转率

应收账款周转率用于反映企业应收账款周转的速度，是赊销收入净额与应收账款平均余额的比值。

$$应收账款周转率=\frac{赊销收入净额}{应收账款平均余额} \tag{6-6}$$

$$应收账款平均余额=\frac{期初应收账款+期末应收账款}{2} \tag{6-7}$$

$$赊销收入净额=销售收入-现销收入-销售退回-销售折让-销售折扣 \tag{6-8}$$

通常，应收账款周转率越高，平均收账期越短，应收账款的回款速度越快。平均收账期与应收账款周转率的关系如式（6–9）。

$$平均收账期=\frac{360}{应收账款周转率} \tag{6-9}$$

（3）存货周转率

存货周转率是评价企业购入存货、投入生产、销售收回等各环节管理效率的指标。它是销售成本与平均存货的比值，也称为存货周转次数。用时间表示的存货周转率就是存货周转天数。

$$存货周转率=\frac{销售成本}{平均存货} \tag{6-10}$$

$$平均存货=\frac{期初存货+期末存货}{2} \tag{6-11}$$

$$存货周转天数=\frac{360}{存货周转率} \tag{6-12}$$

通常，存货周转率越高，存货占用水平就越低，流动性就越强，存货转换为现金或应收账款的速度就越快。因此，提高存货周转率可以显著提高一家企业的变现能力。

3. 财务杠杆比率

财务杠杆比率是反映一家企业负债筹资的规模及程度的财务指标，主要包括资产负债率、产权比率、权益乘数和已获利息倍数。

（1）资产负债率

资产负债率是负债总额与资产总额的比值。其中，负债总额包括长期负债和短期负债。

$$资产负债率=\frac{负债总额}{资产总额}\times 100\% \tag{6-13}$$

（2）产权比率

产权比率是企业负债总额和所有者权益总额的比值。产权比率可以反映一家企业的基本财务结构的稳定程度。通常，高产权比率意味着财务结构属于高风险、高报酬；低产权比率意味着财务结构属于低风险、低报酬。此外，产权比率还能在一定程度上反映债权人提供债权资金的保险程度。

$$产权比率=\frac{企业负债总额}{所有者权益总额}\times 100\% \tag{6-14}$$

（3）权益乘数

权益乘数是企业资产总额和所有者权益总额的比值，反映的是企业的负债程度。权益乘数越大，企业负债就越高，意味着其财务风险就越大。

$$权益乘数=\frac{企业资产总额}{所有者权益总额} \quad (6\text{–}15)$$

（4）已获利息倍数

已获利息倍数是指企业经营收益（息税前利润总额）与利息费用的比值，用以衡量一家企业偿付借款利息的能力。

$$已获利息倍数=\frac{息税前利润总额}{利息费用}=\frac{（利润总额+财务费用）}{利息费用} \quad (6\text{–}16)$$

4. 盈利能力比率

盈利能力比率是反映企业赚利能力的指标，主要包括两种类型：一是相对于销售的盈利能力指标，二是相对于投资的盈利能力指标。

（1）相对于销售的盈利能力指标

相对于销售的盈利能力指标，主要包括销售毛利率、销售利润率。

销售毛利率，是销售毛利与销售收入的比值，它是判断一家企业生产效率和产品市场定价能力的指标。

$$销售毛利率=\frac{销售毛利}{销售收入}\times 100\% \quad (6\text{–}17)$$

销售利润率，是净利润与销售收入的比值。

$$销售利润率=\frac{净利润}{销售收入}\times 100\% \quad (6\text{–}18)$$

（2）相对于投资的盈利能力指标

相对于投资的盈利能力指标，主要包括资产收益率、平均资产总额和净资产收益率。

资产收益率，也称为投资收益率，反映的是一家企业运用全部资产获利的能力，是净利润与平均资产总额的比值。

$$资产收益率=\frac{净利润}{平均资产总额}\times 100\% \quad (6\text{–}19)$$

平均资产总额，是指期初资产总额和期末资产总额的平均数。

$$平均资产总额=\frac{期初资产总额+期末资产总额}{2} \tag{6-20}$$

净资产收益率，也称为权益报酬率，是净利润与平均净资产总额的比值。

$$净资产收益率=\frac{净利润}{平均净资产总额}\times 100\% \tag{6-21}$$

5. 市场价值比率

市场价值比率主要包括市盈率、盈余报酬率和市净率。每股市场价值是指企业普通股股票的每股交易价格。企业普通股的市场价值等于普通股每股市场价格乘以发行在外的股数。

（1）市盈率

市盈率是每股市场价格与每股收益的比值。

$$市盈率=\frac{每股市场价格}{每股收益} \tag{6-22}$$

$$每股收益=\frac{净利润}{普通股股数} \tag{6-23}$$

（2）盈余报酬率

盈余报酬率是市盈率的倒数，即每股收益与每股市场价格的比值。

$$盈余报酬率=\frac{1}{市盈率}=\frac{每股收益}{每股市场价格}\times 100\% \tag{6-24}$$

（3）市净率

市净率是每股市场价格与每股净资产的比值。

$$市净率=\frac{每股市场价格}{每股净资产} \tag{6-25}$$

$$每股净资产=\frac{净资产}{普通股股数} \tag{6-26}$$

专栏6-2

初创企业财务管理中存在的问题及对策

初创企业在财务管理中会面临以下问题。

（1）财务管理权力集中。初创企业所有人多为个人或合伙人，属于私营性质，企业所有者往往是企业经营者，企业财务管理等方面的职权会被经营者独揽，被随意性操控，存在明显的公私不分情况，很难将财务管理的计划性、决策性和控制性等价值和作用充分、全面地发挥出来。

（2）会计监督未能取得应有作用。初创企业的外部监督与内部监督更多地集中在形式上，未能取得理想的监督效果。初创企业在创立阶段尚未设置专门的会计岗位，多数企业会计人员由其亲属等担任，岗位设置毫无意义，内部监督工作的开展更多地根据决策者意图进行，无法严格遵循会计法相关规定。开始创业的小企业，还缺乏来自政府和社会方面的外部监督，企业创立初期其税收贡献低、业务量少，无法得到税务等部门的重视，最终外部监督未能发挥相应作用。

（3）缺乏专业性财务管理人才。企业创立初期受到资本等因素限制，在人才选择方面，更多地会选择业务人才，很少会高薪聘请财务人员，企业存在财务管理人才缺乏等情况。有些单位没有会计专岗，财务工作由企业所有者直接负责。即使聘请会计人员，也仅仅进行简单的记账和算账。现在还有专门为创业企业进行代记账和代报税等公司。在这种情况下，企业会计核算的准确性和财务管理的科学性很难得到保证，无法从企业现金流、业务量等方面出发对企业未来的发展进行合理预测，很难对企业的发展起到相应促进作用。

（4）企业融资能力和风险控制能力不足。有研究表明，多数企业初创期的会计报表缺乏真实性，企业创立初期本身存在较高风险，银行等投资机构不愿放款，还有一些企业存在逃避银行贷款债务等情况，企业的资信受到严重影响，最终无法取得投资机构信任。

针对以上这些情况，初创企业可以采取以下财务管理对策。

（1）健全企业内部财务管理环境和机制。首先，健全企业内部控制制度，很多企业在初创期存在明显家族性质，管理人员选择朋友和家人等担任，在决策方面存在有独断专行等表现，各项决策制定缺乏科学依据。企业所有人往往缺乏财务管理等方面的专业知识，财务风险管理的有效性无法得到提高，容易出现偿债能力不足等问题。因此，企业创业初期需要采取产权主体多元化，将所有权与经营权分开，采取现代企业制度对公司进行改造，实现对所有权结构的优化，提自身经营管理水平，使经营风险得到有效控制。

（2）加强外部监督机构对企业的财务监督。从外部监督角度出发，初创企业财务管理工作可以从以下几个方面展开：第一，健全会计法规，提高初创企业财务管理的规范性，通过立法明确企业的法律责任和会计主体，加大对违法行为的打击力度，实现对企业人员财务管理行为的约束和规范；第二，加大政府监督力度，提高会计基础工作的规范性，财政部门以及审计部门等需要各司其职，落实监管责任；第三，强化中介机构和社会的监督作用，使中介机构在企业会计信息监督方面职能得到充分发挥，同时做好注册会计师质量和程序方面的监督，确保中介机构社会服务有足够的公正性和客观性。

（3）重视专业性财务管理人才的培养和选拔，健全财务管理制度。企业初创期，所有者需要对财务管理制度建立的重要性有清楚认识，建立一套满足自身需要的内部财务监督管理制度，同时设置专门的岗位，选拔专业性人才，安排人员展开财务知识和相关法律法规学习，为企业的各项决策提供完整的财务信息支撑。

（4）做好企业融资能力和风险控制方面的工作。谨慎投资，做好投资风险管理。企业初创期，缺乏足够的资金实力，企业资金需要用在关键环节，不能有投机心理而导致出现资金浪费以及业务分散等情况，针对有盈利空间的项目，在投资时需要从科学风险管理角度出发，做好企业当前形势的分析，明确风险承受能力，再对投资项目风险水平进行充分全面分析，做出决策，在适当的地方设置关卡，最终提高公司的成功概率。在投资量大以及风险较高的项目方面，需要主动回避。

资料来源：陈维娜. 试分析初创企业财务管理中存在的问题及对策［J］. 中国战略新兴产业，2019（4）：180.

6.3 营销管理

6.3.1 营销管理的基本概念

1. 营销的含义

通常来讲，营销是个人和集体通过生产、出售，与他人发生交易，以获得其所需之物的一种过程。美国市场营销协会定义：营销是计划和执行关于商品、服务和创意的观念、定价、促销和分销，以创造符合个人和组织目标的交换的一种过程。

2. 营销管理的含义

所谓营销管理，就是需要通过选择目标市场，创造、传递和传播优质的顾客价值，获得、保持和发展顾客，为企业赢得收益的过程。

6.3.2 市场细分、选择和定位

1. 市场细分

所谓市场细分，是指企业按照某种标准将市场上的所有顾客划分成若干个顾客群，每一个顾客群构成一个子市场。不同子市场之间，彼此的需求存在着明显的区别。市场细分是选择目标市场的前提和基础。

（1）市场细分的作用

市场细分主要具有以下作用。

第一，市场细分有利于企业通过分析，发现新的市场营销机会，进而开拓新市场。

第二，市场细分有利于中小企业开发适合它们的市场，使各类企业在竞争中都找到适合自己的发展空间。

第三，市场细分有利于企业制定和调整其已有的市场营销策略。

第四，市场细分有利于使企业的营销人员更加关注客户的个性化需求。

第五，市场细分有利于提高企业市场营销活动的有效性和针对性。

（2）市场细分标准

市场细分标准主要包括消费者市场细分标准和工业品市场细分标准。

第一，消费者市场细分标准，是指市场细分的依据是市场上消费者需求的差异性，一般主要考虑四个方面的影响因素：地理、人文、心理和行为。

第二，工业品市场细分标准，在一些方面与消费者市场细分标准较为相似，如用户购买状态、对企业产品/服务品牌的信赖程度等。但工业品市场细分标准也存在一些特别的地方，因此有一些特殊的细分标准。一般情况下，可按照用户类别、用户规模、用户要求和用户所处的地理位置等因素进行细分。

（3）市场细分的方法与步骤

美国学者罗杰·贝斯特将市场细分的实施划分为以下七个步骤：第一，以需要为基础的细分；第二，细分识别；第三，细分吸引；第四，细分概况；第五，进行定位；第六，测试每个细分定位战略对客户的吸引力；第七，确定具体的市场营销组合战略。

2. 选择目标市场

在市场细分的基础上，企业可以根据自身拥有的资源和设立的目标，选择一个或

几个细分市场作为自己的目标市场。此种类型的营销活动，就被称为目标营销或市场目标化。

（1）确定目标市场应考虑的因素

企业在选择目标市场之前，应综合考虑以下各项因素：第一，企业自身拥有的资源；第二，企业商品的同质性；第三，企业所面对的市场的同质性；第四，企业商品所处的生命周期阶段；第五，细分市场的规模与发展前景；第六，细分市场对顾客的吸引力程度。

（2）目标市场选择

在确定进入目标市场必须具备的条件后，企业就要进行关于目标市场选择的决策。一般而言，有五种决策类型可供选择。

第一，密集单一市场。这种情况最为简单，企业只选择一个细分市场作为其目标市场。

第二，有选择的专门化。企业有选择地进入几个彼此间关联度很小的细分市场。

第三，产品专门化。企业集中生产一种产品，并同时向几个不同的细分市场提供相同的产品，来满足各个细分市场上顾客的需要。

第四，市场专门化。企业生产各类产品，用于集中满足某一特定顾客群的各类需要。

第五，完全覆盖市场。一个企业，如果自身实力足够强大，可以尝试为市场上所有的顾客提供产品，并满足他们的需要。

（3）目标市场营销策略

一般而言，企业将根据自身的竞争能力以及商品的特性，在众多的细分市场中选择一个或多个有利于企业发挥自身优势，并且能帮助企业实现最大经济效益的细分市场，来作为企业的目标市场。通常来看，关于目标市场的选择，主要包含以下五种策略。

第一，无差异营销。此种策略是企业致力于满足整个市场的共同需要，而放弃在细分市场中所做的差异化努力。企业为整个市场设计生产单一商品，实行单一的市场营销策略，来迎合市场上绝大多数顾客的需要。

第二，差异性营销。此种策略是企业通过市场细分，选择多个子市场作为其目标市场，同时针对每个子市场的不同需求特征，面向每个子市场分别设计不同的产品，采用不同的，但极具针对性的市场营销组合。

第三，集中性市场营销。此种策略适用于资源有限的小型企业，此类企业通常认为，与其在一个大市场或几个细分市场上占有一个小比例的市场份额，不如在一个细分市场中占有大比例的市场份额。

第四,一对一营销。此种策略将市场细分到个人层面，在此基础上开展定制营销，使人们能够获取完全符合自己意愿的产品，进而有效提升顾客的满意度。

第五，反细分化营销。差异化营销一方面能有效增加企业的销售额和销售利润，但另一方面也会使企业的营销成本迅速增加。因此，一些企业认为不能过分地细分市场。特别是当市场营销成本显著增加时，甚至可能会超过其盈利水平，此时它们就会选择转向反细分化营销。

3. 市场定位

所谓市场定位，是指企业在选择确定其目标市场之后，将采用何种形式的营销方式、提供哪些产品或服务，以便在目标市场中树立起与市场竞争者区别明显的品牌形象，从而在市场竞争中占据有利地位。

（1）市场定位策略

市场定位策略通常包括以下四种类型：第一，优质定位策略；第二，低价定位策略；第三，特殊功能、服务定位策略；第四，再定位策略。

在确定采用哪种策略来进行市场定位时，企业营销决策者必须明确以下问题：目标市场的需求是怎样的？目标市场上现有的竞争者有哪些？本企业在市场竞争中具备哪些方面的优势？根据市场竞争的现实情况，企业应有针对性地选取适合其自身特点的市场定位策略。

（2）市场定位的方法

通常情况下，市场定位的方法主要包括以下五种类型。

第一，产品特色定位。企业依据其产品特色进行定位。

第二，顾客利益定位。企业依据顾客获得的利益、解决问题的方法及需求满足的程度进行定位，并使顾客对此有直观的感受。

第三，使用者定位。企业针对使用者（或某个细分市场）进行定位，此种定位方式试图把企业产品或服务推荐给恰当的使用者，并根据这些使用者的反馈来塑造企业的品牌形象。

第四，使用场合定位。企业依据使用场合进行定位，即根据不同的使用场合，来设置产品不同的功能定位，以此更好地满足消费者的需求。

第五，竞争定位。企业依据自身竞争优势进行定位。当企业拥有多种竞争优势时，要运用一定的评估方法，从中选择出对于企业而言最为适合的竞争优势，并以此为基础进行开发。

（3）市场定位的步骤

通常来说，市场定位主要包含以下三个步骤。

第一，明确潜在的竞争优势。如果一家企业想要取得长远的发展，不仅要确保其现有的竞争优势，而且要不断探索和开拓一些潜在的竞争优势。

第二，评估并选择潜在的竞争优势。面对众多潜在的竞争优势，企业应该如何选择？最为可行的方法是对所有潜在的竞争优势进行评估，从中选取能为企业带来最多利益的优势。

第三，将潜在的竞争优势转为企业实际有效的竞争优势。在此情形下，企业需要采取主动发布线上或线下广告等方式，做好宣传推广工作，向消费者全面展示企业所具有的各项优势，从而在顾客心目中树立起有别于其他企业的良好的品牌形象。

专栏6-3

创业之前的定位与选择

“去哪儿”网创始人、斑马投资创始合伙人庄辰超是怎么看待创业之前的定位与选择的呢？庄辰超说，创业就像是人生的一个课题，既然开始了，就应该研究下去。在进入一个市场前，他会将以下四笔账完全分析清楚。

第一笔账：算清市场规模。在进入市场前，首先需要对市场规模做一个初步的估计。

第二笔账：抓住价值链突变带来的机会。创业公司主要有两种机会：其一，价值链突变，大公司会在突变中失去重心，进而给创业公司创造很多全新的机会；其二，细分品牌，这靠的是定位。

第三笔账：测算单元经济，即微循环。算清要进入的市场是否有利可图非常重要。因为当创立了一家公司后，最糟糕的情况不是创立之后半年就失败了，而是到第四年的时候，才发现根本无利可图。

第四笔账：明确价值差异。消费者只关心企业能给他们带来什么样的价值差异。从原理上来讲，价值差异主要分为三种：第一种，效率优先，免费、低价是最典型的价值差异，也最容易推广；第二种，客户一体化，即对消费者全方位地关照；第三种，全新的用户体验，最典型的公司是苹果公司，其开发的一些穿戴式设备，能给消费者提供全新的产品体验。

资料来源：http：//www. 58fw. com/bangbang/qywt/3124. html

6.4 风险管理

6.4.1 风险管理的基本概念

1. 风险的定义

关于风险的定义有多种，主要包括以下两种：第一，风险是遭受损失的可能性；第二，风险是实际结果与预期结果之间的偏差。通俗来讲，风险就是发生损失的概率。

2. 风险的特征

一般来说，风险具有以下三点特征。

第一，客观性。风险不以人的意志为转移，是独立于人的意识而客观存在的。

第二，偶然性。风险的发生难以预测，其具体表现为风险发生与否不确定、风险何时何地发生不确定、风险的成因不确定，以及风险导致的损失不确定。

第三，可测性。从统计学角度来看，风险是可以衡量的。风险的衡量必须依靠统计资料，具体方法就是以统计资料计算得到的预计概率来代替原本未知的真实概率。

3. 风险的分类

风险主要分为以下三类。

第一，战略风险。所谓战略风险，是指因高层管理者的重大决策（如兼并与收购或产品定价等）失误而导致损失的风险。

第二，金融风险。金融风险主要包括市场风险、信用风险和流动性风险。

所谓市场风险，是指由于资产的市场价格波动而导致企业损失的可能性。

所谓信用风险，是指合同交易方不能或不愿履行合同规定的义务，而导致企业损失的可能性。

所谓流动性风险，是指由于产品不能及时变现或由于市场效率低下而无法按正常的市场价格交易，而导致企业损失的可能性；或是由于企业的现金流不能及时满足支出需求而导致企业损失的可能性。

第三，运作风险。关于运作风险的定义可分为狭义和广义两种。首先从狭义角度来看，运作风险是指所有可能使企业管理运营发生运作故障的风险；其次从广义角度来看，运作风险是指当企业获取的净收益发生变动时，其中不能被金融风险所解释的那部分风险。

4. 风险管理的概念

所谓风险管理，是指通过对风险的识别和衡量，采用必要的措施应对风险，以一定的成本实现最大程度的安全保障，将可能造成的不良影响降至最低的管理过程。

5. 风险管理的目标

一般而言，风险管理的目标可分为损前目标和损后目标。

所谓损前目标，是指在由风险导致的损失发生之前企业应实现的目标，包括企业的经济目标、安全保障目标、社会责任目标等。

所谓损后目标，是指在假定由风险导致的损失发生之后企业应实现的目标，包括企业生存目标、持续经营目标、盈利目标、稳定收益目标等。

6.4.2　风险管理的过程

风险管理的过程包括四个部分：风险识别、风险衡量、风险处理和风险管理评估。

1. 风险识别

所谓风险识别，是指管理者通过对大量可靠信息资料进行系统的定性和定量分析，判断企业可能面临的各种风险，进而确定企业的潜在风险，并把握潜在风险的发展趋势。风险识别是整个风险管理工作的基础，具体分为感知风险和分析风险。感知风险是通过感性认识和历史经验来判断风险，而分析风险是通过对客观资料和风险记录进行分析总结来判断风险。

2. 风险衡量

所谓风险衡量，是指测定特定风险发生所导致的损失频率和损失程度。损失频率是指一定时期内由特定风险发生所导致的损失的可能发生次数，而损失程度是指每次损失金额的多少。风险衡量需要运用概率论和数理统计等方法。

3. 风险处理

所谓风险处理，是指针对经过风险识别、风险衡量之后的风险问题，需进行相应的处置。风险处理是风险管理的关键阶段，具体处理举措可分为控制型和财务型两种。首先控制型风险处理举措，主要是指在风险损失形成前应采取的预防和降低风险损失的措施，它以风险损失达到最小为目的，主要包括风险回避、损失预防、控制型非保险转移等。其次财务型风险处理举措，主要是指应通过事先的财务计划筹集资金，以便对风险造成的损失进行及时补偿，进而确保企业财务状况的稳定，主要包括财务型非保险转移、保险等。

4. 风险管理评估

所谓风险管理评估，是指对风险管理手段的适用性和效益性进行分析和判断。风险管理评估具有以下不可替代的重要作用。第一，风险管理过程是一个动态过程，原有风险会消失，新的风险也会产生，过去适用的风险管理方法，将来可能不再适用。第二，风险管理决策不是一成不变的，随着时间变化需对风险管理进行综合评估，对其中不恰当的地方应及时予以调整。关于评估风险管理的效益，要看是否能以最小的成本获得最大程度的安全保障。以此为基准，风险管理人员就可以选择效益比最大的方案作为最终的实施方案。

综上所述，风险管理的四个阶段是一个周而复始、循环往复的过程。

专栏6-4

大学生创业企业初创期风险因素分析

大学生创业企业初创期的核心风险由市场风险、营销风险、成本控制风险、财务风险、技术风险、团队协作风险、心态风险七个维度组成。

企业的市场风险是指企业在经营过程中由于外部与市场有关因素的出现对企业经营造成损害的可能性。市场风险主要考虑竞争因素，对于初创企业来说，其产品尚未得到市场的检验，总体竞争力较弱，一旦市场中出现强大的竞争对手，就会对初创企业的经营产生较大的威胁。同时，市场的竞争越来越激烈，在同一市场中，存在众多企业和品牌的竞争，同时还可能出现性能更好的替代品，这是初创企业在制定战略时必须要考虑的因素。

营销是企业经营过程中的一项重要职能，营销风险是指企业在开展市场营销活动过程中，存在着制定的营销策略能否达到预期效果的不确定性。企业产品和服务的定位是否恰当、新产品是否符合顾客需求、价格能否被消费者接受、渠道的设计是否合理、促销方式是否有效，都是一个未知数，其中任何一个环节的失误都会给企业的正常经营造成极大的损害。

成本控制风险是指在经营过程中，由于预期之外的因素发生而导致成本增加所造成的风险。其具体包括资金成本、时间成本和规模成本。成本控制是初创企业得以生存和发展的重要条件。一般来说，初创企业没有足够的利润支撑，在资金方面相对匮乏，而且许多大学生创业者缺乏企业经营管理的实践经验，在进行投资规划的时候，往往容易漏掉一些要素的成本，或者对成本估计过低，而在实际经营过程中却发现需要投入更多的资源才能够实现既定的目标，一旦成本超出了自己的能力，就会产生经营危机，甚至导致企业破产。

财务风险是指企业在生产经营过程中，由于各种风险的存在，使得企业资金及其流动呈现出不确定性，可能导致企业未来的财务收益与预期收益产生严重差异的现象。财务活动是企业生产经营活动的前提条件，并与企业生产经营活动水乳交融，它是企业在筹资、投资、经营等环节上的资金使用与收回以及财务成果的实现等一系列活动的有机统一，而大学生初创企业在生存期获得持续资金收入的能力较弱，使得发生财务风险的概率增加。

技术风险是指企业产品和服务在实现过程中由于技术上不够成熟而导致失败的可能性。大学生创业企业多属于技术创新型小企业，一个新的产品或服务能否在技术上实现，或者说初创企业有没有能力去实现，这对于大学生初创企业来说至关重要。在产品或服务的开发过程中一旦遇到技术障碍无法克服，就可能直接导致企业失败。大学生初创企业往往在技术开发领域也缺乏实践经验，遇到各种技术障碍的可能性极大。

团队协作风险是指基于团队成员之间信任的逐渐丧失而导致的工作中配合意愿降低的风险。创业项目往往是以团队模式运作的，团队成员之间的协作失调甚至冲突往往会对初创企业造成致命的伤害。对于一个成熟的组织来说，一定程度的协作失调可以容忍，但是对于初创企业来说，由于资源极其有限，一旦协作失调就会造成效率低下、决策失误，甚至团队核心成员退出。

心态风险是指大学生创业者在企业经营过程中，当面对经营困境时对企业经营目标丧失信心的可能性。心态是战胜困难的核心因素之一，而创业又是非常艰难的事情，对于大学生创业者来说更是如此。大学生创业者一方面创业风险比较大，缺乏足够的资源和实践经验；另一方面机会成本很大，因为大多数大学生毕业后可以找到一份体面的工作，过上稳定的生活，在职业生涯中获得稳步的发展，而避免遇到创业的多种风险。因此，当在创业中遇到较大困难时，一些大学生创业者选择放弃的可能性很大，一些核心成员的离开会对企业生存造成致命的威胁。

资料来源：王光跃，刘名. 大学生创业企业初创期的风险维度研究［J］. 安徽商贸职业技术学院学报（社会科学版），2017，16（1）：74-77.

思考题

1. 创业企业如何做好人力资源管理？
2. 创业企业如何做好财务管理？
3. 创业企业如何做好营销管理？

4. 创业企业如何做好风险管理？

延展性阅读

［1］罗伯特·A. 巴隆，斯科特·A. 谢恩. 创业管理：基于过程的观点［M］. 张玉利，谭新生，陈立新，译. 北京：机械工业出版社，2005.

［2］布鲁斯·R. 巴林格，R. 杜安·爱尔兰. 创业管理：成功创建新企业［M］. 张玉利，王伟毅，杨俊，等译. 北京：机械工业出版社，2006.

第7章 创业政策与法律

学习目标

学完本章后，你应该能够：

- 了解现行的大学生创业政策
- 知道与企业经营相关的法律
- 了解在创业初期常见的法律问题
- 知道如何运用法律解决企业面临的问题

法者，治之端也。

——《荀子·君道篇第十二》

创业是一项高风险的活动，据不完全统计，创业失败率达70%，而大学生创业的成功概率仅为2%～3%。成功创业需要什么？资金、技术、管理，还是人才？这些都不可或缺，但是在法治社会里，创业活动还必不可少的一个要素就是法律。对于渴望创业的大学生来说，在真正创业之前学习相关的法律知识、掌握基本的法律实务，是重要的准备工作。

通过梳理现阶段国家层面上的法律，可发现对大学生创业的支持多停留在规章和政策的层面上，其中又以政策居多。与大学生创业关系密切的法律如《公司法》《合伙企业法》，以及财税、知识产权等方面的法律并没有针对大学生创业的特点而专门设置相关条款。大学生创业者由于社会实践少、经验匮乏，创业成功概率比较低。其中，不能有效规避法律风险也成为阻碍创业成功的重大而隐形的障碍。

本章我们将梳理现有的与大学生创业相关的政策，以及在创业中有可能遇到的法律问题，做到知己知彼，合理规避风险，为创业扫除障碍。

案例导读

华东理工科技园是依托国家“211”工程重点高校之一的华东理工大学创办的具有专业特色的国家级大学科技园。上海华东理工科技园有限公司作为科技园运营单位，由华东理工大学、上海创业投资有限公司、上海徐汇国有资产投资经营有限公司、上海华泾集体资产投资管理中心等单位于2003年联合投资成立，拥有丰富的股东资源和广泛的社会资源。

华东理工科技园以“高端研发环境提供商”为市场定位，以“一园多基地、产学研一体化”为发展模式，以“市场化、专业化、规范化、国际化”为运营思路，致力于建设“环华理科技创新带”，为科技企业及创新创业企业提供专业水准的发展空间和成长舞台。目前该科技园已成为跨国公司研发总部、中国科技企业总部和创新创业企业的聚集地，是华东理工大学服务社会功能的重要平台，是推动区域自主创新的重要载体，已经发展成为全国知名的专业化科技服务提供商。

园区以“营造富有活力的创新及科研生态圈”为目标，以“为生物医药、新材料、节能环保等行业营造体现华东理工科技园品牌价值的创新创业空间，助推自主创新与智能创造”为使命，以“服务至上、不断改进、创造价值”为准则，树立创新服务品牌，助力中国科技创造，期望将自身打造成为专业特色显著、产学研结合的国际先进、国内一流的国家级大学科技园。

多年来，该科技园在各领域屡获殊荣：2005年12月被授予“华东理工大学国家大学科技园”称号；2007年成为“ISO9001国际质量管理体系贯标”单位；2008年通过“科技型中小企业技术创新基金”；2010年被认定为“上海市科技创业苗圃”，同年被纳入上海张江国家自主创新示范区版块；2012年被认定为“上海知识产权试点园区”；2013年成为“上海市创业投资行业”会员单位；2014年加入“上海市中小企业服务机构”，同年被中华人民共和国教育部、科技部认定为“高校学生科技创业实习基地”，获得“安全生产标准化三级企业”证书；2015年被认定为“上海市科技企业孵化器”，并获评“上海市知识产权示范园区”；2016年被授予“上海市创业导师工作室试点单位”称号；2017年荣获“上海市文明单位”称号。

经过多年发展，该科技园以国际化理念、精细化管理、专业化服务，吸引着国内外行业顶尖精英入驻园区，与入园研发机构和科技企业共同成长。

目前，园区内的国外代表企业包括：亚什兰集团公司（Ashland）、法国梅里埃营养科学集团（诺安实力可）、美国英杰维特（Ingevity）、德国毕克化学（BYK）、澳大利亚托尔集团（Thor）、瀚森化工集团（Hexion Special Chemicals）、阿克苏诺贝尔化学集团（Akzo Nobel N. V）、新加坡胜艾斯（SunAceKakoh）、日本是村磨料等。国内代表企业包括：上海东岳药业有限公司、上海瑞邦生物材料有限公司、泰山体育产业集团有限公司、浙江天宇药业股份有限公司上海分公司、河北诚信集团有限公司、亚宝药业集团股份有限公司、上海三瑞化学有限公司、浙江嘉兴中华化工集团有限责任公司、上海浦景化工技术股份有限公司、上海博悦生物科技有限公司、华东理工大学华昌聚合物有限公司、上海华明高技术（集团）有限公司、华东理工大学工程设计研究院有限公司、上海华理生物医药股份有限公司、上海国佳生化工程技术研究中心有限公司、振芳股份有限公司等。

华东理工科技园梅陇基地坐落于上海闵行区中部的梅陇镇科技创新核心板块区域。梅陇基地作为华东理工科技园在闵行区打造的首个标杆园区，由华东理工大学和闵行区梅陇镇政府合作共建，以国际化、高端化、专业化的高起点定位开展规划建设，辐射全国、面向全球，吸纳具有引领性、带动性的高科技研发项目及跨国企业总部，重点发展新材料、生物医药、节能环保等特色新兴产业，致力于推动前沿科技成果转化，将成为建设上海南部科技创新中心核心区的动力引擎之一。

闵行区将在产业扶持、财税政策、科技创新、人才引进、公共服务等方面给予园区及入驻企业以全方位支持，整合、引导地方资源与园区实现对接，地方、园区、企业三方互相合作、互惠互利、共同发展。

园区产业导向主要包括：新材料产业，重点发展功能材料、生物材料、特殊高分子材料、先进复合材料等产业；生物医药产业，重点发展新药研发、化学生物技术、生物工程及过程装备技术等产业；节能环保产业，重点发展节能技术和装备、高效节能产品、先进环保技术和装备等产业。

园区具有以下五大优势。

（1）专业优势

华东理工大学以化工特色著称，在新材料、生物医药、节能环保等产业方向有着卓越的科研优势，是全国六所首批建立国家技术转移中心的高校之一，建有多所国家级专业科研中心、重点实验室，获奖成果数以百计，获得国内外专利近万项。

梅陇基地是入园企业与华东理工大学对接的最佳桥梁。

（2）人才优势

华东理工大学是中国化学科研人才的摇篮，拥有近千名专兼职研究人员组成的科研队伍，一大批优秀高校人才遍布国内外专业领域，成为高校、科研机构、骨干企业的领军人才和高级技术专家，形成规模庞大的华东理工大学校友人才网络。此外，梅陇基地地处闵行区中心区域，闵行区拥有上海交通大学、华东师范大学等多所高等学府，以及上海航天技术研究院等各类科研机构100余家。

梅陇基地依托华东理工大学和闵行地区独特的智力环境，具备了不可比拟的人才优势。

（3）区域优势

梅陇基地依托“上海南部科技创新中心”核心区规划、闵行区滨江地块整体规划等优势，北临“南虹桥”（国际商务集聚区），南接“大紫竹”（科技创新核心区）。目前，园区周边已聚集一定数量的科创园区及成熟商务办公园区，人气已具规模，该区域将整体升级为融合高端商务、研发、商业的大型综合载体，助推“闵行制造”迈向“闵行创造”。

梅陇基地坐落于闵行区104版块区域内的欣梅工业园（上海市级都市型工业示范基地），可以为高端研发项目提供符合专业需求的研发环境影响评估。

（4）交通优势

梅陇基地位于闵行区中部的梅陇镇（景联路389号），居南滨江之地利，在虹梅南路高架（距离闸道口仅1千米）和轨道交通15号线（距离景联路站点仅600米）建构的立体交通网络覆盖下，交通便捷，畅达市中心。

梅陇基地紧临徐汇区，15分钟车程可达华东理工大学徐汇主校区，20分钟车程可达徐家汇核心商业生活圈；距虹桥枢纽30分钟车程，距离浦东国际机场45分钟车程。

（5）政策优势

作为政府大力支持的国家级大学科技园，各级政府部门为园区、入园研发机构与科技企业制定了积极的扶持政策，鼓励自主创新，提升品牌内涵，促进科技成果转化，强化知识产权保护，支持企业建立技术研发中心，推动企业发展。

闵行区是上海市唯一的国家知识产权保护示范区及国家科技成果转移转化示范区。梅陇基地因势导利，整合地方政府资源，包括建设上海市级乃至国家级孵化器，建设一批新材料、生物医药、节能环保等领域的各类公共研发服务平台，为企业、政府和高校搭建科研合作平台，最终为企业争取全方位的政策支持，并对优质企业采取“一事一议”的政策服务。

园区提供专业研发类服务，满足高端研发型企业的专业需求，包括实验室设计、环境影响评估+危险废物处理、实验室安全健康环境（SHE）管理、研发资源共享平台、专业检验检测服务；个性化定制服务，满足研发型企业的产业需求，对其研发成果匹配核心知识产权包装及保护、技术移转，以及投融资、创新基金等科技金融服务，帮助企业依托核心技术加速成长；公共基础类服务，满足企业的共性需求，包括基本物业，中小企业的商务、财务、人力资源管理、法律咨询、市场开拓等服务。

7.1　大学生自主创业的相关政策

从2002年开始，上至中央，下至各级地方政府，纷纷出台各项扶持政策，支持、鼓励大学生创业。这些政策主要涉及融资、开业、税收、创业培训、创业指导等诸多方面。

7.1.1　国家颁布的创业法律政策

我国目前就业形势十分严峻，高校毕业生就业压力不断加大。各地区、各有关部门把高校毕业生就业都摆在当前就业工作的首位，采取切实有效措施，拓宽就业门路。近年来，国家有关部门制定了一系列相关政策，鼓励毕业生通过各种渠道、各种形式就业，有力地支持了毕业生自主创业。

2015年5月，中华人民共和国国务院办公厅（以下简称“国务院办公厅”）公布了鼓励在校大学生创业的新政策。《国务院办公厅关于深化高等学校创新创业教育改革的实施意见》（国办发〔2015〕36号）中提出，要建好一批大学生校外创新创业实践基地；举办全国大学生创新创业大赛；改革教学和学籍管理制度；设置合理的创新创业学分，为有意愿有潜质的学生制定创新创业能力培养计划；实施弹性学制，允许保留学籍休学创新创业。

2018年9月，国务院印发的《国务院关于推动创新创业高质量发展打造“双创”升级版的意见》(国发〔2018〕32号)中提出加大财税政策支持力度,完善创新创业产品和服务政府采购政策,加快推进首台(套)重大技术装备示范应用,建立完善知识产权管理服务体系,加快推动创新创业发展动力升级,鼓励和支持科研人员积极投身科技创业,强化大学生创新创业教育培训。

2019年2月,《财政部 税务总局 人力资源社会保障部 国务院扶贫办关于进一步支持和促进重点群体创业就业有关税收政策的通知》(财税〔2019〕22号)文件中规定,就高校毕业生从事个体经营的,"自办理个体工商户登记当月起,在3年(36个月,下同)内按每户每年12 000元为限额依次扣减其当年实际应缴纳的增值税、城市维护建设税、教育费附加、地方教育附加和个人所得税。限额标准最高可上浮20%,各省、自治区、直辖市人民政府可根据本地区实际情况在此幅度内确定具体限额标准"。

2021年9月,国务院办公厅印发的《国务院办公厅关于进一步支持大学生创新创业的指导意见》(国办发〔2021〕35号)中明确规定,鼓励和支持高校毕业生自主创业,国家部门要给予补贴,给予支持。大学生是大众创业万众创新的生力军,支持大学生创新创业具有重要意义。鼓励高校毕业生自主创业,落实创业担保贷款政策及贴息政策,将高校毕业生个人最高贷款额度提高至20万元,对10万元以下贷款、获得设区的市级以上荣誉的高校毕业生创业者免除反担保要求;对高校毕业生设立的符合条件的小微企业,最高贷款额度提高至300万元;降低贷款利率,简化贷款申报审核流程,提高贷款便利性,支持符合条件的高校毕业生创业就业。鼓励和引导金融机构加快产品和服务创新,为符合条件的大学生创业项目提供金融服务。

2021年11月,《教育部关于做好2022届全国普通高校毕业生就业创业工作的通知》(教学〔2021〕5号)中规定,促进创新创业带动就业。各地各高校要加大国家创新创业政策落实力度,加强创新创业服务平台建设,大学科技园、创业园、创客空间等要向高校毕业生提供场地优惠和专业化孵化服务,指导创业团队争取各类创业优惠政策,促进创新创业项目落地发展。办好中国国际"互联网+"大学生创新创业大赛,切实发挥大学生创新创业带动就业作用。建立完善大学生创新创业信息服务平台,提供创新创业相关政策发布、解读、项目对接等服务。组织双创导师深入校园进行政策解读、经验分享和实践指导,支持大学生返乡创业、到城乡基层创业就业。

7.1.2 具体的相关优惠政策

针对大学生创业,国家和地方都制定了相应的优惠政策,包括收费优惠政策、融资优惠政策、基层或西部创业政策和贴息扶持政策等。

1. 收费优惠政策

凡应届高校毕业生从事个体经营的，除国家限制的行业（包括建筑业、娱乐业，以及广告业、桑拿、按摩、网吧、氧吧等）外，自工商部门批准其经营之日起，1年内免交登记类和管理类的各项行政事业性收费。从事个体经营的高校毕业生免交的具体项目主要包括以下几个方面。

（1）法律、行政法规规定的收费项目。国务院以及财政部、国家发展改革委（含原国家计委、原国家物价局，下同）批准的收费项目。

① 工商部门收取的个体工商户注册登记费（包括开业登记、变更登记、补换营业执照及营业执照副本）、个体工商户管理费、集贸市场管理费、经济合同鉴证费、经济合同示范文本工本费。

② 税务部门收取的税务登记证工本费。

③ 卫生部门收取的民办医疗机构管理费、卫生监测费、卫生质量检验费、预防性体检费、预防接种劳务费、卫生许可证工本费。

④ 民政部门收取的民办非企业单位登记费（含证书费）。

⑤ 劳动保障部门收取的劳动合同鉴证费、职业资格证书费。

⑥ 公安部门收取的特种行业许可证工本费。

⑦ 烟草部门收取的烟草专卖零售许可证费（含临时的零售许可证费）。

⑧ 国务院以及财政部、国家发展改革委批准的涉及个体经营的其他登记类和管理类收费项目。

（2）各省、自治区、直辖市人民政府及其财政、价格主管部门批准的涉及个体经营的登记类和管理类收费项目。

① 工商部门收取的家电维修行业管理费。

② 民政部门收取的社区服务单位证书费。

③ 劳动部门收取的技术工人档案保存管理费、职业技能鉴定费、高中级技师评审费、技师职业资格证书工本费、政府公共职业介绍服务费。

④ 经贸部门收取的饮食服务业技术等级考核费。

⑤ 农机部门收取的农业维修网点管理费。

（3）从事个体经营的应届高校毕业生申请办理有关行政事业性收费免交手续，应向收费部门出具本人身份证、高校毕业证以及工商部门批准从事个体经营的有效证件，经有关部门审核无误后按规定免交有关费用。

同时，一些人才服务机构、劳动或人事部门人才服务机构，还为自主创业的高校毕业生办理人事关系接转、人事档案管理、转正定级、党团关系、专业技术职务任职资格申报评审、社会保险金缴纳等服务，实行全方位的人事代理服务。

2. 融资优惠政策

为了扶持大学生自主创业，国家在融资方面制定了许多优惠政策，包括降低贷款门槛、提高贷款限额、实施贷款利息补贴、引入风险投资等。除此之外，政府和社会各界还设立了许多大学生创业基金，主要包括中国青年创业就业基金会、科技型中小企业技术创新基金、上海市大学生科技创业基金会、中国大学生西部创业基金等。

3. 基层或西部创业政策

为引导和鼓励高校毕业生面向西部地区和艰苦边远地区基层就业，2009年财政部、教育部联合下发了《高等学校毕业生学费和国家助学贷款代偿暂行办法》（财教〔2009〕15号），规定从2009年开始，高校毕业生到中西部地区和艰苦边远地区基层单位就业、服务期在3年以上（含3年）的，其学费由国家实行代偿。在校学习期间获得国家助学贷款（含高校国家助学贷款和生源地信用助学贷款，下同）的，代偿的学费优先用于偿还国家助学贷款本金及其全部偿还之前产生的利息。每个高校毕业生每学年代偿学费和国家助学贷款的金额最高不超过6 000元。毕业生在校学习期间每年实际缴纳的学费或获得的国家助学贷款低于6 000元的，按照实际缴纳的学费或获得的国家助学贷款金额实行代偿。毕业生在校学习期间每年实际缴纳的学费或获得的国家助学贷款高于6 000元的，按照每年6 000元的金额实行代偿。

各地劳动保障部门要为到基层创业的高校毕业生提供创业培训、开业指导、咨询服务等。对高校毕业生从事个体经营的，要积极配合有关部门对其免征各项行政事业性收费。对其中有贷款需求的，研究落实小额贷款担保。2022年4月，教育部高校学生司、教育部学生服务与素质发展中心发布了《普通高校毕业生基层就业政策公告》，其中明确高校毕业生在中央基层就业项目服务期满后自主创业的，可享受税收优惠、行政事业性收费减免、创业担保贷款和贴息等有关政策。

在社会保险方面，高校毕业生到基层灵活就业和自主创业的，按照当地政策参加基本养老保险，各级社保经办机构在申报登记、缴费等方面提供方便。2005年中国应届大学生西部创业基金在北京成立，应届大学毕业生到西部创业可以得到基金援助。

4. 贴息扶持政策

（1）大学毕业生在毕业后两年内自主创业，到创业实体所在地的工商部门办理营业执照，注册资金（本）在50万元以下的，允许分期到位，首期到位资金不低于注册资本的10%（出资额不低于3万元），1年内实缴注册资本追加到50%以上，余款可在3年内分期到位。

（2）大学毕业生新办咨询业、信息业、技术服务业的企业或经营单位，经税务部门批准，免征企业所得税2年；新办从事交通运输、邮电通信的企业或经营单位，经税务部门批准，第1年免征企业所得税，第2年减半征收企业所得税；新办从事公用事业、商业、物资业、对外贸易业、旅游业、物流业、仓储业、居民服务业、饮食业、教育文化事业、卫生事业的企业或经营单位，经税务部门批准，免征企业所得税1年。

（3）各国有商业银行、股份制银行、城市商业银行和有条件的城市信用社要为自主创业的毕业生提供小额贷款，并简化程序，提供开户和结算便利，贷款额度在2万元左右。贷款期限最长为2年，到期确定需延长的，可申请延期一次。贷款利息按照中国人民银行公布的贷款利率确定，担保最高限额为担保基金的5倍，期限与贷款期限相同。

（4）政府人事行政部门所属的人才中介服务机构，免费为自主创业毕业生保管人事档案（包括代办社保、职称、档案工资等有关手续）2年；提供免费查询人才、劳动力供求信息，免费发布招聘广告等服务；适当减免参加人才集市或人才劳务交流活动收费；优惠为创办企业的员工提供一次培训、测评服务。

7.1.3 上海地区创业优惠政策

上海市政府积极支持高校毕业生自主创业，创建了包括创业前、创业后涉及的教育、培训、见习、融资、注册、税收等各方面的政策法规。

（1）居住政策。根据《上海市吸引国内优秀人才来沪工作实施办法》《引进人才实行〈上海市居住证〉制度暂行规定》的有关规定，大学生创新创业企业的创办人员可以办理《上海市居住证》；大学生创新创业企业创办1年后，科技开发、经营稳定，本科及以上学历，并具有相应学位的人员可优先办理人才引进；大学生创新创业企业中参与高新技术成果转化项目的人员可以参照高新技术成果转化项目人才的相关政策，办理居住证或人才引进。大学生创新创业企业为本单位申请人才引进和申办《上海市居住证》时，可不受企业注册资金的限制。

（2）房租补贴。《关于扶持建立非正规就业劳动组织创业园区若干意见的通知》（沪劳保就发〔2005〕6号）中对开业园区房屋补贴做出规定。从2004年起，本市各级劳动保障部门挖掘部分闲置房产，开发建设适合非正规就业劳动组织和小企业的开业园区，目前，全市已建成开业园区66个。创业者不仅能以较低租金进驻开业园区，还可以根据所吸纳本市失业人员、协保人员、农村富余劳动力的情况享受年度人均房租最高不超过2 000元，补贴期限最长不超过3年的开业园区房租补贴。《上海市人民政府关于进一步做好本市促进创业带动就业工作的若干意见》（沪府发〔2009〕1号）对初创期创业组织创业场地房租补贴做出规定，对本市劳动者创办的初创期创业组织，在开业园以内租赁符合条件的创业场地开展创业活动，并吸纳本市失业人员、协保人员和农村富余劳动力就业的，可给予一定额度的创业场地房租补贴。《上海市劳动和社会保障局关于进一步鼓励扶持自谋职业和自主创业的若干意见》（沪劳保就发〔2007〕11号）规定自主创业者租赁符合条件的固定经营场所开展创业活动，可享受每年最高不超过2 000元，补贴期限最长不超过3年的自主创业房屋补贴。《上海市人力资源和社会保障局 上海市财政局关于进一步做好灵活就业人员就业创业工作有关事项的通知》（沪人社规〔2021〕28号）中对灵活就业人员在本市创办个体工商户或依托平台实现网络创业的，可按规定申请初创期创业场地房租补贴。初创期创业场地房租补贴标准为每吸纳一人，每年最高补贴金额不超过3 000元。

（3）社会保险补贴。《上海市人力资源和社会保障局 上海市财政局关于进一步做好灵活就业人员就业创业工作有关事项的通知》（沪人社规〔2021〕28号）中对灵活就业人员在本市创办个体工商户或依托平台实现网络创业的。初创期创业组织社会保险补贴标准为按缴费当月职工社会保险缴费基数的下限作为基数计算的养老、医疗和失业保险缴费额中用人单位承担部分的50%。

（4）免费培训。为鼓励大学生创业，上海市设立了专门针对应届大学毕业生的创业教育培训中心，培训中心的开支由政府提供，免费为大学生提供项目风险评估和指导，帮助大学生更好地把握市场机会。推进公共就业服务进校园，进一步扩大高校创业指导站的规模，促进资源整合和功能升级，提升指导成效。继续引入社会力量，试点开展大学生职业生涯导航课程。进一步组织开展好大学生创新创业竞赛活动，为学生搭建创业竞赛的实训平台。

（5）高校毕业生就业创业见习计划。在《上海市人民政府办公厅印发关于做好2020年上海高校毕业生就业工作的若干意见的通知》（沪府办规〔2020〕2号）中提出符合条件的高校毕业生可在本市认定的见习基地进行最长不超过12个月的就业创业见习。学员在见习期间可享受生活费补贴，标准为当年城镇职工月最低工资标准的80%。带教学员的见习单位可获带教费补贴，每月补贴标准为当年城镇职工月最低工资标准的30%。对直接提供见习岗位、当年见习留用率超过50%的就业见习基地，按签订1年以上劳动合同人数，另给予每人5 000元的一次性带教费补贴。经创业见习基地跟踪帮扶，见习学员在见习后6个月内实现创业的，按实际成功创业人数，给予创业见习基地每人5 000元的一次性带教费补贴。

（6）保险费补贴。为贯彻落实《上海市人力资源和社会保障局 上海市财政局 上海市教育委员会关于进一步落实鼓励创业带动就业行动计划有关问题的通知》（沪人社就发〔2015〕44号）的规定，现就青年大学生在本市创办创业组织给予初创期社会保险费补贴，社会保险费补贴标准为按本市上年职工月平均工资的60%作为缴费基数计算的单位，缴纳社会保险费的50%。每个创业组织每个自然年度最高补贴2万元。

（7）高校毕业生自主创业补贴。毕业年度内高校毕业生从事个体经营的，自办理个体工商户登记当月起，3年内按每户每年1.44万元的限额依次扣减相关税费。对具有本市户籍、毕业2年以内的高校毕业生，在本市首次创办小微企业、个体工商户、农民合作社、民办非企业单位等创业组织满1年，且按规定至少为1人缴纳城镇职工社会保险费满6个月的，可申请8 000元的首次创业一次性补贴。毕业学年学生参加补贴培训目录内创业能力培训项目，可按规定的补贴标准享受80%的培训补贴。上海市大学生科技创业基金会阶段性调整相关政策，包括将“天使基金”申请对象条件中的企业注册时间由不超过3年放宽为不超过5年，“雏鹰计划”新资助者首期还款日顺延3个月，“雏鹰计划”资助期内的创业者延迟还款2个月，向具备创业基础的“天使基金”申请对象提供创业培训、项目跟踪辅导等创业服务。

（8）资金支持。《上海市工商行政管理局关于鼓励创业促进就业的若干意见》（沪工商注〔2009〕49号），允许毕业2年内的高校毕业生投资设立注册资本50万元以下的有限责任公司“零首付”注册，自公司成立之日起2年内缴足注册资本。上海市大学生科技创业基金支持、注册在杨浦区范围内的创业企业，由市基金会、杨浦区风险投资服务园办公室联合出具“大学生创业企业认定证明”后，创业企业可享受以下标准的费用优惠：对杨浦区创业企业进行费用减免，包括注册资本50万元以下企业验资手续费、企业登记有关费用、组织机构代码登记费、税务登记工本费、账户开户费、查询卡费、询征函费、回单箱费、企业刻章费。《上海市人力资源和社会保障局 上海市财政局关于进一步做好灵活就业人员就业创业工作有关事项的通知》（沪人社规〔2021〕28号）中对灵活就业人员在本市创办个体工商户或依托平台实现网络创业的，首次创业一次性补贴标准为8 000元。根据《上海市人才发展资金管理办法》，为鼓励大学生创新创业，对符合条件的大学生创新创业者提供资助。主要用于企业核心技术的深度开发、自主知识产权产品的研发。资助额度为5万～20万元人民币。目前，上海已经启动总规模为1.5亿万元的上海市大学生科技创业基金。拥有科技成果的上海高校应届毕业生可以向有关部门提出申请，经审核可以获得最高30万元资助金额。该基金同时对高校毕业生的科技成果孵化项目予以资助，基金对每个项目按30万元以内额度投资，投资资金分阶段投入，投资期限一般为1～2年。

（9）创业融资。《上海市人民政府进一步做好本市促进创业带动就业工作的若干意见》（沪府发〔2009〕1号）、《上海市劳动和社会保障局关于印发〈关于促进就业专项资金担保开业贷款的实施意见〉的通知》（沪劳保就发〔2005〕30号）规定，2009年小额贷款担保政策的扶持范围扩大到创业后3年以内的创业组织，担保金额提高到100万元，其中，10万元以下的项目可免个人担保。自主创业的大学生，向银行申请开业贷款担保额度最高可为7万元，并享受贷款贴息。《科技型中小企业技术创新基金初创期小企业大学生创业项目（试点）工作指引》规定科技型中小企业技术创新基金在初创期小企业创新项目内设立大学生创业项目给予引导和支持。创新基金以无偿资助方式支持立项项目，资助额度为每个项目20万～40万元。

（10）信用担保。根据《上海市大学生创业企业信用担保基金章程》，上海市大学生科技创业基金会和上海市杨浦区中小企业信用担保中心共同发起上海市大学生创业信用担保基金。该信用担保基金单笔担保贷款范围是50万元以内，期限为1年以内的流动资金贷款。《上海市人力资源和社会保障局 上海市财政局关于进一步做好灵活就业人员就业创业工作有关事项的通知》（沪人社规〔2021〕28号）中对灵活就业人员在本市创办个体工商户或依托平台实现网络创业的，创业担保贷款最高金额为个人50万元、组织300万元；创业前创业担保贷款最高金额为20万元，在获得贷款1年内成功创办且按期归还贷款本息的（含提前还款），可按规定给予贴息。

（11）财税补贴。高校毕业生（含大学专科、大学本科、研究生）从事个体经营的，自批准经营之日起，1年内免交个体户登记注册费、个体户管理费、经济合同示范文本工本费等。此外，如果成立非正规企业，只需到所在的区县街道进行登记，即可免税3年。依据《"上海市大学生创业见习资助项目"试行方案》，大学生将在见习中通过一系列创业培训，提升就业和自主创业竞争力。见习期满后，优秀创业见习人员在正式申请上海市大学生科技创业基金会时可获得加分。

（12）社会保险补贴。《上海市人力资源和社会保障局 上海市财政局关于进一步做好灵活就业人员就业创业工作有关事项的通知》（沪人社规〔2021〕28号）中对灵活就业人员在本市创办个体工商户或依托平台实现网络创业的，初创期创业组织社会保险补贴标准为按缴费当月职工社会保险缴费基数的下限作为基数计算的养老、医疗和失业保险缴费额中用人单位承担部分的50%。

（13）"网上创业"系列优惠政策。具体规定如下：

① 从创业程序上，网上创业者需要预先参加电子商务技能培训，通过计算机基础知识、电子商务基本技能、电子商务示范网站的案例培训，考试合格后方可获得国家劳动部门颁发的电子商务技能证书。获得证书的创业者需要接受如创业理念、如何规避风险等方面的培训。另外，再根据创业人员自己对创业专业的选择，进行专业知识培训。

② 网上创业的形式很多，可以是网上开店，即在提供开店的网站平台，按规定注册一个商店，自己在网上门店组织经营；还可以网上结盟，即创业者自己要注册一个商店，然后加盟到提供加盟的电子商务网站平台上，利用加盟母体的资源组织销售。

③ 相关的优惠政策。享受培训费用补贴的项目必须是上海市人力资源和社会保障

局推出的培训补贴项目，凡是下岗者且持有劳动手册者均可以给予免费培训。本市失业、协保人员参加各等级的就业技能培训，鉴定合格后培训的费用可以全部补贴。本市高等院校毕业的学生、在职职工参加中高层次的技能培训，鉴定合格后培训费用补贴50%，参加政府补贴培训人员原则上1年只可享受一次补贴。目前全市共有三家“网上创业”网站，其一般也会提供免除加盟费、登录费全免、2个月试运行免费等优惠措施。

7.2　与企业经营相关的法律

创业者在创业过程中会面对各种社会关系，在处理这些社会关系时，需要运用法律去调整在创业过程中产生的权利和义务关系，以保障创业的顺利和企业的有序运行。

创业企业是市场运行的主体，创业企业在市场活动过程中发生的各种经济关系是市场运行的过程，国家机关相关职能部门对创业企业的监督和管理是市场运行的保障。创业企业从成立、运行到退出市场都会产生相应的法律关系，这些都需要创业者对相应的法律规定有一定的了解，以保护创业企业的合法权利，尽到国家规定的相应的义务，从而保障创业企业的顺利运行并实现良性发展。

这些显然都需要创业者学习法律知识，做到知法、懂法、守法。作为创业者，必须了解与创业、企业经营密切相关的法律规定。

7.2.1　规定企业设立、组织、解散的法律

1.《公司法》

公司法是调整公司设立、组织管理、变更和解散、清算以及股东权利义务的法律规范的总称。公司法对建立现代企业制度、规范公司的组织和行为起着重要作用，是保护公司、股东和债权人合法权益的法律依据。

我国《公司法》的调整对象可归纳为以下四个方面：第一，公司内部财产关系，如公司发起人之间、股东相互之间、股东与公司之间在设立、变更、解散过程中所形成的关系；第二，公司外部财产关系，即公司从事营利性活动时与其他公司、企业或个人之间发生的财产关系，如发行公司债券或股票；第三，公司内部组织管理与协作关系，主要是公司股东会、董事会、监事会相互之间，公司与员工之间发生的管理与协作关系；第四，公司外部组织管理关系，主要是指公司在设立与经营过程中与有关国家经济管理机关之间形成的经济管理关系。

2018年新修订的《公司法》的立法理念更为适应市场经济需要，体现了鼓励投资、简化程序、提高效率的精神，取消了诸多不必要的国家干预的条款，废除了股份公司设立的审批制，减少了强制性规范，强化了当事人意思自治，突出了公司章程的制度构建作用，进一步完善了公司治理结构，加强了对股东权益的保护，并提供了制度保障。

2.《合伙企业法》

合伙企业是指自然人、法人和其他组织依照《合伙企业法》在中国境内设立的，各合伙人订立合伙协议，共同出资、合伙经营、共享收益、共担风险，至少有一个以上的合伙人对合伙企业承担无限连带责任的营利性组织。

合伙企业有以下五个特征：第一，合伙企业强调的是“人的组合”；第二，合伙企业是建立在合伙协议基础上的企业；第三，普通合伙人对合伙企业的债务承担无限连带清偿责任；第四，合伙人共同出资、合伙经营、共享收益、共担风险；第五，合伙企业不具有法人地位。

3.《个人独资企业法》

个人独资企业，又称独资企业，是指依照《个人独资企业法》在中国境内依法设立的由一个自然人投资，财产为投资人个人所有，投资人以其个人财产对企业债务承担无限责任的经营实体。

个人独资企业有以下五个特征：第一，投资人为一个自然人，且只能是中国公民；第二，有合法的企业名称；第三，有投资人申报的出资；第四，有固定的生产经营场所和必要的生产经营条件；第五，有必要的从业人员。

4.《中华人民共和国市场主体登记管理条例》

《中华人民共和国市场主体登记管理条例》完善了市场监管法规制度，整合现行关于市场主体登记管理的行政法规，对在中国境内以营利为目的从事经营活动的各类企业、个体工商户、农民专业合作社等市场主体登记管理作出统一规定，进一步优化登记流程，压缩登记环节，精简申请材料，提升登记便利化程度，降低制度性成本，减轻企业负担。并对各方面高度关注的登记材料繁杂、“注销难”、虚假登记等突出问题作出有针对性的规定。其为培育壮大市场主体和促进公平竞争提供了法治保障。

该条例共6章、55条，主要规定了以下内容：第一，调整范围；第二，登记类别和登记原则；第三，登记机关和工作要求；第四，登记、备案事项和具体要求；第五，登记规范；第六，监督管理。此外，该条例坚持放管结合的原则，明确了违法行为的法律责任，对于严重违法行为，加大了处罚力度。

5.《中华人民共和国企业破产法》

《中华人民共和国企业破产法》是为规范企业破产程序，公平清理债权债务，保护债权人和债务人的合法权益，维护社会主义市场经济秩序而制定的法律。

该法对企业破产的申请和受理、债务人财产、破产费用和共益债务、债权申报、债权人会议、重整、和解、破产清算等程序进行了规定。

7.2.2　与知识产权相关的法律

1.《专利法》

专利法是确认发明人（或其权利继受人）对其发明享有专有权，规定专利权的取得与消灭、专利权的实施与保护，以及其他专利权人的权利和义务的法律规范的总称。我国《专利法》对立法目的的描述为："为了保护专利权人的合法权益，鼓励发明创造，推动发明创造的应用，提高创新能力，促进科学技术进步和经济社会发展，制定本法。"

国家颁发专利证书授予专利权的专利权人，在法律规定的期限内，对制造、使用、销售（有些国家还包括进口该项专利发明或设计）享有专有权（又称垄断权或独占权）。其他人必须经过专利权人同意才能进行上述行为，否则即为侵权。专利期限届满后，专利权即行消灭，任何人皆可无偿地使用该项发明或设计。

2.《商标法》

《商标法》是为了加强商标管理，保护商标专用权，促使生产、经营者保证商品和服务质量，维护商标信誉，促进社会主义市场经济的发展而制定。

《商标法》分为总则，商标注册的申请，商标注册的审查和核准，注册商标的续展、变更、转让和使用许可，注册商标的无效宣告，商标使用的管理，注册商标专用权的保护以及附则，共八章、七十三条。

3.《著作权法》

《著作权法》是为保护文学、艺术和科学作品作者的著作权，以及与著作权有关的权益，鼓励有益于社会主义精神文明、物质文明建设的作品的创作和传播，促进社会主义文化和科学事业的发展与繁荣，根据宪法而制定的法律。

《著作权法》是国家关于确认和保护著作人和其他著作权所有者的著作权权利的法律，是因创作、传播和使用文学、艺术和科学作品而产生的各种社会关系的法律规范。其内容包括著作权主体、著作权客体、著作权内容、著作权限制、著作权继承和转让、侵犯著作权的处罚等。

4.《信息网络传播权保护条例》

《信息网络传播权保护条例》共分为二十七条，包括合理使用、法定许可、避风港原则、版权管理技术等一系列内容，区分了著作权人、图书馆、网络服务商、读者各自可以享受的权益，使网络传播和使用都有法可依，形成相互依存、相互作用、相互影响的“对立统一”关系，很好地体现了产业发展与权利人利益、公众利益的平衡，为产业加速发展做好了法律准备。

5.《计算机软件保护条例》

《计算机软件保护条例》是为了保护计算机软件著作权人的权益，调整计算机软件在开发、传播和使用中发生的利益关系，鼓励计算机软件的开发与应用，促进软件产业和国民经济信息化的发展，根据《著作权法》而制定。《计算机软件保护条例》分为总则、软件著作权、软件著作权的许可使用和转让、法律责任、附则，共五章、三十三条。

7.2.3 规范企业劳动关系的法律

1.《劳动法》

《劳动法》是为保护劳动者的合法权益、调整劳动关系、建立和维护适应社会主义市场经济的劳动制度、促进经济发展和社会进步，根据宪法而制定、颁布的法律，是劳动保障立法体系中的基准法。本章第7.3.2节将对该法进行详细介绍。

2.《中华人民共和国就业促进法》

《中华人民共和国就业促进法》(以下简称《就业促进法》)是为促进就业，促进经济发展与扩大就业相协调，促进社会和谐稳定而制定的法律。该法从政策支持、公平就业、就业服务和管理、职业教育和培训、就业援助、监督检查、法律责任等几个方面进行了规定。

《就业促进法》明确了我国的就业方针，即国家坚持劳动者自主择业、市场调节就业、政府促进就业的方针。为了维护劳动者的平等就业权，反对就业歧视，《就业促进法》对公平就业作出了规定，包括七个方面：明确政府维护公平就业的责任，规范用人单位和职业中介机构的行为，保障妇女享有与男子平等的劳动权利，保障各民族劳动者享有平等的劳动权利，保障残疾人的劳动权利，保障传染病病原携带者的平等就业权，保证农村劳动者进城就业的平等劳动权利。

3.《中华人民共和国社会保险法》

《中华人民共和国社会保险法》是为规范社会保险关系，维护公民参加社会保险和享受社会保险待遇的合法权益，使公民共享发展成果，促进社会和谐稳定，根据宪法而制定的法律。该法规定国家建立基本养老保险、基本医疗保险、工伤保险、失业保险、生育保险等社会保险制度，保障公民在年老、疾病、工伤、失业、生育等情况下依法从国家和社会获得物质帮助的权利。中华人民共和国境内的用人单位和个人依法缴纳社会保险费，有权查询缴费记录、个人权益记录，要求社会保险经办机构提供社会保险咨询等相关服务。个人依法享受社会保险待遇，有权监督本单位为其缴费情况。

4.《工伤保险条例》

《工伤保险条例》是为了保障因工作遭受事故伤害或患职业病的职工获得医疗救治和经济补偿，促进工伤预防和职业康复，分散用人单位的工伤风险而制定的法律条例。

该条例规定，我国境内的企业、事业单位、社会团体、民办非企业单位、基金会、律师事务所、会计师事务所等组织和有雇工的个体工商户应当依照规定参加工伤保险，为本单位全部职工或者雇工缴纳工伤保险费；所属组织的职工和个体工商户的雇工，均有依照规定享受工伤保险待遇的权利。

自该条例施行以来，对于及时救治和补偿受伤职工、保障工伤职工的合法权益、分散用人单位的工伤风险，发挥了重要作用。

5.《最低工资规定》

最低工资标准是指劳动者在法定工作时间或依法签订的劳动合同约定的工作时间内提供了正常劳动的前提下，用人单位依法应支付的最低劳动报酬。《上海市关于调整本市最低工资标准的通知》（沪人社规〔2021〕18号）规定，从2021年7月1日起，上海市月最低工资标准从2 480元调整到2 590元，小时最低工资标准从22元调整为23元。

7.2.4 规范企业市场交易活动的法律

1.《民法典》

《民法典》中有关于物权篇和合同篇的规定。

物权是民事主体依法享有的重要财产权。物权法律制度调整因物的归属和利用而产生的民事关系，是最重要的民事基本制度之一。《民法典》第二编“物权”按照党中央提出的完善产权保护制度，健全归属清晰、权责明确、保护严格、流转顺畅的现代产权制度的要求，结合现实需要，进一步完善了物权法律制度。第二编共5个分编、20章、258条。其主要内容包括通则、所有权、用益物权、担保物权、占有。

合同制度是市场经济的基本法律制度。第三编“合同”贯彻全面深化改革的精神，坚持维护契约、平等交换、公平竞争，促进商品和要素自由流动，完善合同制度。第三编共3个分编、29章、526条，本章第7.3.3节将对合同编进行详细介绍。

2.《产品质量法》

《产品质量法》的制定，在于加强对产品质量的监督管理，提高产品质量水平，明确产品质量责任，保护消费者的合法权益，维护社会经济秩序。该法共74条，对产品质量的监督，生产者、销售者的产品质量责任和义务，损害赔偿，罚则等做了明确规定。

3.《反不正当竞争法》

《反不正当竞争法》是为保障社会主义市场经济健康发展，鼓励和保护公平竞争，制止不正当竞争行为，保护经营者和消费者的合法权益而制定的法律。该法规定，经营者在生产经营活动中，应当遵循自愿、平等、公平、诚信的原则，遵守法律和商业道德。经营者在生产经营活动中，违反法律规定，扰乱市场竞争秩序，损害其他经营者或者消费者的合法权益的行为即为不正当竞争行为。该法对各种不正当竞争行为以及应该承担的法律责任进行了界定。

4.《中华人民共和国反垄断法》

《中华人民共和国反垄断法》是为预防和制止垄断行为，保护市场公平竞争，提高经济运行效率，维护消费者利益和社会公共利益，促进社会主义市场经济健康发展而制定的法律。其共分为八章、七十条，包括总则，垄断协议，滥用市场支配地位，经营者集中，滥用行政权力排除、限制竞争，对涉嫌垄断行为的调查，法律责任和附则。

5.《中华人民共和国广告法》

《中华人民共和国广告法》规定，任何单位或者个人未经当事人同意或者请求，不得向其住宅、交通工具等发送广告，也不得以电子信息方式向其发送广告。在互联网页面以弹出等形式发布的广告，应显著标明关闭标志，确保一键关闭。违者将被处五千元以上三万元以下罚款。

该法规定，广告不得含有虚假或者引人误解的内容，不得欺骗、误导消费者。禁止在大众传播媒介或公共场所等发布烟草广告；禁止利用其他商品或服务的广告、公益广告，宣传烟草制品名称、商标等内容。

6.《中华人民共和国消费者权益保护法》

《中华人民共和国消费者权益保护法》(以下简称《消费者权益保护法》) 是维护全体公民消费权益的法律规范，是为了保护消费者的合法权益、维护社会经济秩序稳定、促进社会主义市场经济健康发展而制定的一部法律。该法分为总则、消费者的权利、经营者的义务、国家对消费者合法权益的保护、消费者组织、争议的解决、法律责任、附则，共八章、六十三条。

《消费者权益保护法》规定了公益诉讼、保护人身权益、网络购物、无理由退货、退一赔三、保底赔偿、赔一罚二、精神损害赔偿等新制度，为更好地维护消费者合法权益提供了立法支撑，不仅排除了消费者解决耐用商品等争议的举证障碍，方便了消费者维权，而且从实体上加大了保护消费者权益的力度，同时也为人民法院支持消费者维权提供了重要法律依据。

7.2.5 规范国家宏观调控行为的法律

用以规范国家宏观调控行为的法律有环境保护法、对外贸易法、税法、金融法等。

其中，金融法是调整金融关系的法律总称。金融关系包括金融监管关系与金融交易关系。金融监管关系主要是指政府金融主管机关对金融机构、金融市场、金融产品及金融交易的监督管理的关系。金融交易关系主要是指在货币市场、证券市场、保险市场和外汇市场等各种金融市场之间，金融机构之间，金融机构与大众之间，大众之间进行的各种金融交易的关系。

在我国没有以“金融法”来命名的单独的某个法律。涉及金融类的具体法律，通常用它涉及的金融行业的名称来命名。目前，我国已经颁布的金融法律与法规相当多，包括《中华人民共和国中国人民银行法》《中华人民共和国商业银行法》《中华人民共和国证券法》《中华人民共和国保险法》《中华人民共和国票据法》等。这些金融法律法规等都是具体的规范，它们都有一个共同的特点，即直接调整金融关系。金融关系的特点，决定了金融法系统性、宏观调控性、效率性和二元性的特征。

7.2.6　与企业纠纷解决相关的法律

1.《中华人民共和国民事诉讼法》

在经济活动中发生经济纠纷时，法院在当事人和其他诉讼参与人的参加下，依法审理经济纠纷并作出裁判的诉讼活动，称之为经济诉讼，其诉讼活动主要适用《中华人民共和国民事诉讼法》（以下简称《民事诉讼法》）及其相关规定。

民事诉讼遵循诚信原则。诉讼管辖分为级别管辖和地域管辖。诉讼参加人包括当事人和诉讼代理人，当事人对自己提出的主张，有责任提供证据。

审判程序可以分为第一审程序、第二审程序和审判监督程序。第一审程序包括普通程序和简易程序。适用普通程序审理的案件，根据《民事诉讼法》，应当在立案之日起6个月内审结。有特殊情况需要延长的，由本院院长批准，可以延长6个月；还需要延长的，报请上级法院批准。由于我国实行两审终审制，上诉案件经第二审法院审理后作出的判决、裁定为终审的判决、裁定，诉讼程序即告终结。

《民事诉讼法》规定，发生法律效力的民事判决、裁定，以及刑事判决、裁定中的财产部分，由第一审人民法院或者与第一审人民法院同级的被执行的财产所在地人民法院执行。发生法律效力的民事判决、裁定、调解书和其他应当由人民法院执行的法律文书，当事人必须履行。一方拒绝履行的，对方当事人可以向人民法院申请执行。申请执行的期间为2年，从法律文书规定履行期间的最后一日起计算。

2.《中华人民共和国仲裁法》

仲裁是指由双方当事人协议将争议提交（具有公认地位的）第三者，由该第三者对争议的是非曲直进行评判并作出裁决的一种解决争议的方法。仲裁异于诉讼和审判，仲裁遵循自愿原则，独立原则，根据事实、符合法律规定、公平合理解决纠纷原则。

《中华人民共和国仲裁法》规定，平等主体的公民、法人和其他组织之间发生的合同纠纷和其他财产权益纠纷，可以仲裁。而婚姻、收养、监护、扶养、继承纠纷，以及依法应当由行政机关处理的行政争议不能仲裁。

仲裁实行的一裁终局制度。仲裁庭在作出裁决前，可以先行调解。调解达成协议的，仲裁庭应当制作调解书或者根据协议的结果制作裁决书。调解书经双方当事人签收后，即发生法律效力。裁决应当按照多数仲裁员的意见作出，仲裁庭不能形成多数意见时，裁决应当按照首席仲裁员的意见作出。裁决书自作出之日起发生法律效力。当事人应当履行裁决。一方当事人不履行的，另一方当事人可以依照民事诉讼法的有关规定向人民法院申请执行。

3.《中华人民共和国劳动争议调解仲裁法》

适用于《中华人民共和国劳动争议调解仲裁法》的劳动争议包括：① 因确认劳动关系发生的争议；② 因订立、履行、变更、解除和终止劳动合同发生的争议；③ 因除名、辞退和辞职、离职发生的争议；④ 因工作时间、休息休假、社会保险、福利、培训以及劳动保护发生的争议；⑤ 因劳动报酬、工伤医疗费、经济补偿或者赔偿金等发生的争议；⑥ 法律法规规定的其他劳动争议。

解决劳动争议，应当根据事实，遵循合法、公正、及时、着重调解的原则，依法保护当事人的合法权益。发生劳动争议，劳动者可以与用人单位协商，也可以请工会或者第三方共同与用人单位协商，达成和解协议。

发生劳动争议，当事人不愿协商、协商不成或者达成和解协议后不履行的，可以向调解组织申请调解；不愿调解、调解不成或者达成调解协议后不履行的，可以向劳动争议仲裁委员会申请仲裁；对仲裁裁决不服的，除法律另有规定的外，可以向人民法院提起诉讼。

发生劳动争议，当事人对自己提出的主张，有责任提供证据。

7.3 创业初期常见法律问题

创业者创业的过程就是参与市场竞争的过程，参与市场竞争就必须遵守国家的相关法律规定，享有法律规定的权利，履行法律规定的义务。

创业实际上是一个法律行为，一旦开始创业，就会参与到经济活动中，形成经济法律关系。一个创业者如果不懂法，就不能很好地保护自己的合法权益，也可能会触犯国家行政法律的规定而被处罚，甚至有可能犯罪。

那么，在创业过程中大学生应该怎样利用法律规范自己的行为？在合法权益受到损害时，又该如何利用法律捍卫自己的权益？为了帮助大学生解决以上问题，本节特别向创业者罗列了创业初期常见的法律问题，希望大学生创业者在创业之初就能了解自己创业行为背后的法律意义，树立法律风险防范意识，为成功创业打下坚实基础。

7.3.1　知识产权

知识产权是“基于创造成果和工商标记依法产生的权利的统称”。最主要的三种知识产权是著作权、专利权和商标权，其中专利权与商标权也被统称为工业产权。2021年1月1日实施的《民法典》中第一百二十三条规定 :“民事主体依法享有知识产权。知识产权是权利人依法就下列客体享有的专有的权利 :(一) 作品 ;(二) 发明、实用新型、外观设计 ;(三) 商标 ;(四) 地理标志 ;(五) 商业秘密 ;(六) 集成电路布图设计 ;(七) 植物新品种 ;(八) 法律规定的其他客体。”

知识产权表面上可被理解为“对知识的财产权”，其前提是知识具备成为法律上的财产的条件。然而，知识的本质是一种信息，具备无体性与自由流动性。作为信息的知识一旦被传播，提供这一信息的人就无法对信息进行排他性的控制。那么由这一信息所表达的智力成果就不可能成为法律意义上信息创造者的财产。而知识产权法律制度通过赋予智力成果的创造者以排他性使用权和转让权的方式，创造出了一种前所未有的财产权形式。知识产权的客体具有非物质性，知识产权还具有特定的专有性、时间性和地域性。

1. 著作权

著作权是指自然人、法人或者其他组织对文学、艺术和科学作品享有的财产权利和精神权利的总称。在我国，著作权即版权。广义的著作权还包括邻接权，包括表演者对其表演活动、录音录像制作者对其制作的录音录像、广播组织对其播出的广播信号以及出版者对其版式设计所享有的专有权利，包含表演者权、录音录像制作者权、广播组织权、版式设计者权。

著作权的主体是指依照著作权法，对文学、艺术和科学作品享有著作权的自然人、法人或者其他组织。

以主体的形态为标准划分，著作权的主体分为自然人、法人和其他组织。创作是一种事实行为，不论创作者的年龄、智力水平如何，都可以成为著作权的主体。一般而言，自然人是作品的作者，即一般情况下自然人才能成为著作权的主体，但为平衡、保护不同利益方的利益，以及考虑到法人或其他组织在创作作品时付出的组织、物质等支持，法律也允许法人或其他组织成为著作权的原始主体。

以著作权的取得方式为标准划分，著作权的主体可以分为原始主体（原始著作权人）和继受主体（继受著作权人）。原始著作权人即作品创作完成时，直接依照著作权法和合同约定即刻对创作的作品享有著作权的主体。继受著作权人即通过继承、受让、受赠等方式获得著作权的主体。原始著作权人与继受著作权人在权利范围、权利保护方式上有所不同。

著作权的客体是作品，法律意义上作品具有独创性和以有形形式表达两个条件。首先，独创性中的“独”并非指独一无二，而是指作品系作者独立完成，并非抄袭。假设两件作品先后由不同的作者独立完成，即使他们恰好相同或者实质性相似，均可各自产生著作权。其次，独创性须满足一定的创造性，体现一定的智力水平和作者的个性化表达。创造性不同于艺术水准，无论是画家还是普通孩童，只要其绘画能够独立按照自己的安排、设计，独特地表现出自己的真实情感、思想、观点，都能够成为作品。

我国《著作权法》第一章第三条规定，作品是指文学、艺术和科学领域内具有独创性并能以一定形式表现的智力成果，包括文字作品，口述作品，音乐、戏剧、曲艺、舞蹈、杂技艺术作品，美术、建筑作品，摄影作品，视听作品，工程设计图、产品设计图、地图、示意图等图形作品和模型作品，计算机软件，符合作品特征的其他智力成果。

同样，《著作权法》也明确规定了不予保护的对象。第一章第五条规定：“本法不适用于：（一）法律、法规，国家机关的决议、决定、命令和其他具有立法、行政、司法性质的文件，及其官方正式译文；（二）单纯事实消息；（三）历法、通用数表、通用表格和公式。”

著作权可以自动取得或登记取得。当作品创作完成后，只要符合法律上作品的条件，著作权即产生。著作权人可以申请我国著作权管理部门对作品著作权进行登记，但登记不是著作权产生的法定条件。作品登记过程仅对作品的权属信息做形式审查，一般对著作权的归属只能起到初步证明的作用。

我国著作权的保护期为作者终生及其死亡之后50年。根据《著作权法》，民事主体在法律规定的范围内，合理使用或经法定许可，可以不经著作权人许可，不向著作权人支付报酬而使用作品。

2. 专利权

专利权是指国家根据发明人或设计人的申请，以向社会公开发明创造的内容，以及发明创造对社会具有符合法律规定的利益为前提，根据法定程序在一定期限内授予发明人或设计人的一种排他性权利。

专利权具有时间性、地域性、无体性、专有性等特征。时间性，是指专利权人对所拥有的专有权只在法定的时间内有效，期限届满后，专利权人对该发明创造就不再享有专有权，原来受法律保护的发明创造成为任何单位或个人都可以无偿地使用的社会公共财富。《专利法》第四十二条规定："发明专利权的期限为二十年，实用新型专利权的期限为十年，外观设计专利权的期限为十五年，均自申请日起计算。……为补偿新药上市审评审批占用的时间，对在中国获得上市许可的新药相关发明专利，国务院专利行政部门应专利权人的请求给予专利权期限补偿。补偿期限不超过五年，新药批准上市后总有效专利权期限不超过十四年。"地域性，是指专利权一般只在授予其权利的国家范围内有效，在其他国家原则上不获得承认和保护。无体性，又称非物质性，是指专利权的客体是智力成果，智力成果不具有物质形态，在客观上无法被人们实际占有。专有性，即独占性，除《专利法》另有规定外，任何单位或个人未经专利权人许可都不得实施其专利。

《专利法》保护的对象包括发明、实用新型和外观设计三种。发明，是指对产品、方法或者其改进所提出的新的技术方案。发明专利能够获得较长的保护时间，但授权标准较高，程序耗时较长。实用新型，是指对产品的形状、构造或者其结合所提出的适于实用的新的技术方案。实用新型专利保护期限较短，但是授权标准较低，程序耗时较短。外观设计，是指对产品的整体或者局部的形状、图案或者其结合以及色彩与形状、图案的结合所作出的富有美感并适于工业应用的新设计。外观设计专利的授权标准较低，程序耗时较短。

根据《专利法》，对违反法律、社会公德或者妨害公共利益的发明创造，不授予专利权；对违反法律、行政法规的规定获取或者利用遗传资源，并依赖该遗传资源完成的发明创造，不授予专利权。

对以下六类不授予专利权：① 科学发现；② 智力活动的规则和方法；③ 疾病的诊断和治疗方法；④ 动物和植物品种；⑤ 原子核变换方法以及用原子核变换方法获得的物质；⑥ 对平面印刷品的图案、色彩或者二者的结合作出的主要起标识作用的设计。对第④ 项所列产品的生产方法，可以依法授予专利权。

授予专利权的发明和实用新型，应当具备新颖性、创造性和实用性。新颖性，是指该发明或者实用新型不属于现有技术，也没有任何单位或者个人就同样的发明或者实用新型在申请日以前向国务院专利行政部门提出过申请，并记载在申请日以后公布的专利申请文件或者公告的专利文件中。创造性，是指与现有技术相比，该发明具有突出的实质性特点和显著的进步，该实用新型具有实质性特点和进步。实用性，是指该发明或者实用新型能够制造或者使用，并且能够产生积极效果。

授予专利权的外观设计，应当不属于现有设计；也没有任何单位或者个人就同样的外观设计在申请日以前向国务院专利行政部门提出过申请，并记载在申请日以后公告的专利文件中。与现有设计或者现有设计特征的组合相比，应当具有明显区别，不得与他人在申请日以前已经取得的合法权利相冲突。

专利权不会自动产生，需要专利申请人向国务院专利行政部门提出申请，国务院专利行政部门收到专利申请文件之日为申请日，经初步审查认为符合《专利法》要求的，自申请日起满十八个月，即行公布。

对创业企业而言，要避免侵犯其他企业的专利权。在创业初期可以进行专利检索，以避免侵权或者诉讼的发生。当然，创业企业本身也要重视专利申请。拥有专利可以提高企业的竞争壁垒，也利于企业在竞争中获得一席之地。

3. 商标权

商标是经营者为了使自己的商品或服务与他人的商品或服务区别而使用的标记。任何能够将自然人、法人或者其他组织的商品与他人的商品区别开的标志，包括文字、图形、字母、数字、三维标志、颜色组合和声音等，以及上述要素的组合，均可以作为商标申请注册。商标权是民事主体享有的在特定的商品或服务上以区分来源为目的排他性使用特定标志的权利。在我国，商标注册是取得商标的基本途径。《商标法》第三条规定："经商标局核准注册的商标为注册商标，……商标注册人享有商标专用权，受法律保护。"

商标的持有可以通过续展而无限期拥有。《商标法》第三十九条规定："注册商标的有效期为十年，自核准注册之日起计算。"第四十条规定："注册商标有效期满，需要继续使用的，商标注册人应当在期满前十二个月内按照规定办理续展手续；在此期间未能办理的，可以给予六个月的宽展期。每次续展注册的有效期为十年，自该商标上一届有效期满次日起计算。期满未办理续展手续的，注销其注册商标。商标局应当对续展注册的商标予以公告。"

商标权的取得可以分为原始取得和继受取得两种方式。原始取得是指商标注册申请人经商标行政管理部门核准注册获得商标权；继受取得是指通过继承、受让等方式获得商标权，其权利范围、内容等都以原有的权利为依据。

我国采取的是注册取得原则，即商标权获得的依据是商标行政管理部门的核准注册，未注册的商标不能享有商标权的保护。注册取得原则容易诱发商标的恶意注册，但该原则的优势在于安全和效率。事实上，我国在商标立法上也在不断强化对未注册商标的保护。

商标要获得注册必须符合法律规定的条件。《商标法》不仅从正面对商标的构成要素和注册条件做了规定，而且从反面对不能作为商标使用的标志、不能作为商标注册的标志做了具体的列举规定。商标注册应当具备合法性、显著性、非功能性以及不与他人在先权利和权益相冲突四个要件。

合法性包括两个方面的要求，一方面是指商标标识的构成要素应当符合《商标法》第八条的规定，另一方面，《商标法》第十条规定了作为商标使用的标志不得是法律规定不得作为商标的标志。显著性是指商标标识具有显著特征，便于识别，能够将使用人的商品或服务与他人的商品或服务相区别开来。非功能性是指具有功能性的商标不得注册为商标，商标的功能应当申请专利保护，《商标法》第十二条禁止具有实用功能性和美学功能性的三维标志注册为商标。《商标法》所保护的在先权利是指在商标申请注册之前即已存在并合法有效的权利。同时，当出现不同主体在相同类似商品上同日申请相同近似商标，以及以不正当手段抢先申请注册他人使用在先并有一定影响的商标等情形时，《商标法》亦对在先使用的商标提供保护。《商标法》规定，申请商标注册不得损害他人现有的在先权利，也不得以不正当手段抢先注册他人已经使用并有一定影响的商标。

对创业企业而言，要及时进行商标注册，以防被抢注。在注册商标前，还可进行商标检索，以判断在同一类别中是否存在相同或相似的商标，以提高商标注册的成功概率。

7.3.2 劳动法

劳动法是调整劳动关系以及与劳动关系密切相联系的其他关系的法律规范的总称。劳动合同法是指关于劳动合同的法律，广义上的劳动合同法一般是指所有关于劳动合同的法律规范的总称。《劳动法》第四条规定："用人单位应当依法建立和完善规章制度，保障劳动者享有劳动权利和履行劳动义务。"因此，企业都有责任建立完善的劳动规章制度，以减少劳动纠纷，降低企业运营成本，保障企业的持续发展。

1. *劳动者就业管理*

在劳动者就业管理方面，《劳动法》第十二条规定："劳动者就业，不因民族、种族、性别、宗教信仰不同而受歧视。"第十三条规定："妇女享有与男子平等的就业权利。在录用职工时，除国家规定的不适合妇女的工种或者岗位外，不得以性别为由拒绝录用妇女或者提高对妇女的录用标准。"第十四条规定："残疾人、少数民族人员、退出现役的军人的就业，法律、法规有特别规定的，从其规定。"

《中华人民共和国劳动合同法》（以下简称《劳动合同法》）第八条规定："用人单位招用劳动者时，应当如实告知劳动者工作内容、工作条件、工作地点、职业危害、安全生产状况、劳动报酬，以及劳动者要求了解的其他情况；用人单位有权了解劳动者与劳动合同直接相关的基本情况，劳动者应当如实说明。”这条规定严格定义了劳动双方的责任与义务。用人单位要保证招聘的公平，劳动者也要如实告知自己的年龄、工作经验、身体状况、与原单位是否还存在劳动关系等。只有建立严格的入职审查制度，才能有效防范因劳动者个人原因所带来的诸如无法胜任工作、以欺诈手段入职，或是与原单位尚未解除劳动关系等风险隐患。

2. 劳动合同的订立

《劳动法》第三章第十六条规定：“劳动合同是劳动者与用人单位确立劳动关系、明确双方权利和义务的协议。建立劳动关系应当订立劳动合同。”第十七条规定：“订立和变更劳动合同，应当遵循平等自愿、协商一致的原则，不得违反法律、行政法规的规定。劳动合同依法订立即具有法律约束力，当事人必须履行劳动合同规定的义务。”

《劳动合同法》第二章对劳动合同的订立进行了详细规定。第七条规定：“用人单位自用工之日起即与劳动者建立劳动关系。用人单位应当建立职工名册备查。”第十条规定：“建立劳动关系，应当订立书面劳动合同。已建立劳动关系，未同时订立书面劳动合同的，应当自用工之日起一个月内订立书面劳动合同。用人单位与劳动者在用工前订立劳动合同的，劳动关系自用工之日起建立。”

《劳动合同法》将劳动合同分为固定期限劳动合同、无固定期限劳动合同和以完成一定工作任务为期限的劳动合同。第十四条规定：“用人单位自用工之日起满一年不与劳动者订立书面劳动合同的，视为用人单位与劳动者已订立无固定期限劳动合同。”第八十二条规定：“用人单位自用工之日起超过一个月不满一年未与劳动者订立书面劳动合同的，应当向劳动者每月支付二倍的工资。用人单位违反本法规定不与劳动者订立无固定期限劳动合同的，自应当订立无固定期限劳动合同之日起向劳动者每月支付二倍的工资。”

由此可见，如果用人单位对劳动合同的签订时间疏忽大意，或者没有与劳动者签订书面劳动合同，都有可能造成用工成本的增加以及形成无固定期限劳动合同的风险。所以，企业必须完善自身的用工手续，使其制度化、规范化，严格遵守法律规定。

3. 劳动合同内容

《劳动合同法》第十七条规定：“劳动合同应当具备以下条款：（一）用人单位的名称、住所和法定代表人或者主要负责人；（二）劳动者的姓名、住址和居民身份证或者其他有效身份证件号码；（三）劳动合同期限；（四）工作内容和工作地点；（五）工作时间和休息休假；（六）劳动报酬；（七）社会保险；（八）劳动保护、劳动条件和职业危害防护；（九）法律、法规规定应当纳入劳动合同的其他事项。劳动合同除前款规定的必备条款外，用人单位与劳动者可以约定试用期、培训、保守秘密、补充保险和福利待遇等其他事项。”

《劳动合同法》第八十一条对缺乏必备条款、不提供劳动合同文本的法律责任进行了界定：“用人单位提供的劳动合同文本未载明本法规定的劳动合同必备条款或者用人单位未将劳动合同文本交付劳动者的，由劳动行政部门责令改正；给劳动者造成损害的，应当承担赔偿责任。”

因此，企业在签订劳动合同时，一定要将上述必备条款纳入，避免承担赔偿责任。

7.3.3 《民法典》合同编

《民法典》合同编是关于市场规则的法律，也是调整社会商品交换关系的最基本的法律。合同对企业来说，尤其重要，这也是企业运营过程中必须面对的问题。创业者在企业初创时期，经营经验少，更要了解关于合同的常识，注意合同签订时的细节，以保证合同的高质量与有效性。

《民法典》第四百六十四条对合同进行了定义：“合同是民事主体之间设立、变更、终止民事法律关系的协议。”

1. 合同的种类

合同编第二分编“典型合同”中规定了以下合同：买卖合同，供用电、水、气、热力合同，赠与合同，借款合同，保证合同，租赁合同，融资租赁合同，保理合同，承揽合同，建设工程合同，运输合同，技术合同，保管合同，仓储合同，委托合同，物业服务合同，行纪合同，中介合同，合伙合同。

2. 合同的订立

《民法典》第四百六十九条规定：“当事人订立合同，可以采用书面形式、口头形式或者其他形式。书面形式是合同书、信件、电报、电传、传真等可以有形地表现所载内容的形式。以电子数据交换、电子邮件等方式能够有形地表现所载内容，并可以随时调取查用的数据电文，视为书面形式。”

《民法典》第四百七十条规定了合同主要条款与示范文本：“合同的内容由当事人约定，一般包括下列条款：（一）当事人的姓名或者名称和住所；（二）标的；（三）数量；（四）质量；（五）价款或者报酬；（六）履行期限、地点和方式；（七）违约责任；（八）解决争议的方法。当事人可以参照各类合同的示范文本订立合同。”

当事人采用合同书形式订立合同的，自当事人均签名、盖章或者按指印时合同成立。在签名、盖章或者按指印之前，当事人一方已经履行主要义务，对方接受时，该合同成立。法律、行政法规规定或者当事人约定合同应当采用书面形式订立，当事人未采用书面形式但是一方已经履行主要义务，对方接受时，该合同成立。

当事人采用信件、数据电文等形式订立合同要求签订确认书的，签订确认书时合同成立。当事人一方通过互联网等信息网络发布的商品或者服务信息符合要约条件的，对方选择该商品或者服务并提交订单成功时合同成立，但是当事人另有约定的除外。

3. 合同的履行

履行合同时，当事人应当按照约定全面履行自己的义务，应当遵循诚信原则，根据合同的性质、目的和交易习惯履行通知、协助、保密等义务。在履行合同过程中，应当避免浪费资源、污染环境和破坏生态。

合同生效后，当事人就质量、价款或者报酬、履行地点等内容没有约定或者约定不明确的，可以协议补充；不能达成补充协议的，按照合同相关条款或者交易习惯确定。

内容约定不明确时，如质量要求不明确的，按照强制性国家标准履行；没有强制性国家标准的，按照推荐性国家标准履行；没有推荐性国家标准的，按照行业标准履行；没有国家标准、行业标准的，按照通常标准或者符合合同目的的特定标准履行。价款或者报酬不明确的，按照订立合同时履行地的市场价格履行；依法应当执行政府定价或者政府指导价的，依照规定履行。履行地点不明确，给付货币的，在接受货币一方所在地履行；交付不动产的，在不动产所在地履行；其他标的，在履行义务一方所在地履行。履行期限不明确的，债务人可以随时履行，债权人也可以随时请求履行，但是应当给对方必要的准备时间。履行方式不明确的，按照有利于实现合同目的的方式履行。履行费用的负担不明确的，由履行义务一方负担；因债权人原因增加的履行费用，由债权人负担。

4. 合同的权利义务终止

有下列情形之一的，债权债务终止：① 债务已经履行；② 债务相互抵销；③ 债务人依法将标的物提存；④ 债权人免除债务；⑤ 债权债务同归于一人；⑥ 法律规定或者当事人约定终止的其他情形。

合同解除的，该合同的权利义务关系终止。《民法典》还对债权债务终止后的义务、债权的从权利消灭、债的清偿抵充顺序，以及费用、利息和主债务的抵充顺序进行了规定。

当事人可以约定一方解除合同的事由。解除合同的事由发生时，解除权人可以解除合同。

有下列情形之一的，当事人可以解除合同：① 因不可抗力致使不能实现合同目的；② 在履行期限届满前，当事人一方明确表示或者以自己的行为表明不履行主要债务；③ 当事人一方迟延履行主要债务，经催告后在合理期限内仍未履行；④ 当事人一方迟延履行债务或者有其他违约行为致使不能实现合同目的；⑤法律规定的其他情形。

以持续履行的债务为内容的不定期合同，当事人可以随时解除合同，但是应当在合理期限之前通知对方。

合同解除后，尚未履行的，终止履行；已经履行的，根据履行情况和合同性质，当事人可以请求恢复原状或者采取其他补救措施，并有权请求赔偿损失。

合同因违约解除的，解除权人可以请求违约方承担违约责任，但是当事人另有约定的除外。

主合同解除后，担保人对债务人应当承担的民事责任仍应当承担担保责任，但是担保合同另有约定的除外。

5. 违约责任

《民法典》第五百七十七条规定："当事人一方不履行合同义务或者履行合同义务不符合约定的，应当承担继续履行、采取补救措施或者赔偿损失等违约责任。"

合同编第八章对预期违约责任、金钱债务实际履行责任、非金钱债务实际履行责任及违约责任、替代履行、瑕疵履行违约责任、违约损害赔偿责任、损害赔偿范围、违约金、定金担保、定金罚则、违约金与定金竞合时的责任、拒绝受领和受领迟延、不可抗力、减损规则、双方违约和与有过失、第三人原因造成违约时违约责任承担，以及国际贸易合同诉讼时效和仲裁时效进行了详细规定。

7.3.4 财会制度

公司财务会计制度是公司财务制度和会计制度的统称，有时简称"财会制度"，具体是指法律、法规及公司章程中所确立的一系列公司财务会计规程。《公司法》第一百六十三条规定："公司应当依照法律、行政法规和国务院财政部门的规定建立本公司的财务、会计制度。"这是公司开办和经营管理的基本要求，也是必不可少的制度。

公司财务会计制度主要包括两个内容：财务会计报告制度和收益分配制度。财务会计报告制度，即公司应当依法编制财务会计报表和制作财务会计报告。收益分配制度，即公司的年度分配，应当依照法律规定及股东会的决议，将公司利润用于缴纳税款、提取公积金和公益金，以及进行红利分配。

1. 财务会计报告制度

财务会计报告分为年度、半年度、季度和月度财务会计报告。公司的财务会计报告由公司的会计报表（或会计表册）构成。所谓会计报表，是以货币形式综合反映公司在一定时期内生产经营活动和财务状况的书面报告文件。

公司财务会计报告是反映公司生产经营成果和财务状况的总结性的书面文件。它不仅是公司经营者准确掌握公司经营情况的重要手段，也是股东、债权人了解公司财产和经营状况的主要途径，包括资产负债表、损益表、财务状况变动表（现金流量表）、财务情况说明书、利润分配表。

公司应当在每一会计年度终了时编制财务会计报告，并依法经会计师事务所审计。我国的会计年度是指公历1月1日起至12月31日止。

《公司法》第一百六十四条规定："财务会计报告应当依照法律、行政法规和国务院财政部门的规定制作。"关于财务会计报告的公示，有限责任公司应当依照公司章程规定的期限将财务会计报告送交各股东。股份有限公司的财务会计报告应当在召开股东大会年会的二十日前置备于本公司，供股东查阅；公开发行股票的股份有限公司必须公告其财务会计报告。

2. 收益分配制度

利润，是指企业在一定会计期间的经营成果，包括营业利润、利润总额和净利润。公司的利益分配，就是将公司实现的利润，按照国家财务制度和公司章程规定的分配形式和分配顺序，在不同的利益主体之间进行分配。利润分配的过程与结果，与保护公司利益相关者利益、保证公司长远稳定发展息息相关。

利润分配通常表现为股利分配，股利分配的形式包括现金股利、财产股利、负债股利和股票股利四种。

现金股利，是以现金形式支付的股利，它是股利支付最常见的方式。公司选择发放现金股利除了要有足够的留存收益外，还要有足够的现金，而现金充足与否往往会成为公司发放现金股利的主要制约因素。在企业营运资金和现金较多，而又不需要追加投资的情况下，采用现金股利有利于改善企业长短期资金结构，有利于股东取得现金收入和增强投资能力。但在企业营运资金和现金较少，而又需要追加投资的情况下，发放现金股利将会增加企业的财务压力，导致企业偿债能力下降。

财产股利，是以现金以外的其他资产支付的股利，主要是以公司所拥有的其他公司的有价证券，如债券、股票等，作为股利支付给股东。财产股利的发放不会影响公司的现金流，但在实际操作中很少被采用。

负债股利，是以负债方式支付的股利，通常以公司的应付票据支付给股东，有时也以发放公司债券的方式支付股利。财产股利和负债股利实际上是现金股利的替代，但这两种股利支付形式在我国公司实务中很少使用。

股票股利，是公司以增发股票的方式所支付的股利，我国实务中通常也称其为"红股"。发放股票股利对公司来说，并没有现金流出企业，也不会导致公司的财产减少，而只是将公司的未分配利润转化为股本和资本公积。但股票股利会增加流通在外的股票数量，同时降低股票的每股价值。它不改变公司股东权益总额，但会改变股东权益的构成。采用股票股利可以避免由于采用现金分配股利而导致企业支付能力下降、财务风险加大的缺点，当企业现金紧缺时，发放股票股利可起到稳定股价的作用，从而维护企业的市场形象。同时，股票股利可避免发放现金股利后再筹集资本所发生的筹资费用，可增加企业股票的发行量和流动性，从而提高企业的知名度。但发放股票股利也有可能会被认为是企业现金短缺的象征，从而导致企业股票价格下跌。

《公司法》第三十四条规定："股东按照实缴的出资比例分取红利；公司新增资本时，股东有权优先按照实缴的出资比例认缴出资。但是，全体股东约定不按照出资比例分取红利或者不按照出资比例优先认缴出资的除外。"

关于利润分配顺序，《公司法》第一百六十六条规定："公司分配当年税后利润时，应当提取利润的百分之十列入公司法定公积金。公司法定公积金累计额为公司注册资本的百分之五十以上的，可以不再提取。公司的法定公积金不足以弥补以前年度亏损的，在依照前款规定提取法定公积金之前，应当先用当年利润弥补亏损。公司从税后利润中提取法定公积金后，经股东会或者股东大会决议，还可以从税后利润中提取任意公积金。公司弥补亏损和提取公积金后所余税后利润，有限责任公司依照本法第三十四条的规定分配；股份有限公司按照股东持有的股份比例分配，但股份有限公司章程规定不按持股比例分配的除外。股东会、股东大会或者董事会违反前款规定，在公司弥补亏损和提取法定公积金之前向股东分配利润的，股东必须将违反规定分配的利润退还公司。公司持有的本公司股份不得分配利润。"因此，公司的利润分配顺序依次是纳税、弥补亏损、提取法定公积金、提取任意公积金、分配股东股利。

3. 财会制度的法律意义

《公司法》对公司财会制度问题作了一些原则性规定。财会制度方面的一些具体内容则由《中华人民共和国会计法》《企业会计准则》《企业财务通则》等专门法律和法规、规章规定。各类公司都必须依法建立健全其公司内部各项财会制度，这样做有以下几点积极的意义或作用。

第一，可以保障公司股东利益。通过统一规则的财会制度，可使股东及时掌握公司的财会制度，并使股东及时掌握公司的经营状况及自己的投资境况和权益，以便对董事、经理的经营行业实务进行有效的监督。

第二，可以保护公司债权人利益。建立健全统一的公司财会制度，以便债权人及时、准确地了解公司的财务状况，并在必要时依法采取相应的措施来保护自己的权益。

第三，有利于保护社会公共利益和职工集体利益。公司，尤其是股份有限公司，比一般企业的社会经济影响大得多，为维护其稳定、健康地发展，进而维护社会秩序，有必要对公司的公积金提存等作出统一的规定。同时，为防止公司片面追求利润最大化而忽视职工经济利益，对公积金作出规定也是十分重要的。

第四，有利于吸收社会投资。公司财会制度的规范化和公开化，可使社会各方面都能方便地了解公司的经营状况和盈利能力。对于经营状况比较好的公司，可以起到吸收社会投资的作用。

第五，有利于政府监督。政府各有关部门，依其职责负有在法定范围内监督、管理公司经营活动的义务，以维持社会交易的安全。而这一职责的有效行使也有利于规范的公司内部财会制度的建立与健全。

7.3.5 破产清算

公司如果经营不善，有可能会面临解散问题。《公司法》规定，公司可以因下列原因解散：① 公司章程规定的营业期限届满或者公司章程规定的其他解散事由出现；② 股东会或者股东大会决议解散；③ 因公司合并或者分立需要解散；④ 依法被吊销营业执照、责令关闭或者被撤销；⑤ 公司经营管理发生严重困难，继续存续会使股东利益受到重大损失，通过其他途径不能解决的，持有公司全部股东表决权百分之十以上的股东，可以请求人民法院解散公司。

公司清算，是指在公司解散时，为终结公司作为当事人的各种法律关系，使公司的法人资格归于消灭，而对公司未了结的业务、财产及债权债务关系等进行清理、处分的行为和程序。

公司终止的原因有两种，一种是公司的解散，另一种是公司的破产，即公司基于宣告破产而终止。这两种情况下都会引起公司的清算，只是清算组织和清算程序存在不同。

《公司法》规定，公司因上述第①、②、④、⑤项规定而解散的，应当在解散事由出现之日起十五日内成立清算组，开始清算。有限责任公司的清算组由股东组成，股份有限公司的清算组由董事或者股东大会确定的人员组成。逾期不成立清算组进行清算的，债权人可以申请人民法院指定有关人员组成清算组进行清算。人民法院应当受理该申请，并及时组织清算组进行清算。

公司被依法宣告破产的，依照有关企业破产的法律实施破产清算。公司清算可按清算程序不同，分为破产清算与非破产清算。破产清算按照破产宣告、破产财产变价方案、变价、清偿、终结的程序进行。非破产清算按照清算公司财产、制定清算方案、了结公司债权债务、分配公司剩余财产的程序进行。《公司法》第一百八十七条规定："清算组在清理公司财产、编制资产负债表和财产清单后，发现公司财产不足清偿债务的，应当依法向人民法院申请宣告破产。”

思考题

1. 查阅相关资料回答，你所在地区对大学生创业有哪些扶持政策？你认为要充分利用这些政策，需要哪些条件？
2. 什么是著作权、专利权、商标权？
3. 如何保护著作权？
4.《专利法》保护的对象有哪些？
5. 查阅《商标法》回答，构成“指示性使用”的商标侵权吗？
6. 劳动合同一般具备哪些条款？
7. 查阅《民法典》合同编回答，当事人就有关合同内容约定不明确时，如何履行合同？
8. 对于企业经营获得的利润，其分配顺序是什么？
9. 公司终止的原因是什么？

延展性阅读

1.《中华人民共和国民法典》
2.《中华人民共和国公司法》
3.《上海市大学生科技创业基金管理办法》
4.《上海市大学生科技创业基金股权资助实施细则》
5.《上海市财政局关于上海市小企业贷款信用担保管理的若干规定》
6. 上海市大学生创业企业信用担保基金
7. 上海市大学生创业投资接力基金
8. 上海市大学生科技创业基金会（网址http：//www. stefg. org）

第8章 科技创业

学习目标

学完本章后，你应该能够：

- 了解科技创业的特征
- 了解科技创业的历史
- 了解科技创业的发展阶段及创生要素
- 了解科技创业的发展趋势

今天我们又看到了一次跟1900时代一样大的机会，这个机会可能属于中国。

——李开复

21世纪以来，科技创业活动成为世界各国加强自主创新和优化产业结构的强大引擎，受到各国政府的关注和重视。现在我国正处于经济转型和产业结构调整阶段，一些传统的支柱产业已不能为经济发展提供持续动力，而创新推动下的科技创业活动和新兴产业的发展成为我国经济增长中的亮点和新的经济增长点，科技创业已成为时代发展的主旋律。

本章我们将了解科技创业的特征及历史沿革、发展阶段及创生要素，并展望科技创业的发展趋势。

案例导读

做一个向善的创业者

提起创业的动机，有人说是为了挣钱，有人说是因为年轻、想无拘无束，还有人说是为了实现人生价值。然而有这么一些人，他们创业的灵感来自对社会的责任意识，他们追求向善，把做有道德、有良知的中国人作为最基本的企业文化，在利润和责任两者之间找到平衡点，并通过创新精神和实践能力去实现目标、开拓市场。环保企业家徐春华就是其中一员。

徐春华是美沃（上海）环保科技有限公司的总经理，参加工作十几年来，她一直在一家知名外企担任高管，是一名经验丰富的职业经理人。2013年，她与朋友一起创建了这家生产纯植物洗护用品的环保科技公司，从此辞去高薪工作走上了创业之路。作为一个不再年轻的"70后"创业者，徐春华创业并不是偶然的选择。她早在几年前就萌生了创业的想法，直到后来接触到一个朋友在做纯植物洗护产品的研发项目，她才将创业落地。我国目前市场上的洗护用品，从汽车清洗养护、家居用品保养，到我们日常使用的清洁用品，都是会对水资源产生污染的化工产品，而纯植物的产品不仅节水，如果能推广使用还将大大减少对环境的污染。这个项目正符合她的环保理念，"我本身就是一个环保主义者，我和大学同学们一直有一个宣扬环保主题的公益合唱团，"徐春华说，"我对这个推广环保产品的项目很敏感，而且越深入了解，越觉得做这件事有一种使命感。"于是，企业创立之初就加入了阿拉善SEE生态协会，以推动生态效益、经济效益和社会效益三者统一为目标。目前企业业务主要包括纯植物洗护产品的生产、销售和上门洗护服务。

虽然随着人们环保意识的普遍增强，更多人在接受日常清洁护理过程中愿意选择环保无污染的洗护用品，但推广一个新产品还是有很大难度，徐春华的创业之路也面临重重困难。一方面，由于公司是纯植物洗护行业的领跑者，很多行业标准还不健全，审核产品的细则不完善，一款纯植物洗护产品拿去备案的时候很难用传统化工产品的分析方法提供化学原料的具体配比，导致不符合上市标准而影响销售计划。另一方面，一些商家并不愿意配合新产品的推广，很多汽车美容院不愿意接受新型的环保洗护用品，没有积极地展示给用户。也有很多人不愿多花一点钱来买对环境无公害的产品。因此，如何进一步降低价格，培养公众的环保意识，将产品有效地推广，让更多人享受到先进的环保产品也是公司在不断攻克的难题。面对困难，徐春华的创业团队并没有犹豫，他们心中有一杆衡量利益和企业责任的秤，解决我国水污染的难题是他们的初衷，创业的目标就是改善现状，用创新技术践行自己的环保理念。

石油化工产业为国家带来经济繁荣的同时，其造成的水污染也成了不可忽视的问题，除了大型化工厂的污水排放，一些日用、民用污水排放也是污染水源的因素，国家战略的转变和人们生态意识的提高迫在眉睫，而如何搭建国家实施生态保护战略和人们环保生活方式的桥梁是企业应该肩负的责任。面对创业的机遇，徐春华创业团队将环保的责任放在第一位，克服重重阻碍研发、推广无污染的洗护用品，培养民众从生活细微之处注重环保的理念。试想一下，如果所有企业都能明确道德意识，就不会存在三聚氰胺、苏丹红等问题，也不会存在为了削减成本而非法排污，或者打着纯天然的幌子，却以化工产品滥竽充数、欺骗公众的厂家。这样消费者会多一点安心，中国的天空会少一些雾霾，河流也会多一分清澈。

如徐春华所说："我们不会讲高大上的概念然后喊口号，我们最基本的一点就是做有良知的中国人，办有道德的企业。"办企业如同做人，首先要打好道德的根基，方能在竞争中立于不败之地。企业文化、企业责任、企业精神，不同企业有不同的诠释，但万流归宗，最后都要汇集于"德"上，这种精神对一个创业者来说更是难能可贵。

8.1 科技创业概述

8.1.1 科技创业的含义

随着经济多元化发展、科技信息水平迅速提升，科技创业成为国内外政府、学者的研究焦点，中外学者对科技创业的概念进行了界定。

1. 国外学者对科技创业的界定

早在18世纪中期，熊彼特就对科技创业的含义进行了界定，他以创新的角度将创业视为实现创新价值、实现资源新组合的过程。此后，大多学者以熊彼特对创业的解释为基础，从不同的角度探究科技创业的内涵。表8-1展示了部分国外学者对科技创业的定义。

表8-1 部分国外学者对科技创业的定义

学　者	定　义
Stewart	科技创业是一种在已有企业或行业中获得经济机会，并通过创新、改进技术或者引进新技术建立新企业的行为
Beckman, Eisenhardt	科技创业是一个利用科学、技术发展中获得的创业机会，使企业、产业集群、市场行业诞生的过程

续　表

学　　者	定　　　　义
Bailetti	科技创业是一种将人才、资源投资于企业技术创新来为企业创造和捕获价值的活动
Cooper	技术创业是指那些着重于开发新技术知识的新企业创建行为
Shane, Venkataraman	技术创业是创业者组织创业公司使用的组织资源、技术系统和战略以追求机会的过程
Roberts	技术创业通常是基于高校创新技术的衍生型新企业的创建行为
Garud, Karnoe	技术创业不仅指机敏地发现已经存在的机会和推测其未来发展趋势的活动，而且包括通过整合和转移现有资源创造新机会的过程

2. 国内学者对科技创业的界定

部分国内学者对科技创业的定义如表8–2所示。

表8–2　部分国内学者对科技创业的定义

学　　者	定　　　　义
张钢，彭学兵	技术创业即发现并开发技术的市场机会的过程，包括独立技术创业与公司技术创业两种形式
董芹芹，谢科范	科技创业是为实现技术与市场的有机结合以及科技成果的产业化，将科技从业人员的科研成果或科研能力作为主要投入要素，进而获得创新收益的市场行为和发展过程
沈晓健	科技创业是一种对各类科技创业资源的获取、组合与利用的集成活动
文斌	科技创业是指通过科技成果的产业化从而开创一项事业，为社会提供一种产品或服务，为用户创造价值、被市场所接受，为创业者带来盈利或投资回报的一种创业行为
李湛，杜尔功，等	科技创业是以高新技术为基础，在技术领域开展新的经营理念，并伴随一定冒险精神的创业活动
傅家骥	科技创业既可以是创立新企业，也可以是在现有企业内部进行创新
张小雅	科技创业是指创业者整合所掌握的商业机会和资源，以此为基础将新技术和新知识转化为能够满足市场需要的产品或服务，实现其应用价值并创造财富的活动
王以梁	科技创业是创业者运用所掌握的技术和知识，通过兴办科技创业企业或组织，从事新产品的开发、生产、经营或向社会提供科技服务的活动

尽管不同学者对科技创业的界定有所差异，但可以发现以往对科技创业的定义包含了一些共性：

（1）科技创业为技术密集型、高成长型、追求经济效用并在技术领域开展新的经营理念的创业活动；

（2）其来源是研究机构、大学、技术企业；

（3）其创业主体多为高知识分子；

（4）其核心要素是新创意、新技术、新知识；

（5）其根本目的是实现价值、创造财富。

综合以上定义，我们将科技创业定义为基于一种具有高潜能、技术密集型的创业机会，创业者以科学成果为核心，将信息、人才、资金、技术等社会资源有效组合、利用，进行包括产品设计、技术开发、市场运营、组织管理等活动，最终实现科技成果的价值化、商品化、产业化并获得物质财富，为社会创造更大价值的过程。其技术来源可能是突破性的或渐进性的技术创新，它可能关注现有市场，或开创一个全新的市场，其结果既有可能成立独立的新技术企业，也有可能在既有企业内部成立一个部门。

8.1.2 科技创业的特点

科技创业以市场需求为导向，以科技进步为主要动力，以创业精神为内部驱动力，以打破原有资源配置方式为手段，形成新的组织结构和管理模式。基于对科技创业内涵的理解，可总结科技创业的特点如图 8-1 所示。

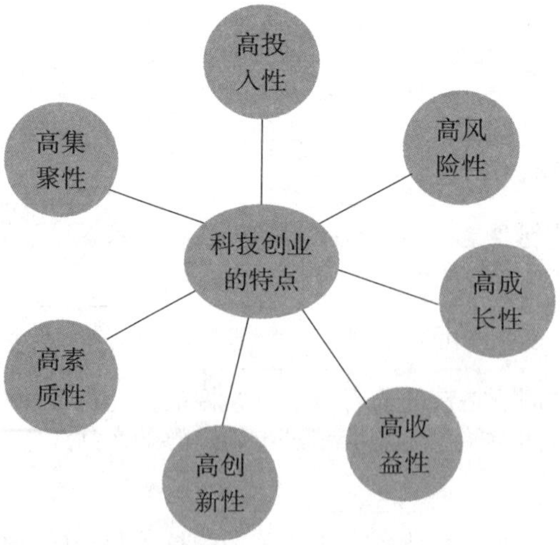

图 8-1 科技创业的特点

1. 高投入性

按现代高科技应用和转化规律推算，科研、开发、产业化三个过程的投入比例约为1：10：100。这表明，高科技成果市场化、产业化程度越高，其资本投入量越大。高投入性表现在以下四个方面。

（1）高科技市场价值高。高科技本身虽然是无形投入，但其市场价值高。作为知识形态的高科技，其价值直接由市场需求决定，高科技创业企业这笔无形资产的形成往往是由巨额资本投入和交易成本所集成的。

（2）人力成本费用高。高科技产品开发、生产、营销等各经营管理环节需要大量高素质的科技人员，其人力成本与一般企业相比十分高昂。

（3）广告费用高。高科技产品的推广费用大，要让消费者了解产品用途及性能等，常常需要花巨额的广告费用。

（4）核心产品和技术的研发投入高。为了使企业拥有核心竞争力，科技创业者都要把已有的成果及技术转化成现有的科技企业的核心产品与技术，这个过程一般都要高投入。

2. 高风险性

由于科技创业的技术处于行业技术的前沿，这就决定着科技创业企业在成长过程中存在着诸多的不确定性因素，从而带来了创业过程中的高风险。科技创业风险主要包括以下四个方面。

（1）技术风险。与一般创业企业相比，科技创业企业的技术具有高探索性和创新性，技术上的不确定性可能导致投资失败、技术生命周期缩短、技术研究方向选择失误等风险。

（2）市场风险。市场是动态的、不确定的。首先，一个项目从科研成果产生到批量生产需要经过一段时间，在此期间，市场可能会出现较大的变化。其次，技术含量高的产品不一定能够得到市场的青睐，如果不能得到消费者的认可，产品附加值也不能实现。

（3）管理风险。新产品的成功与生产组织、经营管理密切相关。刚刚处于创业期的高科技创业企业往往是技术人员兼管理人员，甚至其高管人员也是由技术人员担当，导致高科技创业企业面临较大的管理风险。这种局面很可能造成观念落后、决策失误、管理能力不足等风险。

（4）人才流失风险。高科技创业企业是知识分子高度集中的地方，一方面他们思想敏锐、创造性强，另一方面他们之间竞争激烈，而且人员流动性强，在科技创业过程中一旦技术人才流失，无疑会造成巨大的损失。

3. 高成长性

科技创业成功的高科技企业，相对于传统企业，具有极高的成长率。在条件类似的情况下，一个从事传统产业的企业，由小型企业成长为大型集团企业，需要的时间大概为20～30年；而科技型企业，尤其是信息行业的领头企业，只需要10多年的时间就可以达到这一目标。

高科技创业企业只要能开发出满足市场需求的新产品，就能凭借高科技产品的新颖性和高技术特性迅速地占领市场，从而获得巨大的经济效益，并快速成长。具体表现为高科技创业企业必须突破一定的“瓶颈”或“壁垒”，如对巨额资金的需求、对关键技术的研发、对尖端人才的挖掘等行为的实现可能使企业获得生存与发展，否则企业可能夭折于创业的“襁褓”之中。然而，一旦高科技创业企业实现突破，高科技创业企业就能够充分发挥先行者优势、规模经济效应以及马太效应①，迅速成长壮大起来，并能快速实现对市场以及消费群体的锁定。

4. 高收益性

高收益是指科技创业成功或基本成功的高科技企业，具有极高或较高的收益率。由于科技成果、创新技术等带来的远高于制造原材料成本的市场价值和垄断利润，科技创业将能取得高于原始投入数十倍，甚至数百倍的巨大收益。

其收益主要来自以下三个方面：

（1）风险投资带来高收益；

（2）超额的垄断利润；

（3）政府对企业扶持所产生的效益。

正是因为科技企业的高收益性，越来越多的企业以及企业家走上了科技创业的创业之路。

5. 高创新性

科技创业活动是基于科技成果的，而科技成果又来源于科技创新，即通过科技创新对未知市场和领域进行探索发现，或运用新的理念和技术，以取得新的科学成果。所以，科技创业活动的进行无论是首创型创新、改进型创新还是模仿型创新，无论是技术创新、生产创新还是经营方式创新，其本质都是创新。

为满足当前市场需求和产业结构升级，并保持技术的领先地位和不断发展，科技创业活动需要具有高度的创新性，同时也需要大量具有高度创新性的科技人才，从而大胆地进行设想、不断地进行研究，来突破传统的观念、理论、方法，以创新推动科技创业活动的前行。

---

① 马太效应源于《圣经·马太福音》:“凡有的，还要加给他，叫他多余；没有的，连他原先所有的也要夺过来。”在市场竞争中的马太效应，是指具有优势者越来越强，而劣势者越来越弱的情况。在激烈的市场竞争中，企业可从这种马太效应出发，努力使自己成为具有优势的强者，以求在竞争中获胜。

6. 高素质性

人才资本是科技创业企业发展的要素之一，在科技创业企业发展中的地位日益突出，对创业者和创业团队的素质要求高于一般创业企业。

科技创业建立在某项高新技术基础上，加之技术知识密集性高和更新换代快等特点，要求科技创业的经营者具有出色的综合管理能力和较高的专业素养，既要懂得经营管理，又要理解企业技术并掌握企业研发的方向；不仅要具有较强的创新能力和创新精神，还需要具有较强的风险意识和学习能力。

与一般创业企业相比，科技创业企业可能涉及许多科学知识的综合性运用，因此需要大量多方面、多层次的知识复合型人才，对人员素质要求也较高。

7. 高集聚性

在经济学上，劳动和资本等生产要素的集中会吸引来更多资源，进而产生更高的效益，这就是一种常见的经济现象——集聚效应。以创新为基础的科技创业活动同样具有集聚效应。

科技创业活动在经营过程中需要寻找并形成完整的上、中、下游结构产业链，从原材料获取，到销售渠道，甚至最终消费者，大量的科技企业都会集聚在某一特定区域，以产业价值链为集聚纽带，逐渐完善产业链或建设产业关联企业，逐渐形成企业群、产业区，呈现出明显的扎堆现象，如美国的硅谷，中国的中关村、华强北等地区。

8.1.3 科技创业的作用

1. 推动技术的创新，促进科技成果的转化

科技创业的本质是创新，科技创业是技术创新的系统化和深度化。技术创新既体现为原有企业的技术改进和升级、新技术产业化，也体现为新技术催生企业，实现新技术的产品化和市场化。

科技创业改变了原有的生产要素组合方式，整合了经济资源，将原有的生产体系的生产要素组合起来，创新性地解决了企业的组织方式、管理方式与生产方式问题，实现了组织、技术、产品、人才、市场、管理、制度等多方面的创新。

科技创业者或团队一般拥有研究成果的专利权，具有丰富的、与创业技术有关的行业和专业信息。社会为这些潜在的创业者搭建创业平台、创造创业条件、提供创业服务，调动他们科技创业的积极性，使科技创业成为高校和科研机构科技成果商业化的有效途径，加速科技成果的产业化进程。

2. 有利于调整产业结构，促进产业结构优化与升级

科技创业在行业内能够发挥引领作用、带动作用和示范效应。科技创业企业的逐步

发展，带来新的技术变革和产品革新，引领新产业发展新动向，以新技术带领技术革新与升级，促进整个产业的技术革命。

（1）创业者利用各种技术来源与技术积累形成科技创业企业，科技创业企业再通过其员工创业、同行激励、行业带动、创业企业集聚等多种作用形成创业企业簇，使新型企业在整个产业中的比例逐渐增长，而这种数量上的逐渐增长最终可形成规模庞大的新兴产业，注入产业新血液，并导致产业结构发生变革。

（2）随着科技创业的持续发展，能够促进区域内新兴产业的形成，引导地区产业结构调整和升级。一方面，科技创业源源不断地培育出科技企业群体，形成与传统产业有着本质区别的新型经济主体；另一方面，科技创业带动技术成果市场化和高科技产品的市场推广，也有利于传统产业的技术改造和升级。

3. 带动创业风险投资的发展

创业风险投资注重投资创业期和成长期的企业，急需资金发展壮大的科技创业企业以其高成长、高收益的特点受到创业风险投资的青睐。因此创业风险投资支持科技创业企业也成为顺应市场发展的一种潮流。科技创业企业自身的特点吸引创业风险投资将其作为主要投资对象。科技创业企业对创业风险投资的吸引力主要有以下几点：

（1）较高的资本回报率；

（2）受现有体制和机制束缚较少；

（3）投资者或者机构可以直接参与企业的管理和治理。

科技创业企业的成功也为创业风险投资带来丰厚的回报，激发了投资者的投资热情，实现了资源的优化配置。

4. 引导经济需求，促进供给侧结构性改革

（1）科技创业引导经济需求

科技创业首先需要生产要素的投入。这种投入既有有形资源（如原材料、场地、设备、人力等），也有无形资源（如知识、技术、信息等），而对这些生产要素的需求必然导致上游产业的市场扩大。

随着科技创新的深入，很多消费市场中的潜在需求都被创新产品挖掘出来。科技创业将满足市场需求作为企业萌生与发展的契机，通过技术创新调动消费者的消费欲望。很多创新产品在突破原有技术局限的基础上更新了消费者的消费理念与消费方式，使新的市场很快成长并成熟起来。

（2）科技创业促进供给侧结构性改革

由于受到边际收益递减规律的制约，要素与投资驱动最终会将经济增长曲线带入边际递减的发展趋势中，一个成熟的经济体最终要靠创新带来长期持久化发展，而科技创

业企业正是创新的重要载体。科技创业企业可以通过高新科技，不断地提高单一或者综合要素的生产率，来抵消因为要素投入数量的增加而导致的单一或者综合要素报酬递减的趋势。因此，供给侧结构性改革要以促创新为出发点，以科技创业为载体的创新要以促进供给侧改革为目标。

5. 促进区域经济增长，增加就业

科技创业的成功案例具有辐射、带动和示范作用。随着科技创业企业不断成长和壮大，它们自身陆续成为当地经济发展的新的增长点，直接形成税源，从而推动区域经济发展。科技创业企业的良好运营，不仅会促使其自身快速成长，对其他潜在创业者也可以产生示范效应，并能通过营造良好的市场环境，带动上下游企业的发展，促进相关产业发展，也就是说能够间接创造税源。

改善民生始终是各级政府社会建设的重要目标，而促进社会就业是改善民生的重点任务之一。科技创业企业的创立和发展，一方面使创业者实现了充分就业，另一方面又增加一些就业机会。科技创业具有生产就业岗位巨大的潜在供给能力。此外，科技创业企业的发展还能够带动和刺激相关产业发展，增加整个社会的总劳动力需求。

专栏8-1

云从科技

云从科技集团股份有限公司（以下简称“云从科技”）是一家孵化于中国科学院、专注于计算机视觉与人工智能（AI）的高科技企业。作为一家起步较晚的企业，自成立以来，其共经历了三次大的跨越式发展。第一次专注于计算机视觉技术，抓住机会，成立仅一年时间就成为中国银行业第一大人工智能供应商。第二次以视频技术为核心，整合资源，快速切入，形成人工智能闭环，在国内安防领域占据重要的一席之地。第三次建立公共服务平台，打造人工智能生态，力图引领整个产业的发展方向。

1. 人口选择阶段（2015—2016年）：机会识别

云从科技创始人周曦博士师从美国Thomas S. Huang教授，专注于人工智能识别领域的机器视觉研究。2011年回国后，周曦在中国科学院重庆分院从事智能语音方面的研究工作。在工作中，周曦发现国内智能语音的发展成熟度要比图像识别高很多，已涌现出几家实力较强的企业，竞争非常激烈，而图像识别领域尚处在发展的初级阶段，竞技的舞台还没有完全搭好，这对创业者来说是一个难得的机会。于是在2015年，周曦从中国科学院辞职，结合自身的专业优势转到图像识别领域从事人脸识别方面的创业。

云从科技在创业之初，正是人工智能创业浪潮风起云涌的时候。但在人脸识别方面，当时主要还是以学术研究为主，其成果产品化程度不高，离实际应用还有一定的距离。云从科技抓住机遇，找准入口，确定以银行作为企业人脸识别产品落地的突破口。当时的背景是互联网金融已经爆发式发展，银行急需此业务。凭着出色的技术能力以及专门针对银行业务独特要求的众多解决方案，云从科技在众多的竞标者中脱颖而出。在做业务的过程中，云从科技发现，若只瞄准终端产品，企业产品随时有被性价比更高的产品替代的风险。只有软硬件结合，丰富客户产品的解决方案，利用平台的形式将公司技术优势与客户内部的业务系统相连接，形成刚性生态，才有可能形成真正的用户黏性。

看清了AI发展的大趋势后，云从科技开始以技术作为杠杆与各大银行展开合作，联合建立了生物识别、金融科技创新等平台，并先后研发出人脸识别自助通关、刷脸支付原型、金融自助开户人脸验证等多套系统，提供“摄像头模组+核心算法”的软硬件一体解决方案。同时，云从科技帮助银行建立起风控平台和智能催收系统，引入大数据提高属地客户的审批效率，保障金融业务的安全，让银行可以依托云从科技的人工智能技术提升用户体验和运营效率，降低运营成本，拓宽业务边界，推动金融行业智能化浪潮。

在金融领域垂直深耕的结果是，2015—2016年，云从科技已成为中国银行业第一大人工智能供应商，服务对象包括中国农业银行、中国建设银行、中国银行、交通银行等400家银行的14.7万个网点，市场占有率约为82.8%，为全国银行提供服务日均2.16亿次，在较短的时间内便实现了企业的快速成长。

2. 闭环发展阶段（2016—2017年）：整合资源

人脸识别既是人机交互的视觉入口，也是天然的跨行业入口，有着足够大的市场容量。然而，单是“人脸识别”无法解决各个行业对智能化的迫切需求，需要在“人脸识别”之后向基于图像、语音、文字识别的智能感知以及基于大数据的智能分析阶段迈进。遵循人工智能产业的发展规律，云从科技调整战略，及时向跨镜追踪、语音识别、光学字符识别（OCR）等方向拓展，以人工智能技术与人机协同平台为基础，以用户为中心，一边巩固在金融领域的既有优势，一边瞄准未来发展趋势，围绕核心能力全面布局安防领域。

人工智能远不止金融一个应用场景。在人工智能出现之前，传统的安防产品同质化比较严重，市场也较偏向具备价格优势的大中型企业，但随着人工智能技术的发展，在如今的安防行业中，智能变得更加重要。与医疗、金融等市场不同的是，安防市场的体系比较复杂，要打入安防市场，光凭技术是远远不够的，需要深度了解客户需求、整个销售体系、产品体系以及方案。这其中包括很多工作：在硬件方面需要底层芯片、整机、链路等背后强大稳定的基础平台；在应用方面需要视频图像、数据的汇聚与整合，丰富多变的业务要求企业对每个地方都有独到的见解。这是一个复杂且庞大的体系，很难由一家公司完成。

为解决这个难题，云从科技引进脸书、苹果、微软等公司的技术带头人与部门负责人组建大数据团队，建立了由智能感知和大数据分析、知识图谱、人物画像等组成的技术闭环。并利用自己的背景优势，采取顶层架构、重点突破的方式，先后与公安部门、大型银行、民航总局建立联合实验室，进行重点课题研究，研发标准化的产品和模块，推动人工智能产品标准的建立和技术的产业化应用。在公安行业，采取独创的标杆性方法，先建立起有影响力的口碑，再利用品牌效应，向周边的法院、监狱、火车站、汽车站、地铁站等市场扩张；在非公安行业，让集成商、代理商全面铺开，以共创的方式打开市场。

就这样，云从科技利用现有资源，打通运用场景，连接现有行业，连入更多其他行业，打造以人工智能为核心的产业新生态。截至2017年下半年，云从科技在机场、安防、金融等领域中建立基于智能分析的“行业大脑”，其人脸识别安防系统已在国内29个省（自治区、直辖市）上线，涉及公安、社区、园区、楼宇、学校等安防市场。在民航领域，云从科技服务60多家机场，日服务用户数高达6 000万。在此基础上开发的“安防火眼大数据平台”成功入选2017大数据应用解决方案，云从科技因此成为全国唯一入选的计算机视觉企业，达到了企业在既有业务范围内追求竞争优势的同时，着眼于未来寻求新的业务发展机会的目标。

3. 生态建设阶段（2017—2020年）：平台赋能

人工智能必然是跨领域、跨场景的存在，想要真正打磨出一个符合行业需求的产品，需要把对行业的理解和对技术的理解融合在一起。这也意味着，如果只出售人工智能各个分支的技术，很容易被专精这个领域的企业打败；如果出售综合技术解决方案，又很容易沦为技术提供方，难以获取足够的利润去发展到更大的体量。在此背景下，云从科技基于传统产业对人工智能的内在需求，通过行业领先的人工智能、认知计算与大数据技术形成整合解决方案，同时利用平台赋能，促进人工智能在金融、安防、交通、零售、教育等重要行业落地，目的是将当前的优势和未来的机会相结合，形成企业的可持续发展态势。

为打通从技术到产品再到市场的通道，云从科技创造性地构建了科学家平台、核心技术平台和行业应用平台。科学家平台联合广泛的智力资源，为科学家提供数据及计算资源服务，以研发人工智能核心技术；核心技术平台提供关键共性技术，使科学家专注于解决实际问题，为协同创新提供支撑；行业应用平台深入各行业应用场景，以实现科技成果转化。云从科技运用先进的三级研发架构，取得了3项重大技术突破：一是打破国外的技术垄断，研发出“3D结构光人脸识别技术”；二是将跨境追踪技术首次商用，让计算机视觉由“刷脸”迈入“识人”时代；三是促进人体3D重建技术，使其在算法速度上加快20倍，并将准确率大幅度提升，达30%。此外，其核心技术先后13次斩获国际智能感知领域桂冠和158次行业POC①冠军。

2017年以来，云从科技还受邀起草和制定了多个人工智能国家标准、部门标准和行业标准，并承担国家重大工程“人工智能基础资源公共服务平台”和“高准确度人脸识别系统产业化及应用项目”建设任务，培育了一系列的人工智能上下游企业。云从科技凭借全球领先的人工智能技术与人机协同平台，将自身业务扩展到智慧金融、智慧安防、智慧交通、智慧商业等领域，实现了从硬件到软件，从产品到解决方案，从一个行业到多个行业的全方位升华。

资料来源：周翼翔，姜文杰. 战略创业如何推动AI新创企业跨越式发展？——基于云从科技的案例研究［J］. 管理案例研究与评论，2021，14（3）：278-294.

---

① POC（Proof of Concept），概念验证，意思是为观点提供证据，它是一套建议的电子模型，它可用于论证团队和客户的设计，允许评估和确认概念设计方案，POC的评价可能引起规格和设计的调整。

8.2 科技创业的历史沿革

8.2.1 科技创业发展背景

早在19世纪，国外就出现了科技创业活动，但受到历史条件的限制，当时尚未形成群体性创业行为。到了20世纪40年代以后，科技创业才真正成为群体性、规模性的创业行为。科技创业活动的产生与发展不是偶然的，是由特定的历史背景所推动的，主要体现在以下三个方面。

1. 经济结构的优化升级

20世纪中后期，科技创业在发达国家兴盛起来，与其国民经济的发展密切相关。主要的发达国家产业结构发生了重大的变化，传统的产品与产业比重下降，高技术产品与产业比重上升。与传统产业相比，高技术产业更有技术含量和竞争力，更能赢得市场、推动技术的进步。知识产业的比重不断上升、知识对经济增长的贡献率不断上升、高等教育普及率提高、知识劳动者比重加大，这些方面的演化进程，特别是后两者，为科技创业提供了重要的条件。

2. 科学技术自身的发展

进入工业化社会，由于社会化大生产和科学技术发展相互促进，科学技术有条件加速发展，成为生产力中的独立因素，并形成一股强大的力量，分别作用于劳动者、生产工具和劳动对象，使社会生产力成倍甚至若干倍地高速发展。

随着社会化大生产和资本主义的进一步发展，特别是经过第二次科学革命和第三次科学革命，到20世纪中叶，形成了一系列以科学技术发展为基础的新兴工业，如高分子合成工业、原子能工业、半导体工业、宇航工业等。

20世纪70年代以后，随着科技的飞速发展及经济结构的变化，人类社会步入知识社会，也有学者称之为“后工业社会”“信息社会”等，知识社会的来临，标志着知识经济的崛起、工业经济的衰落。在这个社会中，人类主要从事创造性劳动。研究与发展拥有着头等重要地位，成为社会发展最重要的生产工具。在知识经济中，由科技发展而形成的科技研究开发企业、科技企业和科技服务等产业，不仅是一个强大的知识经济部门，而且其创新发展成为全社会的一个重要支柱。同时，随着人工智能的发展，社会职能化程度日益提高，越来越多的普通工作岗位将被智能机器人取代，越来越多的人将从事创新和技术服务性工作。特别是互联网的发明和信息技术的高速发展，使全球网络通信大为增强，网络空间大大扩展，把人类的创新水平推到一个新的高峰。创新、创业互为前提，创新行为的普遍发展，为科技创业提供了支撑和平台。

3. 解决人类生存问题的需要

18世纪中叶人类进入工业经济，工业经济的发展结果是整个世界发生了翻天覆地的变化，劳动生产力空前提高，社会财富极大增长，人们的生活水平也有了空前提高。但在这些巨大变化中，人们逐渐认识到社会的进一步发展存在着严重的生存危机，突出地面临着多方面的困境。

首先，人口的剧增带来了淡水资源供给不足、就业问题负担沉重等问题，此外还对生活消费以及生态环境等方面带来了影响。

其次，矿产资源作为不可再生的、人类社会赖以生存和发展的基础资源，经过几十年来的加速开采和粗放经营消耗量急剧增加，供求矛盾日益突出。

最后，良好的生态环境是人类生存和发展的条件。由于200多年的工业化发展，特别是第二次世界大战后各国都追求国民生产总值，掠夺式开采不可再生矿产资源，由此产生的废水、废气等污染物对大气、河流、海洋等造成的污染达到空前的程度，严重威胁着人类的生存发展。

总之，这些巨大的危机，最终只有依靠科学技术的进一步发展，以及普遍提高人们的科技文化水平，才能得以解决。科技创新创业的大规模发展，为人类从根本上摆脱困难提供了可能。

8.2.2 科技创业历史发展阶段

早在20世纪50年代，一些国家的科技创业就开始起步。而我国科技创业的起步时间要比它们晚几十年。

1. 国外科技创业发展阶段

（1）起步阶段

20 世纪50年代中期，随着新技术革命的兴起，科技创业开始起步。科技创业源于美国加利福尼亚州的斯坦福大学，该大学将闲置的土地出租给高技术公司，并鼓励教师和学生从事科技创业活动。其后，马萨诸塞州沿波士顿128号公路两侧也出现了科技创业的热潮。一批高技术企业不断建立，陆续出现了科技创业集群的斯坦福研究园、伯翰诺工业园、伯尔德工业园、贝福研究与管理园、沃尔杰姆研究园等。

（2）扩展阶段

20世纪60年代以后，以电子计算机、新材料和通信技术为代表的高新技术不断涌现，科技创业规模也不断扩大。例如，波士顿128号公路地区的高技术公司1955年只有

39家，而1971年则发展到1 200家左右，科技创业也由此开始风靡全球。苏联、日本、西欧、北美，包括一些发展中国家，如巴西等都积极推进科技创业，并出现了一批世界知名的创业园区，如苏联新西伯利亚城、日本筑波研究学园都市、法国索菲亚·安蒂波里斯科学城、罗马尼亚皮佩拉电子城、巴西皮纳斯科学城等。

（3）稳步发展阶段

20世纪70年代，科技创业进入稳步发展阶段，科技创业的成功概率逐步提高，主要得益于孵化器（incubator）的诞生。尽管科技创业作为科技引领经济发展的活动在全球范围兴起，但许多高技术公司在科技创业中五年生存率仅为20%。于是一种培育科技创业企业的孵化器开始兴起，即利用废弃的厂房，以低廉的租金，帮助创业者以低成本进行生产、制造、加工等活动的模式。这种模式逐渐为各国所接受，并纷纷建立本国的企业孵化器，为科技创业者们营造创业的环境，指导、帮助科技创业企业健康发展。据美国孵化器协会统计，新兴小企业经过孵化器培育后的五年生存率提高到了80%左右。

（4）加速发展阶段

20世纪80年代以后，随着西方国家经济的发展，科技创业进入了一个新的发展时期，在世界范围内形成热潮，作为科技创业乐园的高技术区迅速增长。到了20世纪90年代，在新经济发展的背景下，科技创业逐渐成为发达国家推动技术创新、实现可持续发展的最重要手段。以美国为例，一段时间内美国经济增长的三分之一由信息产业提供，而信息产业90%以上的企业都是在创业资本的支持下发展起来的创业企业。

2. 我国科技创业发展阶段

我国科技创业比国际上一些国家晚几十年，起步于20世纪80年代，以我国民营科技企业的诞生和发展为标志。回顾科技创业这三四十年的进程，依据具有重大标志性转折意义的事件，可把我国科技创新创业演变历史分为四个阶段，如表8-3所示。

表8-3 我国科技创新创业演变历史

阶段	时间	影响因素	发展变化
初创阶段	20世纪80年代初—20世纪90年代初	中央关于“经济建设必须依靠科学技术，科学技术必须面向经济建设”方针的指引，特别是中共中央关于经济、科技体制改革决定以及国务院有关科技体制改革规定等政策推动	全国约有两三万名科技人员创办民办科技企业，但还只有少数有条件的企业开展科技成果产业化和商品化工作

续 表

阶段	时间	影响因素	发展变化
黄金阶段	1992—2006年	邓小平“南方谈话”； 江泽民在中国共产党成立八十周年大会上的讲话，即党的十六大政治报告中，充分肯定了民营科技企业的地位及作用	激发科技人员科技创业的积极性，促进一大批大中型民营科技企业地位的巩固和提高。2006年，全国已有高新技术企业49 166家，从业人员1 100万人，实现利润4 400多亿元，上缴税额3 800多亿元，出口创汇2 600多亿元
低谷阶段	2006—2012年	金融危机	科技企业增长率为负，创业率下降
高潮阶段	党的十八大之后	国务院推动政府简政放权，为各类企业“松绑”;“大众创业，万众创新”的提出；党的十九大报告再次强调创新是引领发展的第一动力，大力支持创新能力培养和创新产业发展。中国在新一次的产业革命中提出“中国制造2025”	科技创业量同比增长20%；2017年，我国规模以上工业战略性新兴产业及高技术产业增加值分别比上年增长11%和13.4%，分别高于整个规模以上工业同期增速4.4个和6.8个百分点

21世纪是知识经济时代，在国家高度重视科技创新的背景下，创业活动在全国风生水起。创业尤其是科技创业活动，在深化改革、调整经济结构、促进科技进步和改善民生方面发挥着重要作用。现在，我国正处于经济转型和产业结构调整阶段，创新推动下的科技创业活动和新兴产业的发展成为我国经济增长中的亮点和新的经济增长点。

专栏8-2

阿里巴巴科技金融与创新创业生态圈运作机理

（1）创新创业中心全方位赋能科技型中小微企业

阿里巴巴创新创业中心（以下简称“双创中心”）的建立基于电子商务、跨境速卖通平台、云板块、蚂蚁金服、菜鸟、大文娱等多个重要平台。

“多模式”运营通过“1+4+N”的运营理念，基于“双创”平台科技赋能、人才赋能、渠道赋能、生态赋能以及不同运用场景和主题模式打造双创中心，以“大平台、富生态、多模式”为主题，全方位赋能科技型中小微企业。例如，阿里巴巴支持维护专利、打击“假货”，有利于企业自身对创新能力的构建与培养；针对垂直的热门行业、领域进行相应的主题孵化，包括对智能硬件、人工智能、文创等进行优化、深化。双创中心配备一整套从园区入驻、创业服务到为创业企业解决融资问题的服务，与大量投资机构保持合作，为保障企业的创业、创新、创造能力在资金领域打开大门。在华东、华北、华中等全国各地设立创新中心合作园区以及孵化器，为全国各地的创新企业入驻提供便利。阿里巴巴创新生态系统还对企业进行资源扶植，通过利用经济体全球化资源和全球化视野真正帮助创业企业、创新企业在世界范围内定位，把阿里巴巴的资源和“双创”企业进行无缝对接，帮助双方实现合作共赢的新模式。技术分享使得普惠科技成为每一个“双创”企业的基本权力，阿里巴巴通过双创大学把文化观、价值观分享给企业，包括阿里巴巴传统文化、失败案例的分享，通过“双创”企业自身，以及政府、生态链和投资机构进行更多的分享，把双创大学打造成真正意义上的“双创”者的思想盛宴、哲学天空。

（2）阿里云创业孵化平台用云计算助力创新创业

近年来，随着AI技术型的创业项目不断涌现，中小创新创业企业在创业过程中，受限于场景、资源、战略、资本等各种问题，受到了不少阻碍。同时，在当下信息过载的时代，如何甄别良莠不齐的资源，去伪存真，也是中小创新创业企业公司所面对的挑战。于是，阿里云创业孵化平台应运而生，在“双创中心”的基础上运用云计算、大数据等前沿高新技术，整合阿里巴巴平台资源，探求聚合最短路径，支撑各种各样的创业、创新、创造。

该平台推出九大服务全方位助力中国创业者：以优质创业扶持资源、创业孵化器入驻、投融资对接为创业者提供基础服务；以金融信用加速器、智能硬件加速器、新零售加速器为创业者提供孵化赛道；以创业培训、创业峰会、创客大赛为创业者提供创业服务活动。其中，创业服务活动网状辐射全国，专门针对科技创业企业提供创新创业服务：创业培训以智能硬件/AI领域的明星企业为目标，为其提供顶级投资联盟的闭门指导以及技术、市场、流量、生态、订单全资源对接；创业峰会从新零售、新文创、新金融、新制造四大产业热点出发，与大咖共同研讨行业当下发展，旨在为互联网创业企业提供基于“五新”的阿里巴巴创新型业务以及前沿商业模式分享、阿里巴巴生态资源深度链接以及创业融资对接等服务；创客大赛是以全球的创客为目标，以“一带一路”科技创新赋能展示、全球创业大赛中的“奥运会”的举办、牵手阿里巴巴集团、集全球创业生态打造资源聚集高地为亮点，由阿里云创新中心联合全球多个国家和地区、全球知名媒体、全球知名创投机构、数十家全球顶级合作伙伴共同打造基于“互联网”的精英团队创业大赛。

（3）阿里金融服务为中小企业提供充足的资金支持

阿里巴巴主要从三方面开展其金融服务：一为消费者个人提供金融服务，二为中小微企业、个人创业者提供小额信贷业务，三为科技创新主体提供专门服务（创业培训、创业峰会、创客大赛）。目前，在为中小企业融资方面，阿里小贷搭建了面向阿里巴巴B2B平台小微企业的阿里贷款业务群体，面向淘宝、天猫平台上小微企业、个人创业者的淘宝贷款业务群体而推出淘宝（天猫）信用贷款、订单贷款、阿里信用贷款等微贷产品，以及商诚融资担保；在保险方面，众安保险将互联网云计算技术与保险业结合打造保险企业的云上之路；一达通为进出口贸易提供金融服务。

阿里巴巴金融服务自支付宝开始，逐渐向着为科创企业提供细致而全面的服务的方向发展，例如：企业借款由蚂蚁金服来服务，产品售出由淘宝、天猫和众筹等来帮助，网站由阿里云来托管，创业由云栖社区来扶持，等等。这将单一的提供信贷的服务打造为全方位科技金融服务。目前，蚂蚁金服金融业务全面开放，技术服务成为面向未来的核心商业模式，将持续不断地为中小微企业，尤其是科技创新企业提供金融服务。

资料来源：黄国妍，袁亚芳，王明弦. 阿里巴巴科技金融与创新创业生态圈案例分析报告［J］. 上海商业，2019（5）：44-49.

8.3 科技创业的阶段与创生要素

8.3.1 科技创业的阶段

对于科技创业阶段的划分，戴维·格拉斯通（David Gladstone）将创业企业的发展划分为以下四个阶段：

（1）开创阶段/种子阶段（seed）；

（2）创立阶段（start-up）；

（3）成长阶段/扩张阶段（expand）；

（4）成熟阶段/麦则恩投资（mezzanine）。

国内一般将创业企业的生命周期划分为以下五个阶段：

（1）种子阶段（seed）；

（2）创立阶段（start-up）；

（3）成长阶段（growth）；

（4）扩张阶段（expand）；

（5）成熟阶段（mezzanine）。

国内的五阶段划分，将创业企业的成长阶段和扩张阶段分开，体现出阶段的变化性。国内的阶段划分更加细致。因此，本书采用国内的五阶段划分法，展现科技创业的过程。

1. 种子阶段

（1）特点：在种子阶段，创业者依据拥有的新发明、新设想或新的商业模式进行创业准备。研究开发的成果是样品、样机，或者是较为完整的工业生产性服务的解决方案。

（2）主要任务：研究开发，验证发明创造及创意的可行性。

（3）主要目标：

① 研发的成果获得专利，使创业企业的产品可通过知识产权获得保护；

② 开发出高新技术产品，且竞争对手难以在短时间内追随、模仿，使创业企业能够在一定时期内获得垄断利润；

③ 能够以高技术为支撑，基本形成核心能力，这是决定创业企业发展潜力的重要因素之一；

④ 开发出具有良好市场前景的产品，且产品易于系列化，为创业企业获得尽可能大的潜在市场份额打下基础。

2. 创立阶段

（1）特点：进入创立阶段，企业已经开发出了新产品的样品、样机或已经形成较为完善的生产工艺、生产方案等。

（2）主要任务：需要在与市场相结合的过程中加以完善新产品的样品、样机等，使新产品成为市场乐于接受的商业化产品。

（3）需要解决的两个问题：

① 产品与市场的关系。此时，创业企业要制造出小批量的产品，给客户试用并同时试销。此外，还要根据市场反馈回来的信息，对产品、生产工艺进行改进，以使产品满足市场的需要。这一阶段需要的人员较多、时间较长，所需的资金是第一阶段的10

多倍，而其成功可能性为25% ～ 50%。因此很多科技企业都失败在这一阶段。

② 产品与生产的关系。适销对路的产品要能够大量生产出来，才有机会占领市场。

3. 成长阶段

科技型企业经过艰苦的创业，实现了科研成果向工业化生产的转化后，开始进入其正常的成长阶段。

（1）特点：在组织结构上，成长阶段的创业企业已不再是单元组织的机构，各职能单位开始有了部门的界限，研发、生产、市场营销、售后服务也逐步细化分工。

（2）主要任务：实现正常运营和高速成长的企业要不断扩大生产能力，组建自己的销售队伍，大力开拓产品市场，树立企业的品牌形象，确立企业在业界的主导地位。

4. 扩张阶段

（1）特点：

① 在扩张阶段，创业企业生产的产品已为市场所接受，且市场需求较大；

② 产品已开始批量化生产，制造成本大幅度下降，产品价格也有了下降的空间，这会进一步刺激需求；

③ 销售额将迅速上升，企业利润也随之增长。企业由现金流平衡点转向盈亏平衡点，并能得到相当大的纯利收入。

（2）主要任务：在此阶段，企业已达到规模经济，开始实现预定的市场份额目标，并进行后续技术创新，完善管理体系。企业往往也需要进行进一步的扩充，引进生产线，以适应迅猛增长的需求，巩固在市场中的地位。

5. 成熟阶段

与一般中小企业一样，经过一段时间的高速发展后，民营科技型企业逐步进入成熟阶段。

（1）特点：

① 产品在市场上已占有较大的份额，经营业绩良好，可抵押资产增多，风险也逐步降低；

② 排除了技术风险，经营风险与市场风险逐渐降低，形成自身的核心竞争能力；

③ 企业初具规模，企业形象、产品品牌在社会上已有一定的知名度和良好信誉，已对社会各界投资者产生诱惑力；

④ 企业的制度和组织结构逐渐完善。

（2）主要任务：企业为了保持竞争地位，必须不断地进行技术开发，创造新的产品。

（3）主要目标：为使企业获得新的生机、永续经营，企业发展目标不仅要注重量变，更要注重质变，变成真正的强力型企业，这是科技型企业生命发展历程中非常重要的阶段。

8.3.2　科技创业的创生要素

创生即创立生成，是企业从无到有的过程。企业创生阶段是指从种子阶段到创立阶段。从内涵上看，创生是指企业从无形到有形的状态变化。科技型企业创生要素分为宏观要素和微观要素（图8-2）。

宏观要素着重从环境角度分析，包括科技环境，金融环境，教育、人才环境，政策、法律环境，社会服务环境，文化环境和市场环境。

微观要素具体包含创业者、商业机会（有时简称为“商机”）和创业资源三个方面。

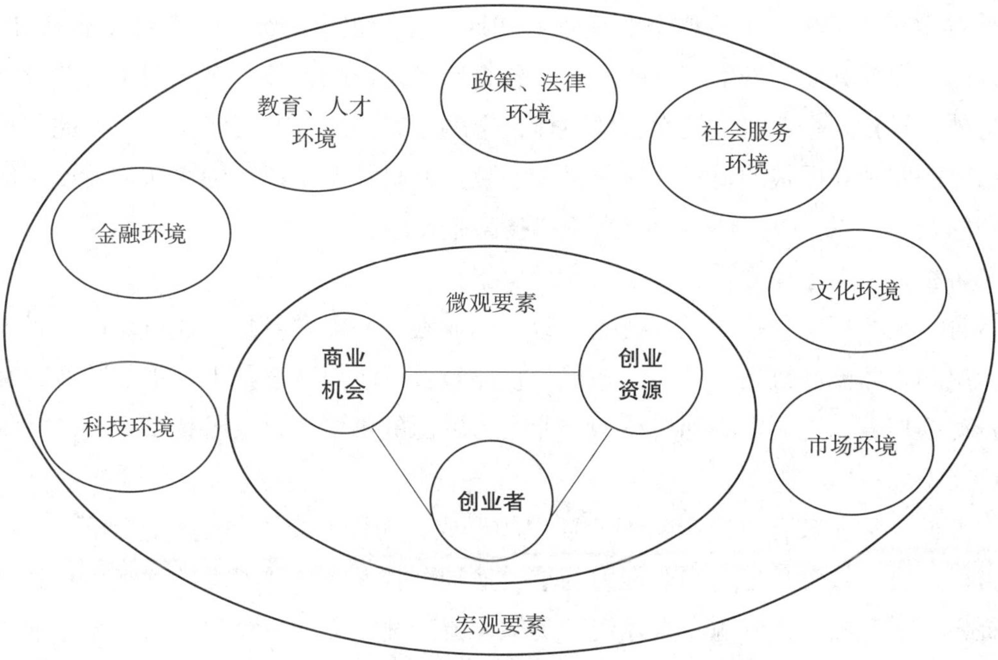

图8-2　创生要素

1. 宏观要素

（1）科技环境

科技环境是指科技型企业创生过程中所需要的科技要素，以及与该要素直接相关的各种社会现象的实时状态的集合。

科技环境分为科技实力和科技政策，其中，科技实力包括科学人员、科技经费、设备及其他物质和科技成果，以及科技对经济、社会及生态的作用与影响等内容。

科技型企业是建立在高新技术的研制开发、生产销售基础之上的，只有具备一定的科技实力才能为科技型企业创生提供研究开发人员、设备及其他物质条件，以及可供商品化、产业化的科技成果；科技政策代表对某项技术的选择，决定了一项创新技术在研发阶段能否得到鼓励和援助、在产业化阶段能否得到推广和扶持，从而影响科技型企业对关键技术的选择和应用。

（2）金融环境

金融环境是指科技型企业创生过程中所得到的金融服务、金融支持的力度和状况。

科技型企业创生依赖于良好的金融环境的支撑。金融环境为科技型企业创生提供资金支持，资金是科技型企业创生最基本的要素，是企业减少风险、获得生存及成长的基础。所以，良好的金融环境对科技型企业创生影响巨大。

金融环境从两个方面影响科技型企业的创生：融资环境和退资环境。融资环境直接影响科技型企业创生。科技型企业在创业初期存在着很大的风险，科技型企业高风险、高投入的特点使其面临着融资难的现状，资金瓶颈是影响科技型企业创生的关键因素之一。另外，科技型企业作为技术创新主体，金融创新与风险投资相结合，并完成首次公开上市才能实现高回报的目标，这种目标引致性使科技型企业在创立初期就要考虑未来退出的问题，所以，退资环境间接影响科技型企业的创生。

（3）教育、人才环境

教育、人才环境包括知识、技能教育，创业教育，以及科技创业所需的各类人才的供给状况和人才流动机制。其中，知识、技能教育影响着科学技术知识的普及、高素质人力资源的培养，进而影响到科技型企业人力资源的供给，以及科技型企业的技术研发和生产能力。

一方面，创业教育直接影响创业意识的形成，而创业意识是创业活动的萌芽状态；另一方面，创业教育是提高创业能力的重要途径。技术人才总量上的优势为科技型企业创业提供了潜在的人力资源。人才流动是知识流动和扩散的主渠道。科技型企业人力资本获取的关键是要形成促进科技创新人才流动的良好机制和环境条件，尤其是要形成科技人才自由流动的制度条件。

总之，教育、人才环境为科技型企业创生提供所需的人力资本。知识、技能教育和创业教育是科技型企业创生所需人才成长的必要途径，合适的人才数量、质量和结构以及人才自由流动机制是科技型企业获得所需人才的可行性条件。

（4）政策、法律环境

政策、法律环境是从事科技创业活动的风向标。完善的政策、法律环境为科技型企业创生的其他环境的实施提供保障。在企业创生阶段，政府的扶持政策将大大提高科技型企业的生存概率。科技型企业的创生与成长对法律法规体系有较高的要求，健全的法律法规是科技型企业创生的重要条件。政策、法律环境主要包括财务、税收政策和其他一些政府支持政策，以及建立、完善与科技型企业创生相关的法律法规。

（5）社会服务环境

社会服务环境的优劣是指社会服务体系中各要素的建立健全程度。科技型企业创生的社会服务体系包括创业服务组织、中介机构、要素市场和有形基础设施等。社会服务环境在科技型企业创生中的作用是影响科技型企业的创生效率。社会服务体系的建立和完善有助于科技型企业创生要素的形成、聚集和获得，有利于创业企业与外部环境之间建立协调的关系，充分利用外部资源和服务，节省和弥补自身的精力和能力，提高科技型企业的创生质量。

（6）文化环境

文化环境主要是指创业文化。创业文化是社会对创业行为和价值所持的认同和倡导的态度，以及由此形成的鼓励、推崇创业的氛围，具体包含提倡创业精神，鼓励承担风险、容忍失败，鼓励人才流动和自主创业等思想和内容。

创业文化的形成使创业者置身于一个鼓励冒险和宽容失败的文化氛围，以及勇于接受新事物、尊重追求自我价值的社会价值观念之中，为创业者投身创业活动提供了良好的社会精神环境。

（7）市场环境

科技型企业的创生与市场环境有着极为密切的联系。

首先，环境中存在的相应的市场需求以及市场容量，直接刺激并引导着科技型企业创立。其次，由于市场容量和资源是有限的，新企业的进入必然会与原有企业展开市场和资源上的竞争。市场进入障碍的大小决定着科技型企业创生的难度。最后，市场竞争机制的完善，能够保证新创科技型企业与其他企业处在一个公平竞争的市场环境中。

2. 微观要素

（1）创业者

创业者是指具有创新精神的企业创办人，其所从事的生产、销售、服务等商业活动具有很高的不确定性。对于一个新的科技型企业的创建，创业者的作用无疑是最重要的，他是创业活动的能动因素。

（2）商业机会

商业机会是新企业的起点。商业机会根植于可以为顾客或最终用户创造或增加价值的产品或服务中。商业机会最初是以思路（或称创意）表现出来的，思路在某一点上与现实世界的情境以及创业方面的创造力发生交互作用，这一交互作用的结果产生了商业机会，借助该商业机会，一个新企业就被创造出来了。

（3）创业资源

创业资源包括技术、创业资本和人。

技术是新创科技型企业的首要资源，技术的来源与企业所处的科技环境密切相关。

创业资本为科技型企业的创生提供了资金保障。

创业资源中的“人”主要是指创业团队的核心人力资源。一个好的创业团队对新创科技型企业的成功起着举足轻重的作用。创业团队的凝聚力、合作精神、立足长远目标的敬业精神会帮助新创企业渡过难关，加快成长步伐。另外，团队成员之间的互补、协调，以及与创业者之间的补充、平衡，也对新创科技型企业起到了降低管理风险、提高管理水平的作用。

专栏8-3

高校科技创业教育模型构建

高校科技创业教育模型如图8-3所示。

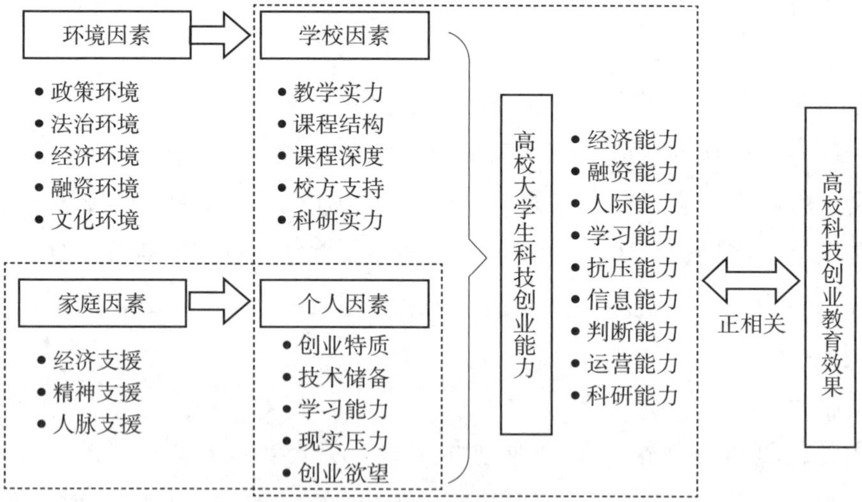

图8-3　高校科技创业教育模型

1. 环境因素

（1）政策环境是大学生在科技创业过程中必须面对的国家政策方针及变化。政策环境对于科技小微企业的生存与发展具有重要作用，如果政策环境能够发挥助益作用，科技创业的成功概率就会提升，反之则会导致成功概率下降。政策优惠是政策环境的重要表现形式，政策优惠能够有效地降低科技创业成本及企业运营成本，可以显著地提升大学生科技创业的成功概率。政府补贴与政策优惠具有较强的相似性，两者的具体区别在于适用对象及适用范围。两者在具体的影响结果上也存在着明显的区别：政策优惠能够有效地促进企业的创建与发展，但政府补贴却会在一定程度上抑制企业的长远发展。导致此现象的根本原因是创业者在生存压力强度差异下的主观能动性差异及企业运营能力的差异。

（2）法治环境主要包括制度规范及法律法规的建立和具体执行。法治环境是科技创业企业良性创建、生存与发展的基础，缺乏法治环境的地区，科技企业创建与经营的成本会极大增加。世界知名的大型科技创业企业基本都在法治环境良好的国家或地区发展壮大。因此，良好的法治环境是科技创业企业能够良好经营的必要基础条件。

（3）经济环境包括经济体制、经济发展水平、物价水平、金融支持、证券市场等各种因素。科技创业企业在创建时需要的物质资源较少，但在发展过程需要的物质资源很多，通常情况下，经济环境好的地区会拥有更优质或更丰富的资源、更高的资源调配能力和更好的金融支持等，这些因素对于科技创业具有很强的正向推动力和影响力。

（4）融资环境是指影响科技创业企业获得外部资金支持的因素集合。融资环境较好的地区，科技创业获得外部资金支持的难度相对较低，因此能够拥有较大的生存空间和发展空间。融资能力的大小取决于融资主体信用的高低。考虑到大学生信用体系尚未建立健全，因此大学生科技创业从市场中直接融资的成功概率会较低，而国家出台各类金融扶持政策则能够在相当程度上降低大学生从市场中融资的难度，可以较好地提升大学生科技创业的融资成功概率。

（5）文化环境对科技创业具有显著的影响作用。人类的学习机制是基于操作性条件反射原理，该原理要求人类在学习过程中通过操作实践达到肌肉记忆，最终实现更深程度地掌握知识的目的。在文化环境良好的地区，人们对于创业失败的结果持有更加宽容的态度，有利于促进更多的人从事创业活动，创业者能够积累更多的实践经验，提升自身创业相关知识的积累。例如，美国硅谷是全世界创业活动最发达的地区之一，当地宽松的和鼓励创业的文化环境发挥了重要作用。

2. 学校因素

（1）高校的教学实力对大学生科技创业能力具有直接影响。科技创业仍然是一种社会实践，科技属性虽然有助于提高创业的成功概率，但科技创业仍然离不开社会实践所需要的其他知识，如企业的运营管理知识及各类隐性知识。如果高校的教学能力很强，就能够帮助大学生获取更多的企业运营知识及各类隐性知识，可以有效提升大学生的科技创业能力。

（2）高校设置的科技创业课程结构直接影响开展科技创业的大学生的知识获取内容。如果课程结构设置合理，学生就能够获得更多的科技创业相关知识，能够有效提高大学生科技创业的成功概率；反之，如果课程结构设置不合理，则会降低大学生科技创业的成功概率。

（3）高校设置的科技创业课程深度直接影响大学生对创业知识的吸收程度和新知识的增量。根据布鲁克斯提出的知识方程可知，当创业课程难度过低时，由于课程内容与学生原有知识储备之间的差异过小，学生无法从课程中吸收到足够的创业知识增量；而当创业课程难度过高时，由于课程内容与学生原有知识储备之间的差异过大，学生在从课程中吸收新知识内容时需要克服很大的障碍，导致学生获得的知识增量也会变小。因此，高校需要根据实际情况选择难度适中的创业课程。

（4）校方支持能够影响大学生的科技创业成功概率。高校通常不同程度地掌握各类创业资源，包括人力资源、智力资源、知识资源、社会关系资源等，这些资源都是大学生科技创业的必需资源，如果高校能够为开展科技创业的大学生提供更多的创业资源支持，大学生在进行科技创业时的成功概率会显著提高。

（5）高校的科研实力对大学生的科技创业具有间接影响。高校普遍具备一定的科研实力及科研成果，如果高校将其科研能力作为一种资源提供给开展科技创业的大学生，能够增加大学生科技创业的成功概率。目前国家倡导的产学研联动模式非常适合大学生作为开展科技创业的模式，在此过程中，高校的科研能力将具有很大的发展空间及议价能力。

3. 个人因素

（1）创业特质会影响大学生的科技创业能力。身体健康是创业实践的基础条件，大学生通常比较年轻，能够为科技创业提供旺盛的精力；如果健康状况不佳，那么其他活动都会受到限制。健康状况还会影响个人的情绪状态，并进一步影响其感知能力、认知能力和信息判断能力，这些都会正向影响科技创业的成功概率。在科技创业过程中能够获得精神满足也是非常重要的创业特质，如果能够获得精神满足，大学生在进行科技创业的过程中能够形成正反馈，从而大幅增加科技创业的成功概率。

（2）技术储备的多少对高校大学生的科技创业具有正向影响。科技创业离不开科技知识储备，科技知识在科技创业过程中发挥着关键作用，能够在很大程度上增加大学生科技创业的成功概率。科技知识通常表现为某项高端前沿技术，但也可以表现为中低端应用技术，前者通常具有很高的获取难度，而后者却是各高校自身科研能力范畴内能够实现的目标。开展科技创业的大学生凭借科技知识储备，通常能够获得科技创业企业一定数量的股份或期权，这是科技知识储备作为生产力资源参与市场资源配置能够获得的市场报酬。

（3）学习能力是大学生科技创业能力的核心因素。在科技创业过程中，创业者需要不断地学习各类专业知识及企业管理知识，学习能力越强，则解决问题的能力越强，创业成功的概率就越高。因此，学习能力与创业成功概率之间呈正相关关系。

（4）现实压力对大学生科技创业具有影响力，但影响效果并不确定，主要是因为每个人承受压力的能力不同，在压力下的实际反应也不同。在科技创业过程中，通常会出现各种突发情况甚至现实危机，在不同的压力下开展科技创业，不同大学生会产生不同的应激反应：有些学生的抗压能力强，甚至伴随应变能力同时变强的现象；但也有些学生的抗压能力弱，会出现能力随着压力强度的增加而降低的不良反应。

（5）创业欲望与现实压力类似，区别在于创业欲望是人的内在动力。当开展科技创业的大学生具有更强的创业欲望时，他们学习创业相关知识及实施创业实践的主观能动性就会相应增加，而创业知识与创业经验的增加又会进一步提升创业成功概率。因此，创业欲望对科技创业大学生的创业能力具有正向影响。

4. 家庭因素

（1）家庭经济支援对大学生科技创业具有非常重要的影响。由于大学生在初始创业过程中资金来源有限，而家庭经济支援则是其开展科技创业的重要资金来源。因此，家庭经济支援对大学生科技创业具有很强的后勤保障和促进作用。

（2）家庭精神支援对大学生科技创业具有直接的、长远的影响。主观能动性对开展科技创业的大学生具有根本的影响，而主观能动性主要由精神能量构成，大学生在科技创业过程中需要消耗大量的精神能量，如果家庭能够提供一定的精神支持，他们就能够获得更多的精神能量，进而提高科技创业的成功概率。因此，家庭精神支援与大学生科技创业能力之间存在正相关关系。

（3）家庭人脉支援对大学生科技创业具有正向作用。交易创造财富，没有交易就无法产生财富增量，本质上，科技创业仍然是通过满足社会需求而进行的交易，并以此实现科技创业目标。人脉能够促进交易，家庭提供的人脉支援对于大学生科技创业成功概率具有很强的提高作用，尤其在科技创业的初始阶段，促进作用更加显著。

通过对以上4类因素及18个具体关联因素的具体分析，可以将大学生的科技创业能力细分为经济能力、融资能力、人际能力、学习能力、抗压能力、信息能力、判断能力、运营能力、科研能力等9项能力，且这些能力与高校科技创业教育效果之间存在正相关关系。因此，高校可以通过科技创业教育提升大学生的科技创业能力，以此提高大学生科技创业的成功概率。

资料来源：李剑，刘永君. 高校科技创业教育模型的构建及验证分析［J］. 科技管理研究，2021，41（14）：104-110.

8.4 科技创业的前景趋势

2021年9月，创新工场董事长兼CEO、人工智能工程院院长李开复在HICOOL 2021全球创业者峰会上演讲时指出，今天是科技创业最好的时代，不仅是在科技的应用方面，而且是在真正的原创科技方面。他强调这是硬科技创业最好的时代，他以1900年代第二次工业革命类比，表示当时的三大技术——电力、发动机、电磁波不止赋能三个行业，而是创造了千百个新的行业，美国也因此成了最大的受益者。李开复指出，四个巨大的技术正在发生革命性的改变，包括AI自动化、先进计算、生命科学以及新能源。在此背景下，有各种新的机会产生，而且这四个科学也会彼此影响。

1. 科技创业的“三高”特性演变成“三低”特性

过去科技创业的“三高”（高学历、高科技、高度资本密集）特性，将随着网络经济的盛行，演变为“三低”（年龄低、门槛低、资本低）的科技创业模式。创业领域也在不断地扩展出现，如网络服务、电子商务、网络人力资源整合、互动影音媒体、数字电视、VoIP① 电信服务等。

① Voice over Internet Protocol，即“IP语音”或“互联网语音协议”。

2. 重视技术创新，更重视服务与营运模式的创新

过去的科技创业着重于从事核心技术的研发，以技术创新为主要的策略目标。核心技术的研发当然非常重要，但未来的科技创业应该更重视服务与营运模式的创新，必须更着重于技术应用于整合服务的研发，必须更重视消费者实际的需求，结合核心技术的研发与高感性的工业设计，建立与消费者直接互动的渠道，快速创造出独特的附加价值，建立竞争者短期内无法模仿的营运模式。

3. 发挥本土优势，着眼全球发展

当前，“思考全球化，行动本土化”已成为许多企业的指导理念。“走出去”战略为中国企业创造了一个全球化资本运作的大空间，充分利用全球的资源提升企业的能力。科技创业家在创业初期就需要具备进军国际市场的眼界，将自己的产品或服务与全球的供应链或市场通路进行整合思考。

4. 产业联盟战略

产业联盟是高新技术产业参与国际竞争的通行证，没有自主的知识产权很难参与国际经济合作与竞争，产业联盟日益成为市场竞争的要素。有效地实施产业联盟战略能够掌握高新技术产业发展的制高点和市场的主动权。

思考题

1. 什么是科技创业？
2. 科技创业有哪些特点？请举例说明。
3. 我国的科技创业经历了哪几个阶段？
4. 科技创业的创生要素有哪些？
5. 科技创业具有哪些发展趋势？
6. 在当前的创业环境下，硬科技创业成功概率极低，因此被称为“死亡谷穿越之旅”。一项硬科技的创新从研究到开发，再到技术转让和产品上市，需要一段漫长的时间，最后还要通过商业化来取得市场成功。在这个过程中，很多科技创业企业在创业期就“死亡”，还有一些艰难走到了产品阶段，却因为不能被市场或消费者接受而“死亡”。请运用所学知识，尝试分析造成科技创业企业“死亡”的原因。

延展性阅读

硬科技创业潮：人均博士、技术造富、风险投资排队送钱

刚过去的2021年，“热钱”流向硬科技。

硬科技是指对经济社会发展具有较大支撑作用的关键核心技术，当前主要体现在人工智能、航空航天、生物技术、光电芯片、信息技术、新材料、新能源、智能制造等领域。

根据清科研究中心数据，2021年前三季度，一级市场获得投资金额最多的前三大行业分别是半导体及电子设备、生物技术/医疗健康以及IT，对应的投资金额分别是1 927.25亿元、1 847.59亿元和1 577.46亿元。

这些项目背后，是名校毕业、硕博起步、阵容豪华的创业团队，创始人不仅有从业二十多年的产业“老兵”，更有名校教授、实验室的科学家。

一方面，国家的政策引导与扶持，让他们看到了宏观环境的利好；另一方面，移动互联网时代流量红利消失，原有模式创新带来的增长捉襟见肘，在产业转型升级的背景下，他们看到了科技产业的机会。因此他们带着光鲜的履历，投身硬科技这个正处在风口之上的领域。

资本更是嗅觉敏锐，纷纷转向硬科技，头部机构早已将此作为主要投资方向。

其中，半导体、新能源两大领域竞争最激烈，半导体领域的一些热门项目天使轮融资就能拿到10亿元以上，“碳中和”概念更带火了储能领域。此外，新冠肺炎疫情以来火热的医药健康/生物技术并未降温，就连往年冷门的军工领域，2021年也颇受关注。

与此同时，投资金额大、回报周期长、见效慢、商业落地难、个别项目估值虚高……硬科技的这些特征也早已成为业界共识。只是当前市场热情高涨，没有人想错过下一个时代机遇的窗口期。

（1）硬科技创业潮：产业“老兵”、科学家都来了

硬科技领域的创业者，大致可分为产业端从业者以及科学家、大学教授等学界力量两大类。

“算力已成为现代社会GDP的推动力，算力的提升离不开半导体。这一次，半导体行业爆发性增长的周期将会非常长，可能长达20年，甚至30年。”萧启阳说道。

2020年年底，萧启阳创办的芯片公司——深圳云豹智能有限公司（以下简称“云豹智能”）拿到了来自腾讯、红杉等头部投资机构的投资，2021年，他加速创业进程，不到一年，把团队规模从5名核心创始成员拓展至300人。

萧启阳对半导体行业的判断，来自二十多年的行业经验。他曾获斯坦福大学电子工程博士学位，并在麻省理工学院担任讲座副教授，其在硅谷创办的芯片公司RMI，于2009年被美国纳斯达克上市公司NetLogic并购。2011年，他又促成了世界芯片大厂博通公司高价并购NetLogic。

2015年离开博通公司后，萧启阳一直在思考芯片领域未来的发展走向、客户需求和

解决方案。直到2019年年底、2020年年初新冠肺炎疫情爆发，看到全球产业数字化转型对算力的要求爆发性增长后，他更加坚定了数据处理器（DPU）这一细分方向。

2020年被称为DPU元年。英伟达公司于2020年10月发布DPU战略，将DPU列为继中央处理器（CPU）、图形处理器（GPU）之外第三颗最重要的芯片。这之后，DPU瞬间成为半导体领域的热门赛道。在这一赛道上创业的萧启阳，很快拿到了高额融资，他创立的云豹智能，也成为国内DPU领域的代表企业之一。

硬科技创业潮来袭，萧启阳所代表的产业侧从业者，是其中的重要力量。

同在半导体领域，有大批人从华为海思、英伟达、AMD等大公司出走，选择相对成熟的安防芯片、Wi-Fi芯片等领域进行自主创业。

还有一些产业侧从业者，因为看到硬科技细分领域的机会重新创业。“玻色量子”创始人文凯曾在美国斯坦福大学获博士学位，长期研究量子计算。但2015年回国创业时，该领域还处于前沿阶段，不为人所熟知，于是他先选择了人工智能领域进行创业。2020年，推动量子科技发展已经上升为国家战略，国盾量子在科创板上市，发展量子计算的条件更成熟后，他回归量子计算重新创业。到2021年7月，他的项目已经完成天使轮和天使+轮两轮融资。

在这股硬科技创业大潮中，科学家、大学教授更是不可忽视的重要力量。

再以量子计算领域为例，上海交通大学教授金贤敏创立的“图灵量子”在天使轮、Pre-A轮两轮融资金额达数亿元。在此之前，量子计算领域的“中科大（中国科学技术大学）三巨头”郭光灿院士、杜江峰院士和潘建伟院士，都分别有各自的公司，已经走在技术成果转化的路上，被称作“量子GDP”。

自新冠肺炎疫情以来加速升温的医疗健康领域，更是离不开学界力量的参与。药物制剂研发公司和技术平台“寻济生物”，由清华大学药学院副院长钱锋教授发起设立。专注于计算化学驱动新药研发的平台公司“康迈迪森”，由万小波博士和北京生命科学研究所高级研究员黄牛博士发起创办。

在高端制造领域，杭州西湖大学特聘研究员周南嘉创办的西湖未来智造（杭州）科技发展有限公司，在2020年成立不到半年就拿到天使轮融资，并于2021年完成了数亿元Pre-A轮融资。

还有，科学家们为了将科研成果进行转化，会主动招募具有创业意愿的合伙人，乃至自己的学生一起创业。业内的共识，是这股学界力量的研发水平和多年积累的成果，在一些细分领域非常稀缺，进一步将技术进行产业化落地，成功概率也会更高。

“中科创星”合伙人林佳亮表示，硬科技项目可以分为两大类，对应的也是两套标准。对于颠覆性前沿技术领域的项目，更看重创始团队的技术积累，即科学家们会更加吃香；至于国外已经成熟、国内却还“卡脖子”的技术项目，就更关注产业经验和工程实践能力。

可以看到，“下海”的创业者们一浪接着一浪。名校背景只是基础，有光鲜履历加持跳进来的创业者们足迹已经遍布半导体、高端制造等各个硬科技细分领域。

（2）硬科技创业，为什么火?

产业“老兵”、学界大咖掀起了硬科技创业热潮，除了时机成熟之外，还有资本的推动。

风险投资从2019年起就“蠢蠢欲动”，到2021年势不可挡地冲了进来，到硬科技领域抢项目、“抢教授”。

林佳亮非常明显地感觉到，2021年，同行们抢项目抢得比较凶。有好几个项目内部投资决策已经接近尾声，却被同行临时“抢”走。

除了风险投资之间的竞争变得激烈之外，创始人的话语权也在增强。

资本市场涌向硬科技的钱增多、融资环境变好，技术领域从业者的创业意愿便增强了。而且硬科技项目中，人才最稀缺。所以，硬科技投融资市场上，主动权从投资机构慢慢向创始人倾斜。

一些热门项目创始人在融资之前可能要见二三十家投资机构，2021年，这个数字直接翻倍，可以达到五六十个起步。而且，创始人还要“考察”投资机构的品牌力，投资人是不是真正懂行业、懂技术，能不能给项目导入产业资源、给业务带来帮助。

就拿火热的DPU领域来说，虽然云豹智能尚未公布融资金额，但从行业公布的融资金额来看，亿元起步的并非个例。甚至从投资人处了解到，想投资云豹智能天使轮的资金就已达到10亿元以上。

前沿技术领域的核心突破，最后拼的还是科学家，因此，很多风险投资人会主动和科学家、大学教授建立联系，了解他们的项目进展，甚至推动科研成果进行商业落地的情况。现如今，这样的情况还在增多。

在投资机构的类型上，也发生了一些变化。硬科技投资中，政府引导型基金越来越活跃，对项目投资的参与度越来越高。从2019年的科创板到2021年的北京证券交易所，实则都是鼓励更多硬科技企业上市。以商业航天领域为例，从业者刘冬表示，军民融合产业基金、地方政府性基金等，都在加大对于商业航天的投资力度。

扶持和优惠政策也是推动硬科技的重要因素。

2021年发布的《中华人民共和国国民经济和社会发展第十四个五年规划和2035年远景目标纲要》将科技创新作为重点任务，增加政策扶持。新修订的《中华人民共和国科学技术进步法》，将“加大职务科技成果权属改革力度”作为重点，推动科学技术人员将科技成果进行商业转化。

文凯在成立“玻色量子”之后，无论是办公场地、经费还是人才，都获得了相应的扶持。

资本加持、政策鼓励，硬科技被热捧，让2021年的硬科技创业空前火热，核心原因还是在于第四次工业革命正在进行，社会发展需要科技创新作为底层驱动力。

产业“老兵”、科学家、大学教授纷纷“下海”，自然也是看到了其中的巨大机遇。就如同萧启阳选择DPU领域创业，也是看到了算力对生产力突破的重要性。作为量子计算专业的博士，文凯选择在2020年在量子计算方向创业，是看到了这一领域的国内外技术、政策环境等创业条件相对成熟。

“当下，是硬科技创业的黄金时代”，创新工场创始人李开复和孵化了大疆、云鲸公司的香港科技大学教授李泽湘近两年都表达过类似观点。

用泰合资本创始人梅林的话来说，2021年是结构性转折的一年，硬科技是未来十年的历史性机遇。

（3）一面繁荣，一面泡沫？

如果说“硬科技投资”这枚硬币正面是“机遇”，那么反面就是“泡沫”。

最直接的表现便是“天价”估值的项目越来越多。林佳亮表示，两年前还能看到一些在天使轮只有几千万估值的项目，但现在，“没有一两亿的估值都投不了”，甚至一些公司面向的细分领域，市场规模可能并不大，但是也能获得高估值。

一时间，硬科技站上风口，但这不是一块“好啃的骨头”。

于投资人而言，硬科技投资的投资逻辑和过往那些互联网模式的项目大不相同。投资互联网下的模式创新项目，可以注重商业化落地，但硬科技项目的商业化落地往往周期漫长，技术研发的迭代才是前期考察的关键。

刘冬表示，自2015年左右，国内才开始发展商业航天领域，很多公司在创办前三四年里都处于技术研发阶段，接下来才能慢慢进行商业化落地，整体而言，相较国际水平相差较远。

萧启阳同样提到，云豹智能当前采用成品芯片后，已经能为客户提供解决方案，但首个自研芯片从开始到量产需要1～2年。据他介绍，半导体投资周期非常长，高端芯片需要3～5年。

于硬科技创业者而言，技术上的突破，只是摆在面前的压力源之一。寻找技术人才、技术商业落地都是难题。

硬科技对人才的要求很高，可不但科学家难找，相关从业人才也十分稀缺。风口上的半导体领域尤甚，企业都在抢人，人才的待遇在上涨，创业成本也水涨船高。据萧启阳介绍，同一水平的芯片人才薪酬待遇相比两年前涨了至少20%。而处于前沿技术领域的“玻色量子”，也同样感觉从事量子计算的人才十分稀缺。

而跨行转型的创业者们自身遇到的最大的难题，是搞技术可以，做公司不易。

林佳亮解释道，科学家做实验室研究时，擅长做突破型创新，但创业做公司、做产品时，倒是被测算成本、把握客户需求难住了。也因此，更需要创始团队成员各有所长，能互相弥补。

萧启阳提到，DPU领域的创业者，有些是做过云计算但没有做过芯片的，有些是投资圈出来的，有些是本身做芯片，但不一定了解客户和市场需求、不太理解软件的。

但有一点是肯定的：高端芯片，不是靠狂融资、高估值就可以做出来的，技术水平之外，懂客户需求、市场需求，有相关商业化落地经验，都非常重要。

多位从业者、投资人都表示：“泡沫是必然的，但硬科技投资热，不可否认对行业有推进作用。”

当资源都向硬科技倾斜时，必将加速行业的发展。市场空间毋庸置疑，只是，未来可能还需要从“市梦率”回归“市盈率”。

资料来源：https：//www. chinaz. com/2022/0112/1352402. shtml

附　录

华航复材
HHFC

上海华航碳纤维复合材料有限公司

创业计划书

指导老师：周** 司**

创业团队：单* 洪* 卓*

邬** 贾** 王*

张* 陈* 高*

ACHIEVE MORE
WITH LESS

目　录

第一章 执行概要

➢ **公司名称**：上海华航碳纤维复合材料有限公司
➢ **主营产品**：碳纤维增强聚醚醚酮（以下简称CF/PEEK）复合材料
➢ **产品价值**：打破国外垄断，替代进口产品，为国防工业发展提供有力支撑

产品与技术

产品特点

➢ 高强度：比金属提高5倍；
➢ 低密度：比金属减重60%；
➢ 性能比同类产品提升6%～28%；
➢ 耐高温，耐腐蚀。

技术优势

➢ 完全的自主知识产权；
➢ 拥有3项发明专利；
➢ 产品工艺优化，降低生产成本；
➢ 依托平台优势，强化技术支持。

产品应用

航空制造
飞机机翼、舱门

能源工业
深海油管、耐磨轴套

航天工程
火箭发动机壳体

轨道交通
高铁整流罩

武器装备
战斗机机身、导弹发射筒

汽车制造
赛车轮毂、新能源电池托架箱

市场分析

100吨/年
潜在市场容量

4亿～5亿元人民币
细分领域高端市场产值

15%～20%
年增长速率

市场现状

➢ 进口产品受限、购买价格高昂；
➢ 技术进展缓慢、产品长期空缺；
➢ 生产厂家空白、竞争压力较小；
➢ 市场前景广阔、增长潜力巨大。

核心竞争力

➢ 领先的生产成本；
➢ 卓越的产品性能；
➢ 军工产品需求量大，外资企业难以进入。

客户基础

中国航天　Technical　呈奇新材 CHENGQI　君华特塑 JUNHUA PEEK

已获得中国 *** 科技集团 *** 研究院、*** 泰尼高 *** 公司、*** 呈奇 *** 公司等书面合作意向。

融资 & 财务

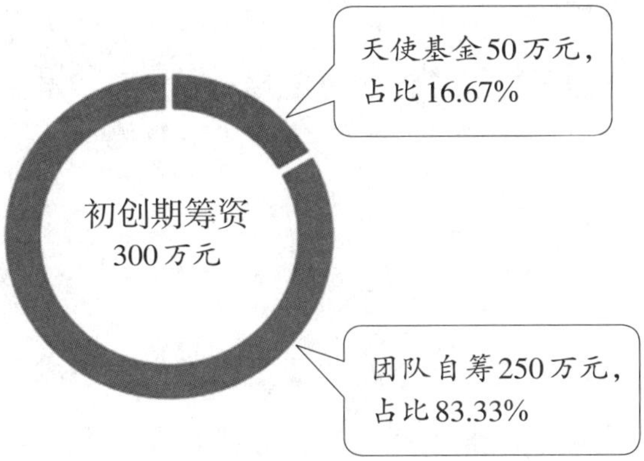

成长期A轮融资
预计引入风险投资

500万
占总股本10%

财务指标

- 营业净利率保持在33%左右；
- 净资产收益率四年间增长至52%；
- 毛利率四年间增长至59%；
- 预计1.5年可收回初始投资。

创 业 团 队

创业团队由华东理工大学9名研究生组成，具有化工、材料、财务、法律、人力等专业背景，是一支专业互补、能力卓越、实践经验丰富、具有强大凝聚力的精英团队。聘请业内知名专家 *** 教授担任首席技术顾问、*** 老师担任商业顾问。

（此处可添加成员照片）

第二章 产品与技术

2.1 行业概况

受限于**技术壁垒较高**，全球能生产连续碳纤维增强聚醚醚酮热塑性复合材料的企业屈指可数，集中在英国Victrex、荷兰皇家TenCate、德国Evonik、比利时Solvay这几家跨国公司，产品应用也集中在欧洲和美国等西方国家和地区，年产值数亿美元。由于该材料的军工背景，国外对中国采取**技术封锁**，**国内尚停留在实验室阶段**，主要研究单位有北京***研究院、***大学、***理工大学、***工业大学等，研究方法各有侧重，但均未有工业生产。

2.2 产品背景

本公司产品是将碳纤维和聚醚醚酮树脂这两种不同性质的材料通过物理方法组成的复合材料，增强纤维和树脂基体在性能上相互补充，产生协同效应，使复合材料的综合性能优于原材料而满足各种不同的要求。

（此处可以表格形式罗列产品的种类与特点）

碳纤维增强树脂基复合材料（CFRP）按照树脂类型可分为热固性复合材料和热塑性复合材料。相比于热固性复合材料，连续碳纤维增强热塑性聚醚醚酮作为先进热塑性复合材料的典型代表，具有更加优异的性能，符合航空航天热塑性复合材料的典型特性，因此在航空航天领域得到广泛应用。

（此处可以表格形式对产品进行比较）

2.3 公司产品

本公司是专注于高性能碳纤维热塑性复合材料及相关产品研发、生产、销售和技术服务的高技术企业。现阶段产品为连续碳纤维增强聚醚醚酮热塑性复合材料**预浸带**、**编织物**及其**板材**。

（此处可以文字结合图表的方式详细阐述公司产品）

2.4　产品竞争优势

（1）产品工艺优化，降低生产成本

公司创业团队创新了粉末浸渍工艺，相较于国际上通用的流化床浸渍和熔融浸渍，可大量减少动力设备和大功率加热设备，采用自主发明的连续纤维增强热塑性复合材料制备技术克服了传统工艺的能耗高的问题，**减少了原材料损耗，降低了材料的生产成本**，产品在市场上更具竞争优势。

（2）材料性能稳定，技术指标更优

得益于新材料、新工艺方法的采用，相比于国外同类产品，公司生产的CF/PEEK复合材料部分性能指标实现了对国外同类产品的超越。在美国材料试验协会（ASTM）同一测试标准下进行测试，公司生产的CF/PEEK复合材料**拉伸强度提高8%，弯曲强度提高28%，弯曲模量提高13%，层间剪切强度提高6%**，由此可为材料设计师提供更高的设计冗余度，性能的提升也会进一步拓展其使用范围。下步公司计划将产品试样送往第三测试机构进行综合性能检测，并出具权威数据报告。

（此处可以图表形式列举竞品的相关数据）

（3）依托平台优势，强化技术支持

创业团队立足于上海市***重点实验室和***大学化学工程联合国家重点实验室聚合物加工研究室，在纤维增强热塑性复合材料领域开发经验丰富，技术积淀深厚，目前已开发出连续CF/PEEK、CF/PPS、CF/PA66等复合材料的制备工艺，正在积极研发碳纤维混纤纱技术和热塑性预浸带成型技术，可为公司发展提供强大的技术支持。

2.5　典型产品应用

CF/PEEK复合材料除了具有高强度、高模量、低密度、耐高温、耐腐蚀、抗冲击等特点，还具备自润滑、耐磨损、X光可透过、耐辐射等特性，因此除能广泛应用于航空航天领域外，还能在武器装备制造、能源工业、汽车制造、交通运输、医疗器械制造等领域大显身手。

公司产品在各领域的具体应用如下：

（此处可以图表形式列举应用场景）

第三章　市场与行业分析

3.1　市场综述

行业政策环境：“十二五”规划以来，国家高度重视高性能纤维复合材料的研发和应用，并为此制定了相应的战略规划，同时“军民融合”已经上升成为国家战略。

产品市场现状：国内的CF/PEEK复合材料技术严重落后于国外，国内市场需求迫切，但是技术进展缓慢，无工业化生产能力。

企业竞争优势：本公司已基本完成CF/PEEK复合材料产品开发，性能优于国外同类产品，具备抢占国内市场的优势。

3.2　行业政策

近年来，随着高性能纤维及其复合材料在各个领域的扩大应用，相关产业在全球范围内得到了加速发展，并呈现出代替部分金属材料、在制造业中大规模应用、提升制造业轻量化科技水平的发展趋势。总的来说，复合材料成型加工产业则向着高端高附加值、高加工能效、低成本以及应用领域的更多样化发展。

（此处可以图表形式列举各类政策支持）

本公司生产的连续碳纤维增强热塑性聚醚醚酮高性能复合材料，**完全响应国家政策号召，高度契合国家战略规划**。以上支持性政策文件，为本公司的发展奠定大量良好的政策环境。

3.3　行业发展状况

全球市场研究和咨询公司Lucintel发布的最新市场报告显示：2015—2020年，全球连续纤维增强热塑性塑料市场预计将以**6.9%的复合年增长率**增长，2020年碳纤维热塑性复合材料**年产值将达到22亿美元**。航空航天、汽车工业领域对于轻量化、可回收、环境友好型等材料需求日益提高是市场增长的主要驱动力。

3.3.1　国外行业发展状况

英国帝国化学工业公司ICI旗下Victrex在20世纪80年代就开发出了CF/PEEK单向预浸带APC-2/AS-4和APC-2/IM-6。ICI还开发了碳纤维增强聚醚醚酮高性能复合材料预浸束纱，主要用于制备高强度的结构复合材料。美国已将ICI系列产品用于

F-117A飞机全自动尾翼、F-22先进战斗机机身和起落架舱门、C-130运输机机身腹部壁板等，在减轻战斗机质量、提高机动的同时还简化了生产工艺，提高了生产效率。此后，荷兰皇家TenCate、比利时Solvay、德国Evonik、日本TohoTenax相继进入该领域。

（此处“各公司产品型号”表略）

近年来，随着市场对CF/PEEK复合材料的需求不断上升，上述公司都在扩大产能。Victrex与英国Denroy模塑公司和庞巴迪正在利用CF/PEEK开发一种新的托架技术，新托架技术适合用于飞机机翼、中央翼盒以及邮箱的液压和燃油托架，据报道可以比金属减重至少40%。Solvay在2017年9月12日的声明中表示，将开始在乔治亚州奥古斯塔开始进行PEEK的生产，并在NovaSpire品牌下进行贸易，将于2018年年初开始在美国生产高性能PEEK，以支持其在航空航天复合材料业务上日益增长的需求。Evonik在2015年扩大了其在吉林长春的PEEK装置产能，2017年2月16日，新推出旗下首款热塑性纤维增强单向预浸带产品，品牌名称为VESTAPE，目前已经推向市场。

竞争的同时，TenCate联合Victrex、Fokker和Boeing等在荷兰的恩斯赫德成立了热塑性复合材料研究中心（TPRC），旨在开发新技术，为广泛使用热塑性复合材料提供支持。目前有超过**15 000架飞机**应用英国Victrex CF/PEEK复合材料，该材料可为每架飞机节省平均45千克的质量，提高了燃油经济性、减少了碳排放。总结国外行业发展状况，可概括为**起步早、技术成熟、应用广泛、投入持续、发展高速、市场占有率高**。

（此处“国外热塑性复合材料在现有机型上的部分应用”表略）

3.3.2 国内行业发展状况

国内对CF/PEEK复合材料的成型工艺及力学性能、摩擦性能、生物相容性等方面进行了深入研究，但目前对于连续CF/PEEK复合材料成型加工的研究仍存在一些不足，主要是由于PEEK树脂加工温度高，熔融黏度大，树脂很难充分浸渍纤维，复合材料界面强度较低，纤维不能起到较好增强效果。时至今日，**国内仍未看到有连续碳纤维增强聚醚醚酮复合材料工业化生产**，但是我国大飞机、航天工程、武器装备、高速列车、汽车工业、核电工程对连续碳纤维增强聚醚醚酮复合材料有着巨大的市场需求，目前只能采用金属合金材料代替，却始终限制着装备的性能和效益。

目前，我国连续碳纤维增强聚醚醚酮复合材料市场呈现如下状态。

（1）进口产品受限、购买价格高昂

略。

（2）技术进展缓慢、产品长期空缺

略。

（3）市场前景广阔、增长潜力巨大

略。

（4）竞争压力较小、发展前景较好

略。

3.4 供需分析

3.4.1 聚醚醚酮原料市场供应

世界上聚醚醚酮生产商和消费地主要集中在欧洲各国、美国，以及亚洲的中国、日韩等国家，其中**欧洲占48%，美国占41%，亚太地区约占6%，其他地区约占5%**。随着越来越多的国家关注到聚醚醚酮产品优越的性能优势，各国对聚醚醚酮也越来越重视，使得全球聚醚醚酮的产量增长较快。欧洲仍然是最大的聚醚醚酮加工市场，在过去的几年时间里，大约一半的聚醚醚酮是由欧洲销售出去的。

（此处“世界各地区PEEK原料消耗占比”图略）

（此处以文字详细阐述国际及国内原料市场现状）

（此处“国内PEEK原料主要供应商市场占有率”图略）

据知名市场调研机构Research and Markets预测，**2018年全球PEEK将迎来需求高峰，届时其市值将破8亿大关，升至8.31亿美元**。预计未来五年，随着国内PEEK市场的逐步打开，PEEK的需求量有望飞速发展，预计年增长率能达到15%以上。

3.4.2 碳纤维市场供应

（此处以文字搭配图表形式陈述全球碳纤维各国家和地区生产份额图、中国碳纤维产能发展趋势以及未来的碳纤维需求量）

目前我国碳纤维复合材料的设计水平不足、配套的材料缺乏、相关的应用标准体系不健全，导致应用领域窄。未来随着我国基础工业的进一步发展，碳纤维在航空航天和工业领域的应用比例将得到提高，需求结构向国外靠拢。**国内碳纤维的供应完全可以满足本公司生产需求**，本公司CF/PEEK产品的开发也将会为国产碳纤维的应用提供新的方向。

3.4.3 产品市场规模

从20世纪80年代开始，碳纤维复合材料开始应用在客机上的非承力构件，在早期的A310、B757和B767上，碳纤维复合材料的占比仅为5%～6%，随着技术的不断进步，碳纤维复合材料逐渐作为次承力构件和主承力构件应用在客机上，其质量占比也开始逐步提升，到A380时，复合材料占比达到23%，开创了先进复合材料在大型客机上大规模应用的先河。而最新的B787和A350，复合材料的用量达到了50%以上，有更多部件使用碳纤维复合材料，如机头、尾翼、机翼蒙皮等。在飞机订单方面，截至2015年10月A350有783架订单，波音B787更是超过1 000架。

（此处“复合材料在航空产品应用比例”图略）

中国的C919大飞机作为国家的战略目标，经过10年的研发，终于在2017年试飞成功，尽管复合材料使用量仍低于波音和空客，但截至2018年3月10日，订单量已达到815 架。与俄罗斯合作的**C929宽体客机复合材料使用量预计将达到50%**。这就必然要求中国在碳纤维复合材料领域取得突破，也必定会为CF/PEEK复合材料创造巨大的市场需求。

CF/PEEK是碳纤维复合材料中比较特殊的一种，综合分析各个领域内的用途用量，可以预测中国市场对CF/PEEK复合材料的需求。保守估计，中国市场的需求量大约**100吨/年**，待到产能和市场需求完全释放出来，每年将创造一个**产值4亿～5亿元人民币**的细分领域高端市场，并会随着国产大飞机、航天工程、民用产业的发展保持较高的增长速率。大部分产品将集中使用在**飞机制造、武器装备制造和能源工业**这三个领域。

（此处“CF/PEEK复合材料市场结构分析”图略）

3.4.4 下游客户基础

目前**上海***研究所**、***泰尼高***公司、***特种工程***公司、***呈奇***公司、***迪恩***公司等5 家单位对我公司生产的连续碳纤维增强聚醚醚酮复合材料产品具有购买意向。其中**4家单位已签订了合作意向书**。此外，本公司将计划对本技术所涉及的产品进行商业应用开发，将下游目标客户拓宽至汽车零部件制造商、中国中车下属企业、中航工业复合材料供应商等相关企业。

3.5 竞争优势分析

由于目前CF/PEEK复合材料在国内尚无其他企业生产，因此本公司的竞争对手主要是外资企业。虽然外企生产该产品的时间较长、技术成熟稳定，但是却一直未能真正进入中国市场，这为公司的发展创造了条件，本公司可利用在技术上的后发优势和成本优势，迅速占领国内军民两用市场。

（此处“竞争优势分析”表略）

3.6 SWOT分析

（此处运用SWOT工具，采用图表及文字对公司的实际情况进行分析）

第四章　公 司 战 略

4.1　公司概况

上海华航碳纤维复合材料有限公司是一家以**连续碳纤维增强聚醚醚酮预浸带及板材为主打产品**的复合材料有限公司。

公司所拥有的连续碳纤维增强聚醚醚酮复合材料制造方法，**在国际上具有先进水平，多项指标已超过同期国外产品**。公司主要为航空航天、武器装备、高速列车、汽车工业及体育器械制造企业提供原材料产品。

4.2　公司战略定位

公司愿景：成为国产高性能碳纤维热塑性复合材料开拓者和领军企业。

公司宗旨：为国产装备提供高性能材料。

持续发展理念：科技兴企、质量强基、创新驱动。

经营策略：需求牵引、市场运作、先民后军、以民促军、军民融合，最终实现**军民深度融合**的运行体系。

4.3　公司现状

4.3.1　公司

公司：上海华航碳纤维复合材料有限公司。

注册：依托华东理工大学科技园，**正在注册成立公司**。

资金：本公司创业团队**自筹资金250万元**，并申请上海市大学生科技创业基金会组织开展的上海市研究生创新创业培训专项的立项，预计将获得**天使基金（“雄鹰计划”）50万元**。

技术：技术源于**教育部装备预研联合基金**和**上海航天科技创新基金项目**。**创业团队成员为关键技术发明人**，本技术为华东理工大学所有，**已获得使用授权**。目前拥有“一种制备连续纤维增强热塑性预浸带的设备及方法”“一种单向预浸带缝纫模压制备复合材料板材的方法”“一种连续纤维编织物增强热塑性复合材料的制备方法”等**3项发明专利**。

4.3.2　产品

产品：连续碳纤维增强聚醚醚酮预浸带和板材。

原材料：***泰尼高***公司、***吉大***公司等为聚醚醚酮原料供应商，日本

*** 公司、江苏 *** 公司、中简 *** 公司等为碳纤维供应商。

生产： 目前基于实验室研究规划产量在 20 千克/天，计划在 2018 年申请入驻 *** 功能材料研究院生产基地。

产品发展： 专利发明人单 * 目前正在协同课题组数名硕博研究生，进行产品群研发。公司初创期将以连续碳纤维增强聚醚醚酮复合材料为主要产品；公司发展期将产品范围扩大为连续碳纤维增强聚醚醚酮混纤纱、连续碳纤维增强聚苯硫醚等热塑性复合材料（CF/PPS）；公司成熟期将以碳纤维增强特种工程塑料系列性产品为主要产品。

4.3.3 客户

本产品应用范围广泛，产品特点是军工武器和航空航天领域使用量远超民用。由于军工和航空航天领域准入条件苛刻，计划先从交通运输业、能源工业、纺织业和医疗器械等**民用领域开拓市场**，同时小批量供**中国 *** 科技集团 *** 研究院试用**，以“**先民后军、以民促军、军民融合**”经营理念逐步开拓客户市场。因而公司将客户分为三类：意向合作客户、发展客户、潜在客户。

意向合作客户： 略。

发展客户： 略。

潜在客户： 略。

4.4 波特五力模型分析

4.4.1 供应商的议价能力（★★）

公司原材料供应商分为两部分。一部分是PEEK供应商，集中在吉林 ***、盘锦 ***、浙江 ***、吉大 ***、长春 *** 公司和一些原材料进出口贸易公司。前述市场分析表明，目前国内PEEK供大于求，大部分产能闲置。因此，公司在该原料的选择空间很大，**供应商的议价能力较弱**。

另一部分是高性能碳纤维供应商，包括中简 ***、光威 ***、江苏 ***、中复 *** 和从事日本碳纤维进口贸易的公司。国产碳纤维近年来呈现爆发性增长，千吨级生产线投产新闻频频见诸报道，其中T700级碳纤维已具备较强市场竞争力，T800级碳纤维性能基本与国外同类产品一致，M30、M35、M40级碳纤维可满足国内市场应用需要。所以公司在碳纤维的选择上具有一定自由度，可替代产品较多，供应商的议价能力同样较弱。

但是就公司而言，更换原料供应商会引起产品性能的波动，而CF/PEEK产品的用途又较为特殊，不容许存在大的质量波动。因此，为了保证产品的性能稳定，公司最多选择两家供应商建立稳定的供需关系。除非万不得已，公司不会更改供应商。

4.4.2 购买者的议价能力（★）

公司产品购买者分为民用客户和军用客户。民用客户较为分散，且需求量相对较小，议价能力较弱。军用客户包括飞机制造商是产品的主要需求方，且客户高度集中，议价能力稍强。但是国内市场CF/PEEK产品生产商和供应商极度稀缺，决定了购买者的议价能力极低。换言之，除非购买者不选择使用CF/PEEK产品，否则**产品定价权利完全掌握在卖方**。

4.4.3 潜在进入者的威胁（★★★）

生产高性能CF/PEEK产品对技术要求很高，该技术难以通过复制和仿照来突破，给新进入者制造了较大的技术壁垒。高昂的生产成本，也为新进入者制造了障碍。预测2～3年内，国内不会有新进入者。若干年后国内新的竞争者出现，公司可以依靠前期建立的合作关系、市场渠道、客户忠诚度等保证领先优势。由于该产品具有利润空间可观，市场需求量日益增加，从文献调研看多家单位和研究机构正在积极开发产品和技术，并且取得了一定进展，**对公司的发展构成一定威胁**。

4.4.4 替代品的威胁（★）

目前，市场上碳纤维增强特种工程塑料种类繁多，但是真正能在高端市场替代CF/PEEK的产品仍非常之少，这是由于CF/PEEK极为优异的性能所决定的，也是我国将该材料列入《“十三五”材料领域科技创新专项规划》的重要原因。在可替代PEEK的新型热塑性树脂被研发出之前，暂时看不到CF/PEEK的替代品，因此，公司面临的**替代品威胁很小**。

4.4.5 同行竞争程度（★★★）

由于国内尚没有能量产CF/PEEK产品的公司，所以暂时不存在国内同行竞争。但是如果西方国家得知我国攻克了该产品技术后，必定会对该产品的禁运政策有所松懈，国外竞争对手势必大幅降低产品价格进入中国民用市场，将挤占公司的市场占有率，导致企业盈利水平降低。但政治考量决定了外企不会进入我国军用市场，我国也不会允许涉及国防安全的武器装备的材料供应掣肘于西方。因此，公司主要竞争对手集中在前述市场分析少数几个外企上，面临着**一定程度的同行竞争**。

对上述五种竞争力量绘制波特五力模型雷达图，如图4-1所示。

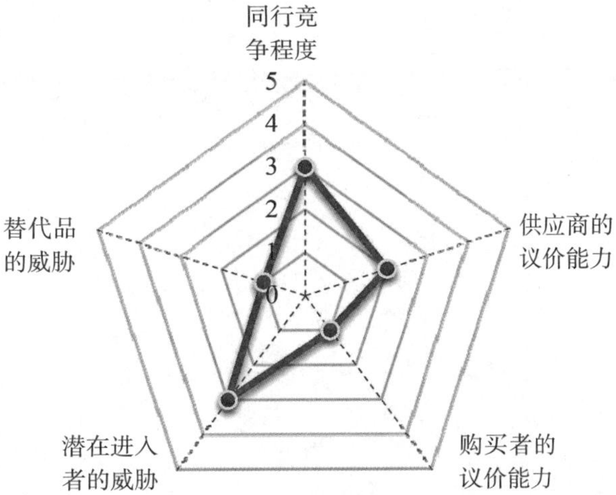

图4-1 波特五力模型雷达图

根据上述对于五种竞争力量的讨论，公司可以采取尽可能地将自身的经营与竞争力量隔绝开来、努力从自身利益需要出发影响行业竞争规则、先占领有利的市场地位再发起进攻性竞争行动等手段来对付这五种竞争力量，以增强自己的市场地位与竞争实力。公司计划在**初创期采用集中化战略，成长期采用产品差异化战略，成熟期采用成本领先战略**。

4.5 公司战略发展规划

公司战略分三步走，分别为初创期战略、成长期战略和成熟期战略。最终实现“**成为国产高性能碳纤维热塑性复合材料开拓者和领军企业**”这一崇高使命。

（此处以文字和图表形式具体阐述公司在不同阶段的战略规划）

第五章　营 销 策 略

5.1　营销理念

区域市场、精耕细作：公司立足上海，在初创阶段主要精力集中面向华东市场，形成以点带面的发展格局，不断将市场拓展至全国范围。

聚焦军工、抢占先机：通过积极参与重点军工项目，进行产品示范，形成良好的产品宣传口碑，逐步扩大产品应用范围，形成体系带动的良好局面。

优化渠道、精准覆盖：为优化产品销售渠道，将与原料供应商和已有客户进行联合推广，以迅速扩大企业知名度，在新材料领域塑造品牌。

5.2　STP 战略

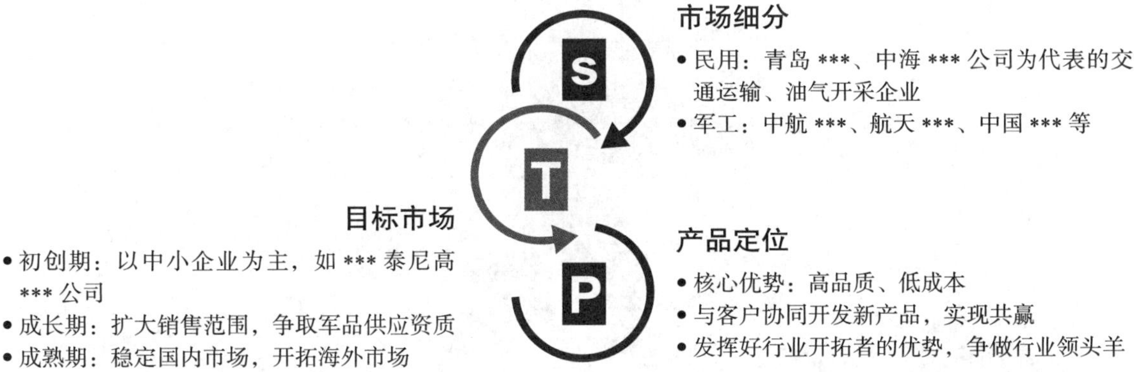

5.2.1　市场细分

根据连续碳纤维增强聚醚醚酮热塑性复合材料的应用领域，将客户分为两类。

（1）民用：企业名称略。

（2）军工：企业名称略。

5.2.2　目标市场

初创期：以华东六省一市的中小民用企业为主。主要是已经与公司签订合作意向的公司（名称略）。

成长期：稳定客户群体，扩大销售范围。依托华东市场的客户基础，逐步向全国进行产品覆盖推广。包括与一些大的汽车零部件制造商合作，争取获得军品供应资质，参与军工航天产品开发等。

成熟期：在稳定国内市场的基础上，开拓海外市场。提升产品的知名度，努力使得公司产品多样化，提高公司抗风险能力以及可持续发展的能力。

5.2.3 产品定位

本公司综合考虑产品差异、可替代性、用户对本产品的需求程度及市场上同类商品竞争状况，为本公司产品规划一定的市场地位。相对于市场上同类产品，本公司的核心竞争优势是依靠高效的预浸技术和低成本成型工艺，提供**高性能、低成本**的连续碳纤维增强聚醚醚酮热塑性复合材料产品。作为中国国内第一家能提供CF/PEEK产品的公司，公司要发挥好开拓者的优势，积极进取并抢占市场，**争取做行业的领头羊**。

5.3 渠道策略

基于公司对销售渠道控制程度、产品属性、公司的财力能力限制三方面因素的综合考虑，我们公司将采用**直接销售、代理销售以及网络销售**三种不同的营销渠道。

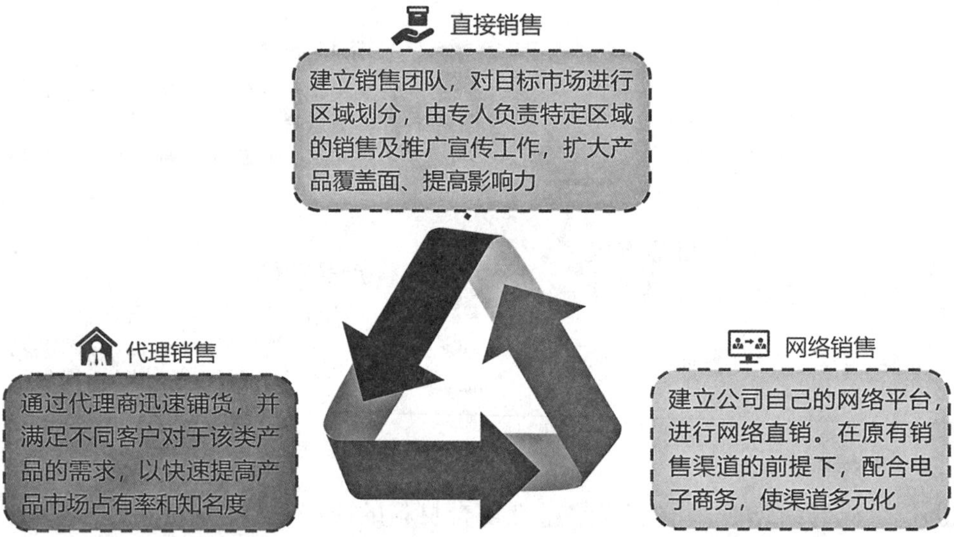

5.3.1 渠道规划

初创期：产品主要面向民用领域，以营销团队进行**厂家直销为主，以合作代销为辅**，同时建立公司自己的网络平台，进行网络直销。落实与已签署合作协议的企业的合作，将意向合作方转化为公司的第一批客户，产品供应主要供应给上海***研究所、***呈奇***公司、***迪恩***公司等，与***泰尼高***公司进行初步的合作代销尝试。

成长期：坚持直销，**大力推进合作代销**，以快速提高市场覆盖面、产品市场占有率以及产品知名度。与***泰尼高***公司签署战略合作协议，建立稳定的合作代销关系。利用华东理工大学在石油化工行业长期积累下的**校企合作资源**，共同推动CF/PEEK

产品进入中石化、中石油、中海油旗下的油服企业；依靠华东理工大学国家重点实验室聚合物加工研究室与上海***公司的合作基础，尝试将小批量产品运用于国家大飞机项目；通过与***研究院在航天材料领域的合作，形成示范带动效应，推动产品走向军工市场。

成熟期：随着产品技术的进一步成熟、公司规模的扩大、企业品牌的树立与推广，我们将在全国建立分公司或办事处，建立**综合性、全覆盖的网络销售平台**，进一步占领国内市场，并积极开拓国外市场。公司还将通过定期召开研讨会和参加展销会的形式，与上下游企业交流产品研发与创新等相关信息，同时此举也能为本公司产品争取到一个向外界展示的舞台，来获得更多的下游客户。

5.3.2　渠道维护与管理

（1）人员直销：采取**全员皆兵、协同作战**方式，由技术人员和企业高级主管协助营销人员开展市场推广工作，坚持专业技术和营销能力并重的标准。具体措施略。

（2）渠道拓展：代理商是拓展渠道、提升销量的重要途径。具体措施略。

5.4　宣传策略

由于CF/PEEK产品具有价格昂贵、用途广泛、需求量分散的特性，为减少产品积压而挤占流动资金，作为初创公司，必须重视产品宣传，尽快提升产品知名度。公司要通过宣传，让国内市场了解到CF/PEEK 产品已经实现国产化，本公司是目前唯一具备量产CF/PEEK产品能力的公司。公司计划通过以下方式提升公司影响力和知名度。

（1）试用宣传

在发展初期，计划采用人员推销的方式。具体措施略。

（2）服务宣传

提供与产品相关的配套服务。具体措施略。

（3）其他宣传

公司将积极参加行业展览会、技术论坛等，通过产品展示、技术交流等方式推广产品。具体措施略。

5.5　价格策略

作为国内连续碳纤维增强聚醚醚酮耐高温热塑性复合材料第一生产商，主要从**产品成本、竞争对手价格、市场认知度**来制定价格策略。

产品成本是定价的主要依据。随着公司生产规模扩大，技术的提升，原料的国产化和价格下降，产品成本会逐渐减小。基于产品的生产成本、竞争对手产品的价格分析，决定在行业中实行基础定价和灵活定价相结合的方法。公司主要产品连续碳纤维增强聚醚醚酮单向预浸带价格为：

（1）**基础定价：**3 200元/kg。

（2）**灵活定价：**鉴于地区差异、顾客购买量、生产原料成本等具体情况，将进行价格微调，适当地提高或者降低价格，调控区间控制在5%以内。故灵活定价区间为3 100 ～ 3 400元/kg。

5.6 4Cs营销策略

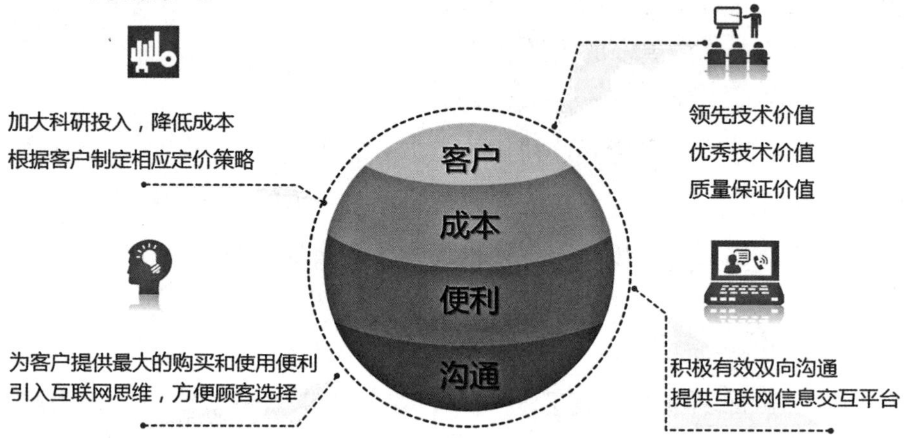

第六章　经 营 管 理

6.1　公司组织架构与人员分配

根据团队成员不同的专长以及公司合理框架结构，为了使公司能更好地运作和管理，公司设立**五个职能部门**，各部门均须严格完成公司赋予的使命，与公司战略相匹配，便于公司的整体运营管理。

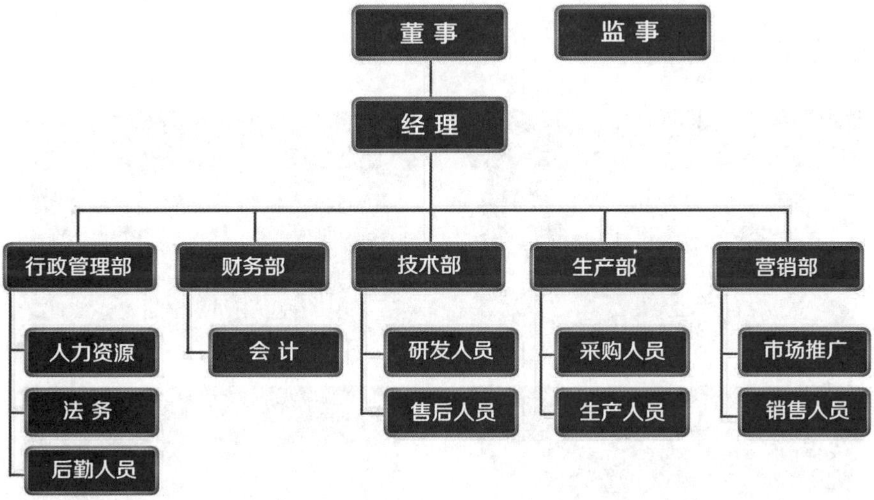

根据公司发展需要，制定了公司运营前4年的人员配置情况。

（此处“员工人员”表略）

6.2　厂址选择

上海华航碳纤维复合材料有限公司，实行**公司注册地和实际生产地分离**的经营模式，以最大限度降低公司运营成本。注册地为***，具体地址为***；生产基地位于***，具体地址为***。

（此处可提供相应实景图片）

6.3　厂房布置

公司办公经营场所租用上海市***科技园标准化办公室一间，可容纳15人同时办公。

公司生产基地使用钢构厂房一间，实际占用面积600 m^2。其中规划办公室40 m^2、实验室60 m^2、仓库100 m^2以及生产车间400 m^2。

（此处“厂房布置”图略）

6.4 生产设备

（此处“生产设备明细”表略）

6.5 质量监控和保证

工艺规程

- 编写的生产工艺规程新工艺的使用须按程序批准后方可应用；
- 岗位操作法，应规定到必要的程度，严格规范生产工人操作。

质量监督

- 公司技术部下设质量监督人员，承担原材料和产品出厂质量检验任务；
- 质量监督人员统计汇总产品质量情况，传递给公司经理和下游单位。

评价制度

- 建立产品使用情况调查回访制度，填写客户满意调查书，作为生产等部门的绩效考核依据；
- 引入权威第三方检测机构，定期做出具有法律效力的产品质量证明。

企业标准

- 针对CF/PEEK产品，尽早制定企业标 准，应高于同期国外产品标准；
- 通过高企业标准掌握行业话语权，保证公司产品质量领先水平，占据市场有利位置。

6.6 企业文化建设

第七章　创业团队

7.1　公司形式

公司性质是有限责任公司。公司成立初期规模较小，初期采取职能型组织结构。公司实行经理负责制，总经理下设行政总监、财务总监、销售总监、技术总监、市场总监、生产总监。

7.2　团队介绍

7.2.1　团队总体介绍

创业团队由华东理工大学化工学院、商学院、艺术设计与传媒学院9名研究生共同组成。本团队充分发挥个人专业特长，明确分工。公司战略决策由处事果断、具有前瞻性的总经理单*负责，技术由专利发明人之一洪*负责，生产部门负责人具有丰富生产管理经验，财务部门负责人具有扎实的专业知识和实务经验，市场营销人员分析能力强、具有良好的创新思维。创业团队体现出较强的专业互补性。

（此处“团队个人能力雷达”图略）

7.2.2　项目依托单位介绍

项目依托单位——华东理工大学上海市多相结构材料化学工程重点实验室***课题组，长期从事纤维增强热塑性树脂材料加工及界面改性研究，是国内纤维增强复合材料领域中一支重要的研究队伍，在复合材料的研究上颇具特色。承担了国家863计划、国家自然科学基金、国防科工委军工配套计划、上海市科技发展基金、上海市教委青年基金、上海市汽车发展基金及企业委托的科研项目四十余项。近年来，实验室在复合材料加工制造领域获得国家科技进步二等奖，教育部高等院校技术发明二等奖等，发表SCI检索论文数十篇，发明专利36余项，授权专利12项，这为本项目的顺利实施搭建了坚实平台。

7.2.3　成员介绍

（此处以详细文字介绍团队成员，包括姓名、职责、特长以及在公司中负责的板块等）

7.3　初创团队分工

（此处以表格形式对团队成员分工进行阐述）

第八章 投资分析

8.1 股本结构与规模

公司拟定注册资本300万元，股本结构与规模如表8-1所示。

表8-1 公司股本结构表

股本来源	创业团队自筹资金	天使基金
金额/万元	250	50
比例/%	83.33	16.67

创业初期的股本结构中，创业团队成员自筹资金250万元，占总股本的83.33%；天使基金（“雄鹰计划”）投资50万元，占总股本的16.67%。

8.2 筹资计划

8.2.1 创业初期

（1）团队成员自筹资金250万元

团队各成员依靠自筹资金来获得公司股份，有利于全身心投入企业，为企业发展和自身利益负责，维持企业的经营稳定。为保证公司控制权，团队共持有83.33%的公司股权，公司总经理单*出资120万元，占股40.00%；技术主管洪*出资40万元，占股13.33%；另外5名成员各出资18万元，各占股6.00%。

（此处“公司股本结构”图略）

（2）“雄鹰计划”天使基金50万

申报上海市大学生科技创业基金“雄鹰计划”，有望获得50万元的天使基金。“雄鹰计划”是上海市大学生科技创业基金会委托孵化机构投资入股创业企业且不享受股东收益的资助模式。适用技术含量高或商业模式创新、成长性较高的创业项目。资助金额最高不超过50万元，资助期3年，孵化机构代持股权不参与分红，资助期满原价退出，并由公司核心创始人优先回购。

8.2.2 创业中期

（1）风险投资

在公司成立3～4年后，有望成为国内CF/PEEK复合材料领域领先的企业，具有一定的市场地位和行业影响力。随着市场需求持续增长，产品将进入需求爆发阶段。为满足企业扩张所需资金投入，将在合适机会吸引风险资本，**目标融资500万元，出让10%的股权**，目标风险投资人为新材料行业内具有优势资源和投资经验的机构，愿意与企业一同成长，共享碳纤维热塑性复合材料需求快速增长带来的巨大机遇。

（2）增加注册资本

视公司的发展状况、市场结构变化，根据形势更改股权结构。

8.2.3 公司规模扩张

随着公司规模扩张，计划由有限责任公司转变为股份有限公司。随着资金的进一步需求，可以同风险投资公司达成战略性合作伙伴的关系，也可以根据自身的经营状况和资本市场的情况优先选择在创业板上进行上市，利用资本市场进行融资活动，满足企业的长远发展目标。

8.3 资金运用

8.3.1 建设投资预算

（1）固定资产投资预算

在我国的会计制度中，固定资产通常是指使用期限超过一年的房屋、建筑物、机器、机械、运输工具以及其他与生产经营有关的设备、器具和工具等。

（此处“固定资产购置清单”表略）

（2）其他成本费用预算

略。

8.3.2 流动资金投资预算

（1）办公室租赁费

略。

（2）员工工资

略。

8.4 风险资本的退出

8.4.1 初创期

经过三年的发展，公司已经基本形成完善的运营体系，发展趋势良好。由于**“雄鹰计划”天使基金资助期满原价退出**，该部分股权的获取成本仍然很低，因此，公司计划将该部分股权由公司总经理优先回购。此举将提高创始人股权占比，以增强对公司的控制能力，便于后续引入风险投资。

8.4.2 成熟期

公司进入了成熟期，发展趋势良好，产品在市场上拥有相当的知名度，在国内建立了良好的形象，收益价值大于市场价值，此时退出可获得丰厚的回报。所以公司将在成长期以及成熟期阶段对风险投资者进行有计划的退出。

首次公开发行股票上市，是效率高、额度大、频度高、稳定性强的融资途径，也是创业家和风险投资家梦寐以求的结果。若未来公司盈利能力强、经营管理好、市场前景广阔、满足国家对股票上市实行的严格管理等有关股票发行与交易具体管理规定的制约，公司将优先考虑在内地创业板市场上市，以此方式退出风险资本。

风险企业回购：采用风险企业管理层员工进行股权回购的方式，既可以让风险资本顺利退出，又可以避免由于风险资本退出给企业运营带来太大的影响，对投资双方都有一定的诱惑力。可以采用风险企业回购中的**管理层收购**（MBO）和**卖股期权与买股期权**。

MBO：公司管理层通过融资方式将风险投资部分的股份收购并持有，避免因风险资本的退出给企业运营造成大的震动；创始人可以由此获得已经壮大了的企业的所有权和控制权。对于本企业来说，一群志同道合的创业大学生对公司都倾注了很大的精力，在风险投资退出之际，公司的成员筹集足够的资金进行杠杆收购，进行第二次的投资，真正创造属于自己的公司，有利于公司的长远发展。

卖股期权：风险投资方可以要求创业家或公司以预先商定的形式与价格回购其持有的公司股票。

买股期权：赋予创业者或公司以相同或类似的形式购买风险投资方持有的股票的权力。此方式将金融创新的工具运用于风险企业回购之中，增加了回购方式的灵活性和吸引力，并保障了企业或投资者的利益。

股权转让是风险退出的另一条途径。当风险企业发展到一定程度，想继续发展就要大量的追加投资，风险投资者已不愿或不能继续投资，需要退出时，可用产权转让方式把拥有的股份转让出去，从而收回全部风险资金。

第九章　经济效益分析

9.1　收入预测

具体数据如表所示。

（此处“产量预测”表略）

随着国内原材料价格下降、公司生产技术优化、生产规模提高以及竞争对手出现，产品的成本会逐年降低。计划在4年后，将预浸带价格控制在大约0.31万元/千克，相关售价及收入具体预测如表所示。

（此处“售价预测”“收入预测”表略）

9.2　成本预测

（1）工资估算：总经理工资从第二年开始每年上调20%，其他员工从第二年开始每年上调10%。

（此处“工资成本预测”表略）

（2）固定资产折旧额：生产设备合计84.5万元，预计使用10年，净残值率为5%，残值为4.225万元，使用直线法计提折旧，每年折旧额为（84.5−4.225）/10=8.027 5（万元）。

办公用品合计4.614万元，预计使用5年，无残值，使用直线法计提折旧，每年折旧额为4.614/5=0.922 8（万元）。

（3）生产原料：聚醚醚酮和碳纤维原料市场价格约为0.11万元/千克和0.13万元/千克，随着市场行情的变化以及公司议价能力的提升，预计原料价格按照年均2%的比例降低，产品良品率为97%，已考虑在原材料投入中，原材料的领用采用先进先出法，据此测算出生产原料的成本。

（此处“生产原料投入成本”表略）

在单次进货的数量的表中，预计第一年进货3次，第二年进货4次，第三年进货7次，第四年进货14次。

（此处“生产原料进货批次”表略）

（4）管理成本：包括水费、电话费、网络费、培训费等，第一年为0.722万元，预计该部分费用年增长率为20%，业务招待费预计为营业收入的8‰。

综上，可以得出成本预测。

（此处“成本预测”表略）

成本预测表中列示的项目与财务报表中的会计科目存在一定差异，其中销售成本是指按照营业收入的2%提取的年度销售费用；管理成本为水费、电话费等日常支出及业务招待费之和；制造成本则是电费和厂房租金之和，随着加工制造技术成熟度的提高，单位耗电量每年降低约15%；员工工资、固定资产折旧和生产原料成本会在随后的财务报表中分摊计入对应的会计科目。

第十章　公司财务分析

10.1　市场假设

根据资料的收集、统计分析以及咨询相关专家，对相关财务数据进行了以下假设。

所得税率：25%的税率征收企业所得税。

增值税率：根据2018年国家税收新政，按售价的16%缴纳增值税。

机器设备折旧年限10年，净残值率均为5%；办公用品折旧5年，无残值。均采用直线法计提折旧。

每年按税后利润10%提取法定盈余公积金。

公司成立后，前三年不分红，从第四年起按净利润的30%分红，具体分配方案由董事会商议决定。

10.2　财务报表

根据市场的调查结果，财务上销售情况以及公司正常运营条件进行了谨慎性预测，并以预测结果作为基础编制四年的年度报表。下面列示了公司设立后四年的年度报表摘要情况。

（此处“利润”“资产负债”“现金流量”表略）

10.3　财务报表分析

为了对公司的财务状况进行客观分析和评价，从而为投资者、经营者及其他利益相关者提供了解公司过去、评价公司现状、预测公司未来发展的信息，现对公司的偿债能力、营运能力及盈利能力进行分析，结合相关指标分析如下所示。

（此处“财务分析指标”表略）

（1）偿债能力

企业流动资产的流动性强，相应的短期偿债能力也强。本公司的流动比率和速动比率虽然产生了一定程度的波动，但其**指标数值远高于2∶1的偿债能力判断标准，具备较强的偿债能力**。企业货币资金增长迅速，具有较强的偿债能力，企业具有足够的流动资金进行短期债务偿还，因此财务风险较低。

（2）营运能力

总资产周转率是综合评价企业全部资产经营质量和利用效率的重要指标。总资产周转率越大，说明总资产周转越快，反映出销售能力越强。一般企业设置的总资产周转率标准值为0.8，本公司的**总资产周转率远高于高标准值**，并且呈现逐年上升的趋势，表明公司总资产周转效率较高，具有较强的营运能力。

（3）盈利能力

本公司的营业净利率保持在33%左右，盈利能力较强，考虑净利润的绝对值，在投资运营的第二年初就能够收回初始投资额，未来呈逐年上涨的发展趋势，具有较好的投资和发展前景。

（此处“收益分析指标”表略）

对生产销售预测进行财务分析，计算相应指标发现，**营业净利率保持在30%以上**，保持平稳增长态势，并远高于国内复合材料行业平均水平。净资产收益率四年间增长至52%，**毛利率4年间增长至59%**，预计**1.5年可收回初始投资**，具有很强的盈利能力和增长潜力。

第十一章　风险与机遇

11.1　风险

市场瞬息万变，不确定的风险是公司投资经营前所要必须考虑的因素。根据公司未来的实际情况，主要包括**客户集中的风险、应收账款回收的风险、市场竞争加剧的风险、技术泄密的风险**等。应特别认真地考虑下述各项风险因素并制定相应对策进行规避。

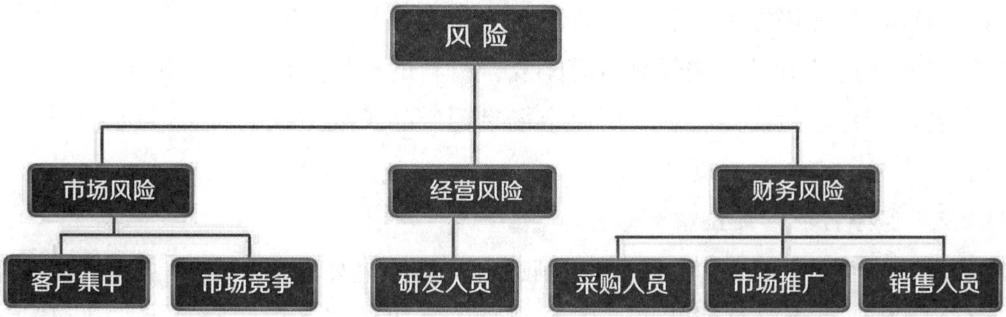

11.2　风险分析及规避

（此处详细阐述公司在运营过程中面临的风险及应对措施）

11.3 机遇

11.3.1 国内产品空缺

目前我国的连续碳纤维增强聚醚醚酮复合材料主要来源于进口，价格高昂且有颇多限制。我国从20世纪80年代开始着手进行PEEK复合材料的研究，以北京***研究院为代表的研究机构开发出了JTY-1静电粉末预浸设备，在实验室内小批量制备出PEEK静电粉末预浸带，在航空部门的支持下，应用在歼八战斗机上进行了试验。但是受限于当时的一些因素，碳纤维和PEEK树脂均未能实现工业化生产。尤其是PEEK树脂，在2009年才实现稳定生产，由此带来生产成本的居高不下，因此，未能看到该材料的工业化应用。除此之外，***大学、***航天大学、***工业大学、***理工大学等高校均对此进行了研究，但是仍停留在实验室阶段。

总结我国在连续碳纤维增强聚醚醚酮复合材料的开发方面，技术进展缓慢，尚未有任何一家公司宣称能量产该材料，所以市场呈现产品长期空缺的状态。这为公司产品能够快速进入市场创造了良好的环境。

11.3.2 市场需求量日益增加

现阶段，以空客、波音为首的航空制造巨头已经开始在新一代大型客机上使用CF/PEEK复合材料，显著降低了生产成本，减小了飞机质量，同时降低了飞机燃油消耗，提升了经济效益。而我国的国产大飞机C919也于2017年5月5日首飞成功，截至2018年3月1日，总订单已达815架，C929也于近日总装下线。未来我国大飞机投产后批量采用CF/PEEK复合材料替代金属合金是不可逆转的趋势，必将为CF/PEEK复合材料的增长创造巨大的市场空间，市场需求正在觉醒。

11.3.3 应用范围广阔

CF/PEEK复合材料除了在航空航天和深海油气开采上应用较多外，还能应用于核电工程、武器装备制造、高速列车制造、汽车制造、油气开采、医疗器械制造、纺织工业等领域。以上行业制造企业都是本公司潜在的客户，并且随着公司产品的日益丰富，功能更加多样化，将能够满足更多领域的使用要求。因此，未来公司的客户群体将不断扩大，产销规模将不断提升。

第十二章　附　　录

12.1　专利技术储备

（此处可提供各类专利证明文件）

12.2　下游企业合作意向

（此处可提供所有合作意向书）

参考文献

［1］杰弗里·蒂蒙斯，小斯蒂芬·斯皮内利.创业学［M］.周伟民，吕长春，译.6版.北京：人民邮电出版社，2005.

［2］杰弗里·蒂蒙斯，小斯蒂芬·斯皮内利.创业学：21世纪的创业精神（英文版）［M］.8版.北京：人民邮电出版社，2014.

［3］李志能，郁义鸿，罗博特·D.希斯瑞克.创业学［M］.上海：复旦大学出版社，2000.

［4］刘志阳.创业管理［M］.上海：格致出版社，2012.

［5］伦纳德·A.施莱辛格，查尔斯·F.基弗，保罗·B.布朗.创业行动胜于一切［M］.郭霖，译.北京：北京大学出版社，2017.

［6］潘卡基·马斯卡拉，陈耿宣.为创业而生：写给创业者的创业书（干货版）［M］.北京：中国人民大学出版社，2017.

［7］约翰·马林斯.如何测试商业模式：创业者与管理者在启动精益创业前应该做什么［M］.郭武文，叶颖，译.北京：机械工业出版社，2017.

［8］亚历山大·奥斯特瓦德，伊夫·皮尼厄.商业模式新生代［M］.王帅，毛心宇，严威，译.北京：机械工业出版社，2011.

［9］彼得·德鲁克.创新与企业家精神［M］.蔡文燕，译.北京：机械工业出版社，2018.

［10］董青春，曾晓敏.创业行动手册［M］.北京：清华大学出版社，2018.

［11］李玉刚.战略管理［M］.4版.北京：科学出版社，2019.

［12］彼得·蒂尔，布莱克·马斯特斯.从0到1：开启商业与未来的秘密［M］.高玉芳，译.北京：中信出版社，2015.

［13］迈克尔·波特.竞争优势［M］.陈丽芳，译.北京：中信出版社，2014.

［14］伊查克·爱迪思.企业生命周期［M］.王玥，译.北京：中国人民大学出版社，2017.

[15] 本·霍洛维茨.创业维艰：如何完成比难更难的事［M］.杨晓红，钟莉婷，译.北京：中信出版社，2015.
[16] 郭超，沃尔夫冈·比勒菲尔德.公益创业——一种以事实为基础创造社会价值的研究方法［M］.徐家良，谢启秦，卢永彬，译.上海：上海财经大学出版社，2017.
[17] 朱晓红.公益创业理论与实践［M］.北京：知识产权出版社，2016.
[18] 李肖鸣，朱建新.大学生创业基础［M］.2版.北京：清华大学出版社，2013.
[19] 蔡剑，吴戈，王陈慧子.创业基础与创新实践［M］.北京：北京大学出版社，2015.
[20] 李家华，张玉利，雷家骕.创业基础［M］.2版.北京：清华大学出版社，2015.
[21] 张耀辉，朱峰.创业基础［M］.广州：暨南大学出版社，2013.
[22] 吴晓义，肖伟才，何小姬，等.创业基础：理论、案例与实训［M］.2版.北京：中国人民大学出版社，2019.
[23] 麻省理工《科技创业》.科技创生的商业模式［M］.上海：上海科学技术文献出版社，2012.
[24] 刘志阳，吴桂兴，庄欣荷.创业修炼：前沿视角［M］.上海：上海财经大学出版社，2016.
[25] 刘志阳.创业管理.［M］.北京：高等教育出版社，2020.
[26] 刘志阳，林嵩，路江涌.创新创业基础［M］.北京：机械工业出版社，2021.
[27] 史蒂夫·布兰克，鲍勃·多夫.创业者手册：教你如何构建伟大的企业［M］.新华都商学院，译.北京：机械工业出版社，2013.
[28] 蒋保伟.大学生创业素质提升路径探析［J］.学校党建与思想教育，2017（3）：78-79.
[29] 祝军，岳昌君.高校毕业生自主创业调查：特征、动机与就业满意度——基于全国高校毕业生就业状况调查数据的分析［J］.中国青年研究，2021（1）：87-95.
[30] 辛华，翟雁.我国青年公益创业的路径研究［J］.青年探索，2017（1）：5-13.
[31] 李会军，席酉民.一个探索性的商业模式创新理论框架——基于质性案例研究的元综合［J］.西安交通大学学报（社会科学版），2019，39(2)：59-71.
[32] 江积海，王烽权.O2O商业模式的创新导向：效率还是价值？——基于O2O创业失败样本的实证研究［J］.中国管理科学，2019，27(4)：56-69.
[33] 雷家骕.企业需要关注商业模式创新［J］.中国青年科技，2008(1)：1.
[34] 罗作汉，唐英瑜.新创企业的商业模式创新研究综述与展望——一个整合性分析框架［J］.科技管理研究，2019，39(2)：209-216.